Veronika Müßig

So schaffe ich es
… und alles wird gut!

Veronika Müßig

So schaffe ich es

… und alles wird gut!

Tübingen
2011

Kontaktadresse:

E-Mail: v.muessig@hotmail.de
www.undalleswirdgut.com

Bibliografische Information der Deutschen Nationalbibliothek
Die Deutsche Nationalbibliothek verzeichnet diese Publikation in
der Deutschen Nationalbibliografie; detaillierte bibliografische Daten
sind im Internet über http://dnb.d-nb.de abrufbar.

© 2011 dgvt-Verlag
Im Sudhaus
Hechinger Straße 203
72072 Tübingen

E-Mail: dgvt-Verlag@dgvt.de
Internet: www.dgvt-Verlag.de

Illustrationen: Claudia Zeißig, Zeißig & Feld, Berlin
Umschlagfoto: Markus Schieder, Shutterstock
Layout & Satz: Julia Franke, Tübingen
Belichtung: KOPP – desktopmedia, Nufringen
Druck: Druckerei Deile GmbH, Tübingen
Bindung: Nädele Verlags- und Industriebuchbinderei, Nehren

ISBN 978-3-87159-251-5

Inhaltsverzeichnis

May God protect you from what you can get used to.

(Möge Gott dich vor dem beschützen, an das du dich gewöhnen kannst.)

Jüdisches Sprichwort

1 Koffer packen

Sie wollen schon so lange abnehmen, aber irgendwie klappt es nicht.

Sie haben schon 14-mal erfolgreich mit dem Rauchen aufgehört und 15-mal wieder angefangen.

Sie schieben Aufgaben gern bis zum letzten Moment hinaus oder erledigen sie gar nicht.

Sie sind ständig pleite und haben nicht die leiseste Idee, woran das liegen könnte.

Sie verfügen eigentlich über ein helles Köpfchen und schaffen es nicht, Ihre großartigen Pläne in die Tat umzusetzen.

Obwohl Sie ein nagelneues Sportoutfit und eine Jahresmitgliedschaft im Sportstudio besitzen, haben Sie sich seit Jahren nicht bewegt.

Dann kann es nur heißen:

Willkommen im Club!

„Reiß dich mal zusammen!", „Das ist doch nur eine Kopfsache!", „Dir fehlt eben Selbstdisziplin!" sind gängige Sprüche, die man hört, wenn man sich etwas an- oder abgewöhnen will. Solche Sätze kommen häufig von denen, die besonders gern Ratschläge zu Problemen geben, die sie selbst noch nie hatten. Menschen, die drei Mal die Woche zum Sport gehen und die am Sonntag ihre Müslikörner in laktosefreier Milch ertränken. Menschen, die mit ihren Aufgaben immer rechtzeitig fertig sind, die anspruchsvolle Hobbys und glückliche Beziehungen haben. Menschen, die Ihnen suggerieren, dass es eigentlich kinderleicht ist, Ihr Problem nicht zu haben.

Auf der anderen Seite gibt es auch „Betroffene", die selbst mit einem traurigen Seufzen solche Sätze von sich geben wie: „Mir fehlt eben Willensstärke!" Mich wundern solche Aussprüche: Überlegen Sie mal kurz: Gibt es so was überhaupt – Menschen ohne Willensstärke?

Sie möchten chinesisch essen gehen. Ihr Partner will Pizza. Weil Sie keine Willensstärke haben, geben Sie jedes Mal nach. Sie setzen sich nie

durch. Sie wissen nicht mal im Lokal, was Sie bestellen wollen? Sie nehmen sich zwar vor, vor dem Schlafengehen die Zähne zu putzen, schaffen es dann aber nicht? Der Wille reicht nicht mal aus, um Zahnpasta auf die Bürste zu machen? Unwahrscheinlich, oder?

Sie sehen schon, wenn man genau guckt, sieht es plötzlich ein wenig anders aus. Es wird mit Sicherheit einige Dinge geben, die Sie wollen und die Sie auch umsetzen. Sie wollen beispielsweise vielleicht gerade eine Zigarette rauchen, und Sie schaffen es. Sie schaffen es, obwohl in Ihrem Gehirn auch solche Sätze herumspuken wie „Mensch, muss das sein?" oder „Hm, das ist schon die zwanzigste heute, langsam wird's echt ein bisschen viel …" Aber kein Einwand bricht Ihre Willensstärke, diese Zigarette zu rauchen. Sie ziehen das einfach durch: Packung auf, Feuerzeug an, fertig.

„Das ist doch was völlig anderes", werden Sie jetzt vielleicht denken, „das ist ja eine Sucht." Möglich.

Warum fällt es einigen von uns so leicht, das zweite Stück Torte zu essen, und so schwer, die 30 Sit ups zu machen? Ganz simpel: weil uns das eine Spaß macht und das andere nicht. Kann das so einfach sein? Oder hat das vielleicht weder was mit Willensstärke noch mit Spaß zu tun?

„Disziplin", „Zusammenreißen" oder „Termine", bis zu denen man etwas aufhört, anfängt oder wieder in ein bestimmtes Kleidungsstück passen soll – das sind gern benutzte Schlagwörter zum Thema Veränderung. Nach meiner Erfahrung sind das keine effektiven Strategien, wenn man sich wirklich etwas umgewöhnen will.

Leider ist es mit dem Ändern von Verhalten nicht getan, wenn man nur genügend Willensstärke aufbringt. Wenn gute Vorsätze funktionieren würden, dann wäre am 2. Januar jeder Nichtraucher und am 30. März jeder schlank.

Zeit, sich auf den Weg zu machen und mal einen genauen Blick darauf zu werfen, was funktioniert. Und was nicht.

2 Wellness Lounge

Eine vertraute Gewohnheit hat häufig den Charakter einer Wellness Lounge: Sie gibt einem das Gefühl von Wohlbehagen und Geborgenheit. Da mag die Vernunft 100-mal am Tag sagen: „Ich sollte aufhören zu rauchen!" oder „Ich muss endlich aufhören, mein Konto zu überziehen!" Aber − wann damit anfangen? Muss das wirklich sofort sein? Reicht nicht morgen? Oder nächste Woche?

All denjenigen, die sich lieber noch nicht auf die Reise machen möchten, sei Folgendes gesagt: Ihr Zaudern ist völlig nachvollziehbar. Es gibt gute Argumente, warum Sie vielleicht zunächst in Ihrer „Wellness Lounge" bleiben wollen.

Um eine Gewohnheit oder ein Verhalten ändern zu können, reicht der Entschluss allein oft nicht aus. Auch nicht die bloße Erkenntnis, *dass* man etwas ändern sollte. Einige Therapieschulen (Kriz, 1991; Schwertfeger & Koch, 1995) sind der Ansicht: ein tieferes Verständnis über die Entstehung oder die Funktion des problematischen Verhaltens reiche bereits aus, um es zu ändern. Ich sehe das Verständnis als ersten Schritt an.

Verhalten zu *ändern* ist ein komplexer Prozess, der manchmal nach anscheinend unlogischen Regeln verläuft. Eine bestimmte Gewohnheit *beizubehalten* hingegen ist häufig absolut nachvollziehbar. Selbst wenn es sich um eine „schlechte" Gewohnheit handelt.

Ein Beispiel?
Für manche Menschen ist es gemütlicher, unter einer weichen warmen Decke mit ein paar fettigen Knabbereien und einem üppigen alkoholischen Getränk vor dem Fernseher zu kuscheln, als draußen im Regen zu joggen.

Das hängt mit dem Muster zusammen, nach dem wir unser Verhalten auswählen.

Übertrieben formuliert hat der Versuch, sein Verhalten zu ändern, wenig Sinn. Die Gewohnheit, die Sie ändern möchten, unterliegt nämlich gewissen Gesetzmäßigkeiten. Und diese Gesetzmäßigkeiten begünstigen – ganz einfach – die Gewohnheit.

Um das zu verstehen, müssen wir ausholen und uns angucken, wie eine Gewohnheit entsteht bzw. ein Verhalten gelernt wird. Wenn Sie jetzt gerade nicht in einer hochenergetischen: „Hurra!-Veränderung!"-Laune sind, dann stellen Sie sich doch einfach vor, Sie würden das Folgende im Fernsehen sehen – so wie damals in der *Sendung mit der Maus:*

Wie wird eigentlich Verhalten gelernt?

Wenn man bedenkt, mit wie wenig Verhaltensweisen wir Menschen geboren werden, ist es nur zu erstaunlich, was wir als Erwachsene alles können. Nehmen Sie sich selbst: Höchstwahrscheinlich trifft auf Sie zu, dass Ihr Körper auf einer Sitzgelegenheit ruht, Sie bekleidet sind und ein Getränk für Sie in greifbarer Nähe steht. Mit einem Wort: Sie sind der lebende Beweis erfolgreichen Lernens. Wir wollen uns kurz erinnern, mit welcher Grundausstattung Sie geliefert wurden:

Bei Ihrer Geburt war das Repertoire an Verhaltensweisen sehr, sehr übersichtlich. Ein menschliches Neugeborenes kann im Wesentlichen weinen, strampeln, saugen und Stoffwechsel betreiben. Verglichen mit einem durchschnittlichen Zebra, das bereits kurz nach der Geburt aufstehen und laufen kann, sind wir erbärmliche Versager. Zunächst. Denn die Kapazität, neues und unterschiedliches Verhalten zu lernen, ist bei den meisten von uns deutlich höher als bei einem Zebra.

Wenn wir nun einen Vergleich anstellen zwischen den Leistungen, die Sie am heutigen Tag alle vollbracht haben, und denen, die Sie am Beginn Ihres Lebens vollbringen konnten, dann fällt auf, dass Sie heute eine unglaubliche Zahl an Fähigkeiten mehr beherrschen: den aufrechten Gang, das Selbstbekleiden, die Sprache, die Nahrungsaufnahme ohne Hilfe der mütterlichen Brust und nicht zuletzt das Vermögen, in diesem Moment mit mir in Kontakt zu sein – die Fähigkeit zu lesen. All das und noch viel mehr haben Sie irgendwann im Laufe Ihres Leben gelernt.

Ein wenig vereinfacht gesagt lernen wir, indem wir auf die Folgen unseres Verhaltens reagieren. Und glauben Sie mir: Jede unserer noch so kleinen, irrelevanten Verhaltensweisen hat Folgen. Über die Kapitel hinweg wird das an vielen Beispielen deutlich werden.

Natürlich sind nicht alle Folgen dramatisch. Nicht alle diese Folgen werden bewusst registriert. Aber wir registrieren ganz genau: Was passiert, wenn ich XY mache?

Betrachten wir einen simplen motorischen Lernvorgang, mit dem ein neues Verhalten erworben wird:

Stellen Sie sich vor, Sie sind ein paar Tage zu Besuch bei Freunden und wohnen in deren Haus. Ihr Schlafgemach befindet sich im Dachgeschoss. Von diesem Dachgeschoss führt eine Treppe hinunter. Als Sie das erste Mal die Treppe hinuntergehen, senken Sie den Blick, um nach den Stufen zu gucken, und nehmen nicht mehr wahr, dass die Decke direkt über Ihnen

sehr flach ist. Zu flach für Menschen Ihrer Größe. Im Ergebnis stoßen Sie sich den Kopf an.

Das Verhalten war: Treppe hinabgestiegen mit Blick nach unten, Körper ansonsten aufgerichtet. Die Folge, oder wir können an dieser Stelle schon den Begriff vorwegnehmen: die Strafe, ist, dass Sie sich schmerzhaft den Kopf anstoßen.

Das passiert vermutlich noch ein, zwei, drei Mal. Irgendwann werden Sie bewusst daran denken: „Mensch! Kopf einziehen!" Sie erproben dann bewusst ein neues Verhalten: Sie gehen die Treppe hinunter, senken den Blick auf die Stufen, aber legen den Kopf ein wenig schräg. Bleibt der Stoß aus, dann werden Sie den ausbleibenden Schmerz als positiv erleben: Ein Kopf, der *nicht* irgendwo gegenknallt, ist immer eine feine Sache.

Wenn man beide Verhaltensweisen nebeneinanderstellt, können wir sagen: Wird mein Verhalten sofort bestraft, werde ich es ändern. Ich werde eine neue Verhaltensweise ausprobieren.

Wird mein Verhalten belohnt (mein Kopf bleibt ganz!), werde ich das Verhalten wiederholen. Jedes Verhalten hat eine Folge. Selbst wenn die Folge ist, dass alles so bleibt, wie es ist.

Nun wird Ihnen schon längst aufgegangen sein, dass ein Kopf, der einfach nur so bleibt, wie er vorher schon war, noch kein Grund ist, in Freudenjubel auszubrechen. Belohnung heißt nicht immer Euphorie. Manchmal heißt es nur, dass eine Strafe nicht eintritt.

VORHER   NACHHER

VORHER **NACHHER**

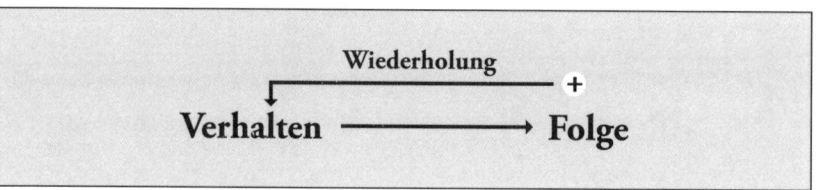

+ = Belohnung führt dazu, dass das Verhalten wiederholt wird.

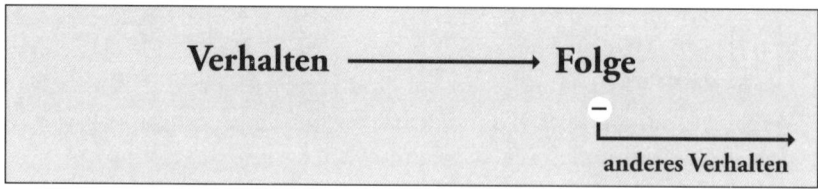

- = Bestrafung führt dazu, dass das Verhalten unterlassen und ein anderes ausgeübt wird.

Verhalten ——————→ Folge
—
                    anderes Verhalten

Entscheidend ist, ob wir diese Folge als angenehm oder als unangenehm bewerten.

Ist die Folge angenehm, oder im Fachjargon „positiv verstärkend", sind wir bereit, das gleiche Verhalten zu wiederholen. Ist sie unangenehm, werden wir nach Möglichkeit das Verhalten nicht wiederholen. Auf dem Weg zu dieser schlichten, wissenschaftlich fundierten Erkenntnis müssen tausende von Ratten mit allen möglichen Apparaten konfrontiert worden sein, die früher oder später eine Futterpille auswerfen oder Stromschläge verabreichen. Die ganze Welt der Tierdressur basiert auf diesem Prinzip: Das Wesen zeigt ein bestimmtes Verhalten und wird dafür belohnt oder bestraft. Jeder, der einen Hund oder einen mittelmäßig intelligenten Wellensittich hat, kann das leicht ausprobieren.

Wenn wir zurückgehen zu dem Beispiel des Kopfanstoßens, erinnern Sie sich vielleicht daran, dass das Kopfeinziehen erst aktiviert wird, wenn wir uns schon ein paar Mal den Kopf angestoßen *haben*. Noch schlimmer: Ein, zwei Mal denken wir rechtzeitig daran, den Kopf einzuziehen, und spätestens beim dritten Mal gehen wir so die Treppe hinunter, wie wir es immer tun: erhobenen Hauptes. Da ist er dann wieder, der Schmerz. Nix gelernt? Nein, nicht oft genug bestraft!

Zu beachten sind beim Erwerb neuen Verhaltens nämlich drei Faktoren: die Zeit, die Regelmäßigkeit und die Bedeutsamkeit.

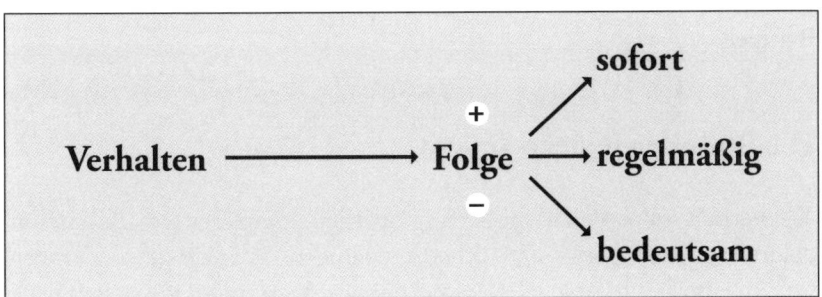

Zeit: Je schneller, desto besser.
Der zeitliche Abstand zwischen Belohnung oder Bestrafung und dem Verhalten sollte so kurz wie möglich sein: Ein Pudel, der fürs Sitzmachen erst zwei Stunden später belohnt wird, lernt nichts.

Regelmäßigkeit: Je öfter, desto besser.
Gelernt wird am effektivsten, wenn auf das immer gleiche Verhalten die immer gleiche Sanktion folgt. Andersherum bedeutet das: Ein Pudel, der fürs Sitzmachen mal belohnt, mal bestraft und mal ignoriert wird, landet in der Pudel-Psychiatrie.

Bedeutsamkeit: Je attraktiver für das Individuum, desto besser.
Eine Belohnung, die Natur und Bedürfnisse des Wesens ignoriert, hat keinen Lerneffekt. Ein Pudel, der nach erfolgreichem Sitzmachen Geld in seine Spardose bekommt, lernt auch nichts.

Denken wir kurz an die vielen kleinen Dinge, die wir Tag für Tag tun: Wir ziehen den Kopf ein, wenn wir an die Stelle unserer Wohnung kommen, an der der Türbogen sehr niedrig ist. Wir nehmen die heiße Auflaufform mit Handschuhen aus dem Ofen. Beim Klavierspielen drücken wir eine „richtige" Taste nach der anderen, bis das Lied ertönt. Jeder, der die Tastenfunktionen seines Handys neu lernt, macht die Erfahrung: richtige Taste drücken, Telefonbuch finden, Omi anrufen. Nun kann man mit Recht einwenden, dass der Mensch etwas komplexer ist als ein Pudel. Was aber, wenn wir diese schlichte „Pudel"-Erkenntnis auf das noch komplexere Thema der Paarbeziehung anlegen? Betrachten wir doch einmal den Faktor „Bedeutsamkeit der Belohnung" an genau diesem Beispiel!

Die Rolle der Bedeutsamkeit

Theoretisch sollte die Paarbeziehung deutlich komplexer sein als eine Pudeldressur. Am Beispiel der Liebesbeziehungen lässt sich gut illustrieren, warum eine Belohnung oder Bestrafung nur wirksam ist, wenn sie für das Individuum bedeutsam ist.

Wohin führt es, wenn wir uns nicht damit auseinandersetzen, was für unseren Partner eine Belohnung oder Bestrafung ist? Einer meiner männlichen Klienten sagte einmal: „Meine Frau will immerzu Liebeserklärungen hören. Dabei hab' ich ihr doch vor drei Jahren gesagt, dass ich sie liebe. Ich hätte sie doch nicht geheiratet, wenn ich sie nicht lieben würde. Und wenn sich was dran ändert, dann würde ich ihr das doch mitteilen."

Wir begegnen hier dem klischeehaften Konflikt zwischen zahlreichen Männern und Frauen, für die unterschiedliche „Belohungsarten" wichtig sind.

Kurz und sehr vereinfacht beschrieben unterscheiden sich Männer und Frauen in den Wahrnehmungsprioritäten, die die Verstärker in der Liebe bestimmen: Die meisten Frauen reagieren deutlich intensiver auf auditive Reize, ein großer Teil der Männer reagiert primär auf visuelle Reize. Noch deutlicher: Frauen freuen sich mehr über „Belohnungen" wie verbale Bekundungen von Aufmerksamkeit, Liebe und Anerkennung. Gerne eingefordert in dem poetischen Satz: „Sag doch mal was Liebes!"

Diese verbal-romantischen Äußerungen sind derart bedeutsam, dass Frauen auch Filme, Bücher und Musik konsumieren, in denen eine Frau – stellvertretend für sie – solche Belohnungen erhält. Wenn der Filmheld mit überzeugender Inbrunst die Worte von sich gibt: „Du bist das, worauf ich mein Leben lang gewartet habe. Deine Augen sind wie Sterne. Du bist die Sonne an meinem Himmel.", dann bleibt kein (weibliches) Auge trocken.

Eine große Zahl von Männern hingegen fühlt sich durch den Anblick von kaum bekleideten Frauen belohnt. Männer sind bereit, Geld und Zeit in beträchtlichem Maße zu investieren, um den Genuss dieses Anblicks zu erleben. Auch wenn er keine ernst zu nehmende wissenschaftliche Quelle ist: Hugh Heffner, der Herausgeber des Playboy-Magazins, könnte das jederzeit bestätigen.

Was passiert jedoch in den meisten Beziehungen? Fragen sich die Partner gegenseitig nach ihren Wünschen oder Belohnungssystemen? Nein!

Jeder geht davon aus, dass der andere sich doch denken kann, wie man eine Beziehung pflegt! Das *kann* klappen. Es ist unwahrscheinlich, aber nicht unmöglich. Die meisten Menschen drehen einfach den Satz „Was du nicht willst, dass man dir tu', das füg' auch keinem andern zu!" ins Positive und fügen dem anderen das zu, was sie sich selbst wünschen. Witzigerweise kommt dieses Phänomen sogar bei sehr gebildeten Menschen vor, selbst wenn sie sich ausgiebig mit dem Phänomen der Perspektivübernahme befasst haben: Man lässt dem jeweils anderen die Belohnungen zukommen, die man selbst gern hätte. Da bombardiert die Frau ihren Partner mit verbalen Liebesbekundungen in Form von SMS, Mails und gesprochenen Worten, die „Er" natürlich nicht im gleichen Maß beantwortet. Das wird als Zurückweisung, also Bestrafung, erlebt.

Wenn „Sie" ihr Äußeres wiederum nicht so zur Schau stellt, wie er es gern sieht, wird dies von ihm ebenso als Bestrafung bzw. als Entzug von Belohnungen bewertet.

Und dann? Der männliche Partner fühlt sich außerdem bestraft, weil er ständig Kommunikationsangebote erhält, die seinem Naturell nicht entsprechen. Dazu kommt der Druck, reagieren zu müssen.

Natürlich ist diese Fehlkommunikation keine Einbahnstraße: Es kann durchaus vorkommen, dass die gleichen Männer, die vorwurfsvoll sagen: „Sie kann sich doch vorstellen, dass ich keine Zeit habe, ständig SMS zu beantworten!", drei Mal in der Woche ins Sportstudio rennen, um ihren Körper zu stählen, weil sie für ihre Frau attraktiv bleiben möchten. Allein die Tatsache, dass nur wenige Frauen Hefte mit Fotos von nackten Männern, aber sehr viele lieber Arztromane oder Hugh-Grant-Filme konsumieren, könnte ihnen ein Hinweis sein, dass visuelle Belohnungen wenig bedeutsam für Frauen sind. Oder kurz: Die durchtrainierten Bauchmuskeln sind für die Frau eine nette Beigabe, jedoch kein Grund zum Beischlaf.

Das wird jedoch ignoriert. Man schließt von sich auf den anderen. Als Erinnerung: Die meisten Bilder mit durchtrainierten, nackten Männern werden von Schwulen gekauft – also wiederum von visuell strukturierten Männern. Ein klarer Hinweis, dass wir uns hier in einem männlichen Belohnungssystem (unbekleidete Körper betrachten) befinden. Die Frau nimmt zwar wohlwollend zur Kenntnis, dass sie einen durchtrainierten Mann hat, sieht das aber nicht als für sie gemeinte Belohnung. Sie wartet ja immer noch auf die SMS! Dann bleibt ein leicht verstörtes: „Drei Mal die Woche ins Sportstudio rennen – das kann er, aber mal eine SMS schreiben, dafür hat er angeblich keine Zeit!" zurück.

Der unausgesprochene Vorwurf in die andere Richtung heißt: „Ich renn' drei Mal in der Woche ins Sportstudio, und sie trägt im Bett immer noch das Schlabbershirt mit dem Riesen-Snoopy drauf!"

Regelmäßigkeit tut not

Der Aspekt der Regelmäßigkeit einer Belohnung lässt sich anschaulich am Beispiel der Kindererziehung erklären:

Wenn Kinder nicht das tun, was sie der Meinung ihrer Eltern nach tun sollten, dann kann es sein, dass die Art der Belohnung oder Bestrafung angemessen und dem Individuum zwar bedeutsam ist, aber einfach noch nicht oft und regelmäßig genug wiederholt wurde.

Der Kinderpsychiater Winterhoff (*Warum unsere Kinder Tyrannen werden*, 2008) sagte in einem Fernsehinterview zum Thema Häufigkeit: 100–

200-mal üben und 1000–2000-mal wiederholen. So lange dauert es, bis beim Kind die neuronale Verbindung geschaffen und etwas Neues gelernt ist; sei es nun den Buchstaben K zu erkennen oder zu wissen, dass man niemals und unter keinen Bedingungen den Apfelsaft aus seinem Becher anders als durch Trinken entfernen darf.

Stellen wir uns ein Kleinkind vor, das mit einem Becher Saft in seinem Hochstuhl sitzt. Wenn die Eltern US-Amerikaner sind, hat es einen unzerbrechlichen Plastikbecher, der zuschraubbar ist, einen Stehaufmännchen-Boden hat und mit einem Saugschlitz versehen ist. Ein risikofreier Becher mit einem Aufdruck sämtlicher nur denkbarer Risiken (dieses Kind wird seine Erfahrungen in einem anderen Bereich machen müssen). Das Kind der deutschen Eltern hingegen, das gerade gelernt hat, aus dem Kunststoffbecher des schwedischen Möbelhauses zu trinken, kann sich nun intensiv mit der Erforschung von Fließen und Gießen beschäftigen.

Nun endlich ist es in der Lage, sein Getränk allein in der Hand zu halten und selbst zu entscheiden, wann, ob und wie viel es sich davon zufügt. Ein revolutionärer Zuwachs an Autonomie!

Dann plötzlich (nur für Außenstehende), in einem wohlbedachten Moment beginnt das Experimentieren: Was kann man noch alles mit dem Getränk machen, außer es zu trinken? Wollen mal sehen: Man kann den Becher lustig schütteln und gucken, wohin der Saft spritzt. Wenn Sie die Gelegenheit und die Nerven haben, dann lenken Sie jetzt vor allem Ihre Aufmerksamkeit dem neugierig interessierten Gesicht des Kindes zu: „Ach, guck mal: Hierhin und dorthin spritzt es. Hui, jetzt ist alles nass. Wie schön der Saftteich auf dem Boden glänzt! So eine Pfütze macht Spaß!"

Irgendwann kommt ein Elternteil wie eine Rakete angeschossen und unterbindet diesen Ausbruch an Kreativität. Es folgen je nach Bildungsgrad und politisch-ideologischer Couleur gefärbte Bestrafungsaktionen. Vom Wegnehmen des Bechers über das Schimpfen bis zum Klaps und zu verschiedenen von Menschenrechtsorganisationen geächteten Methoden kann alles dabei sein.

Bei der nächsten Gelegenheit wird das Kind natürlich testen, was *heute* passiert, wenn es das Fläschchen schüttelt oder den Becher auskippt. Ein neuer Tag, ein neues Glück. Heute sind schließlich die Versuchsbedingungen völlig anders: Mama trägt jetzt einen blauen Pulli und keinen roten, Oma ist da, es ist draußen schon dunkel und alles trocken, nicht wie gestern, als es hell war und regnete, und außerdem ist das Radio heute nicht an. Also: alles GANZ anders! Neuer Testdurchlauf.

Manch ein Elternteil reagiert beim dritten, vierten oder zehnten Mal mit zunehmender Aggression und Verstörtheit. Wenn jemand seine Affekte nicht gut kontrollieren kann, intensiviert er die Strafen. Dabei geht es lediglich darum, immer und immer wieder unter allen Bedingungen das gleiche Verhalten gleich zu sanktionieren, bis beim Kind die Erkenntnis verankert ist: „Aha, man darf also wirklich niemals und unter keinen Umständen mit Saft panschen." Selbst wenn bestimmte Verhaltensweisen endlich gelernt sind, kommt es nach einer weiteren Reifungsphase häufig zum Nachtesten: „Ich bin ja jetzt schließlich deutlich älter!" Mit manchen Verhaltensweisen verbindet sich bekanntlich die Erfahrung, dass das Kind mit zunehmendem Alter seinen Handlungsspielraum wesentlich erweitern konnte. Was man letztes Jahr noch nicht durfte, ist heute ein alter Hut.

Denn natürlich ist auch das eine parallel stattfindende Erfahrung: Mit zunehmendem Alter erweitern sich die Kompetenzen, und wir „dürfen" mehr von dem, für das wir früher noch zu klein waren. Also warum nicht probieren, ob wir nicht jetzt, da die Bäume keine Blätter mehr tragen, nicht doch ein wenig mit Saft panschen dürfen? Die Kontinuität spielt demnach eine große Rolle beim Verhaltenlernen.

Auch die Zeit ist tätig: Spätfolgen

Die Bedeutung der Regelmäßigkeit einer Sanktion zeigt sich auch beim Erwachsenen, dargelegt am Exemplar der Spezies: dem Raser. Das Fahren mit überhöhter Geschwindigkeit ist für den Raser mit lauter sofortigen Belohnungen verbunden: dem „Fahrspaß", dem Gefühl, schneller ans Ziel zu kommen, dem Gefühl der Überlegenheit oder Sportlichkeit usw. All diese Folgen treten mit hoher Regelmäßigkeit auf; sie sind alle positiv. Und sie geschehen sofort. Wir sprechen hier über hunderte von erfolgreichen Durchläufen pro Jahr: schnell fahren = Klasse!

Negative Konsequenzen, wie Bußgelder aufgrund von Geschwindigkeitskontrollen oder gar Unfälle, kommen im Verhältnis dazu recht selten vor. Auf hunderte, wenn nicht tausende von Eilfahrten passiert ein Blitzer. Darüber hinaus taucht das Ergebnis des Blitzens auch noch Wochen nach dem Verhalten zumeist erst auf: der Bußgeldbescheid.

Dabei unterscheiden sich die negativen und die positiven Sanktionen nicht nur in ihrer Häufigkeit, nein, vor allem im zeitlichen Abstand zum Verhalten. Die Belohnungen treten alle zeitnah zum Verhalten auf. Die

Bestrafungen – Bußgelder, Fahrverbote oder Führerscheinentzug – folgen mit großer Verspätung. Erst Wochen bis Monate nach dem aktuellen Verhalten tritt sie ein: die klassische negative Spätfolge.

Viele unserer Verhaltensweisen haben bei genauer Betrachtung nicht nur eine für das Lernen entscheidende Sofortfolge, sondern auch eine sehr interessante *Spätfolge*. Genau wie die sofortige Sanktion kann auch eine spätere Konsequenz belohnenden oder bestrafenden Charakter haben. Spätfolgen können nämlich sehr unterschiedlich sein:

Beim Zu-schnell-Fahren kann es sein, dass das Verhalten viele Male keine ersichtliche negative Spätfolge hat. Und nur dann und wann ein dramatischer Paukenschlag erfolgt.

Bei vielen Genussgewohnheiten ist die negative Spätfolge ein Produkt der Anhäufung. Ein Stück Torte macht niemanden fett (dieser Tatsache werden wir uns noch ausführlich widmen). Das XXL-Stück Torte hat für einige Individuen sofort und jedes Mal einen sehr belohnenden Effekt: „Superlecker", würde man heute sagen. Da es so belohnend ist, wird das Tortenessen regelmäßig wiederholt. Früher oder später erreicht einen dann die Spätfolge: die zu eng gewordene Hose oder – wahrheitsgemäßer – der an Umfang größere Bauch. Wir alle kennen Spätfolgen aus dem Alltag.

In diesem Fall wird die Sofortfolge als angenehm erlebt, die Spätfolge als unangenehm:

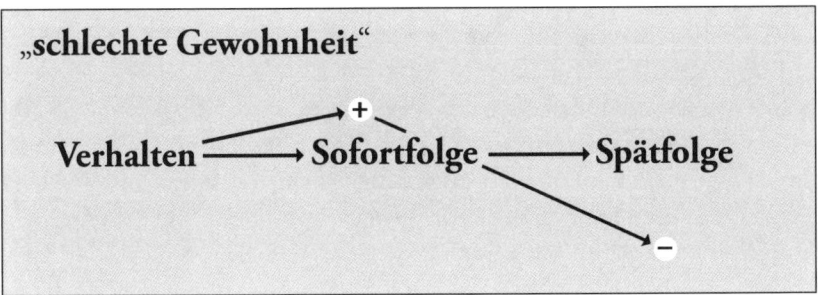

Die Gewohnheiten, von denen wir in diesem Zusammenhang sprechen, haben in der Regel diesen logischen Aufbau. Denn was wir nicht haben wollen, was wir fürchten, wofür wir uns schämen oder was wir ablehnen, sind die negativen Spätfolgen: das Übergewicht, den Lungenkrebs, die Unbeweglichkeit, den Herzinfarkt, das bis zum Anschlag überzogene Konto.

SOFORT

SPÄTER

Folgende Variante:

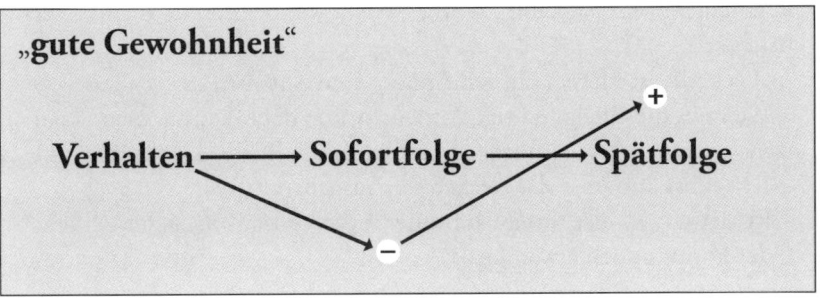

gibt es natürlich auch. Das Lernen vor Prüfungen und diverse sportliche Übungen kann man in diese Kategorie zählen. Wir werden uns später noch intensiver mit beidem befassen (nämlich im Kapitel 9 „*Zimmer mit Aussicht*"). Zunächst soll der Überblick reichen.

Für unser Thema stehen zunächst die Gewohnheiten mit den negativen Spätfolgen im Vordergrund. Erinnern Sie sich an den Anfang, als ich behauptete: „Eigentlich macht es gar keinen Sinn, sein Verhalten verändern zu wollen!"?

Eine Gewohnheit zu ändern heißt, Aufbegehren gegen hunderte, wenn nicht tausende von Malen, als Ihr Verhalten belohnt wurde.

Jedes Mal, wenn Sie etwas Kalorienreiches im Übermaß gegessen haben, hat es Ihnen vermutlich geschmeckt. Jedes Mal, wenn Sie eine Zigarette rauchen, erlebten Sie es als angenehm; genauso wie die vielen Male, die Sie nicht zum Sport gegangen sind, sondern sich mit einem Teller Knabbereien vor den Fernseher zurückgezogen haben. Ich hatte behauptet, dass die Strukturen des Verhaltenlernens genau Ihre Gewohnheit begünstigen.

Überprüfen Sie bitte kurz im Geiste, ob Sie dem Folgenden zustimmen können:

!

▶ Die Gewohnheit, von der Sie sich möglicherweise trennen möchten, gibt Ihnen ein gutes Gefühl. Sie fühlen sich währenddessen oder gleich danach gut bzw. besser als vorher.
▶ Dieser Effekt tritt mit großer Regelmäßigkeit auf.
▶ Der belohnende Effekt bedeutet Ihnen etwas. In gewissem Sinne ist er für Sie wichtig.

Vorschlag:
Wenn dem so ist, dann lassen Sie doch einen Moment lang die Frage in Ihrem Kopf schaukeln: „Worin besteht die Belohnung meines Verhaltens?"

„Lecker!", ist hierbei für den Anfang eine Antwort.

Wenn es die einzig richtige Antwort wäre, dann könnte man ja einfach sagen: Lecker ist auch ein viertel Stück Torte. Der belohnende Effekt muss also über das „lecker" hinausgehen.

Ist „lecker" – oder was auch immer – der einzige angenehme Effekt? Oder kommt noch etwas dazu?

Grüße aus dem Neandertal

Kehren wir zurück zum Beispiel der Wellness Lounge: Das Sitzen auf dem Sofa, es warm und gemütlich zu haben, satt zu sein, scheint für sehr viele Menschen hochgradig belohnend zu sein. Der Blick aus dem Fenster, in die regnerische Herbstlandschaft, hat dagegen wenig Einladendes. Die Botschaft einer regnerischen Herbstlandschaft und der Gedanke daran, durch sie zu joggen, verspricht kaum Wohlgefühle auszulösen.

Ich höre schon meine Kollegin Imke, die nun mit erhobenem Finger ruft: „Moooment! Für den echten Sportler gibt es kein schlechtes Wetter, und natürlich ist das Sportmachen belohnend, weil man sich doch hinterher besser fühlt und etwas Gutes für sich getan hat!"

Auch das Joggen im Regen kann belohnend sein – aber eben nicht *sofort*. Wie sie so schön sagt: *Hinterher* fühlt man sich gut. Es wird ein ziemlich geringer Prozentsatz an Menschen sein, die das Rumrennen durch Kälte und Nässe im aktuellen Moment als angenehm erleben. Ich wage zu behaupten, dass sie sich nicht an der kalten Nässe erfreuen, sondern dass sie sich im Geiste schon beim Laufen die positiven Spätfolgen aufzählen. Wer so strukturiert ist, nimmt das Wetter billigend in Kauf, weil die positive Spätfolge einen höheren Wert für ihn hat. Zu einem späteren Zeitpunkt werden wir uns mit diesem Aspekt sehr ausführlich beschäftigen (nämlich in Kapitel 6 „*Proviant – Kekse!*").

Die meisten Menschen suchen behagliche, warme, gemütliche Plätze. Es scheint so zu sein, dass einige Aspekte für die große Mehrheit an Menschen belohnend wirken: Wärme, satt sein, das Gefühl, in Sicherheit zu sein.

Es gibt Autoren, die sogar behaupten, dass es uns in der Steinzeit in die Wiege gelegt wurde, regressiv und faul mit einer Tüte Chips vorm Fernseher zu sitzen: Schließlich, wer in der sicheren Höhle vorm Feuer sitzt und etwas isst, weiß, dass er garantiert überleben wird.[1]

Wer draußen im Regen herumrennt, kann jederzeit vom Säbelzahntiger gefressen werden. (Oder heute von einem wilden Jeepfahrer und dessen Kuhfänger erledigt werden.) Mitunter war es vielleicht so: Diejenigen, die besonders aktiv und abenteuerlustig waren, diejenigen, die proaktiv auf die Welt zugingen, hatten eine viel größere Wahrscheinlichkeit, ausgerottet zu werden, ehe sie sich fortpflanzen konnten.

Sollte unser Problem also daran liegen, dass einige von uns von den sicherheits- und rückzugsorientierten Wesen abstammen, die erfolgreich ihre Gene weitergeben konnten, weil sie im Schutz des Höhlenfeuers überlebten?

Unwahrscheinlich, weil es damals noch keinen Pizzalieferservice gab. Irgendwer musste also rausgehen, um Nahrung zu organisieren. Wenn es sich so verhielte, dass die proaktiven Jäger alle ausgestorben wären, dann gäbe es heute keine aktiven „Machertypen". Die scheint es zu geben. Menschen, die ständig „unter Strom stehen", „Powerfrauen", so etwas eben.

Die Zahl der Initiativ-Begeisterten ist tatsächlich deutlich kleiner als die der Höhlensitzer. Laut Rodger Bailey (in: S. Rose Charvet, *Wort sei Dank*, 1998) sind nur 15–20 % der Menschen echte proaktive Machertypen. 60–65 % der Menschen sind je nach Situation mal aktiv und mal eher reaktiv, weitere 15–20 % sind rein reaktive Menschen, die selten die Initiative ergreifen.[2] Auch wenn sich die Statistik auf einen Arbeitskontext bezieht, sind die Zahlen ganz interessant. Die Wahrscheinlichkeit ist also relativ hoch, dass Sie zu denen gehören, die je nach Anlass proaktiv oder reaktiv sind.

Die Aktiven werden sich kaum hinsetzen und dieses Buch lesen. Sie müssen ja gerade irgendwas machen.

Hier sind wir vielleicht ein Stück näher am eigentlichen Problem: Manch einem fällt es leichter, neues Verhalten auszuprobieren und aktiv zu sein. Er oder sie lernt aktiv durch seinen eigenen Versuch und Irrtum und ist bereits freudig aufgeregt, wenn er oder sie Neues ausprobieren kann. Für solche Menschen ist dieses Buch nicht gedacht.

---

[1] Der Fernseher ist ja nicht unähnlich in der Induktion eines tranceartigen, regressiven Zustandes, so wie es ein anständiges Höhlenfeuer sicher auch war.

[2] Die Zahlen aus der Statistik von Rodger Bailey beziehen sich primär auf den Arbeitskontext.

Es ist gedacht für diejenigen, die zwar wissen, dass sie eigentlich „damit" aufhören bzw. anfangen sollten. Die aber ebenso eigentlich sich schwer tun, das Verhalten loszulassen.

Die Wellness Lounge ist der Ort, an dem wir verweilen, weil wir uns dort einfach geborgen fühlen. Weil wir ein gewisses Gefühl von Sicherheit und Schutz haben. Weil die Dinge vorhersehbar sind: Wenn es so bleibt, wie es ist, weiß ich wenigstens, womit ich zu rechnen habe. Links meine Zigaretten, rechts der Teller mit der Torte, vor mir der Fernseher. Da weiß man, was man hat.

Wenn Sie noch nicht bereit sind, die Wellness Lounge zu verlassen, macht nichts. Sie können sich genauso gut eingekuschelt hinlegen und dieses Buch lesen, wie Sie es mit einem Stift und einem Notizbüchlein bewaffnet am Schreibtisch sitzend durcharbeiten können. Schließlich – wo steht denn geschrieben, dass man ein Buch nur ein Mal und nur auf eine Art lesen kann?

3 Reisegefährten

Selbstveränderung ist ein Begriff, der zunächst die Assoziation nahelegt, dass Sie sich selbst verändern können. Oder weniger charmant formuliert: dass Sie alles allein machen müssen. Wenn nun das Wort „Selbst" separat vorangestellt wird, dann könnte man doch denken, dass das Wort „Verändern" für sich steht. Irgendwer verändert irgendwen. Oder irgendwas. Hier scheinen schon allein in der Natur des Wortes „verändern" mindestens zwei beteiligt zu sein. Schreit es nicht förmlich nach einem Akkusativobjekt? „Wen oder was verändere ich? Doch bestimmt jemand anderen!"

Wäre es nicht bequemer, sich jemand anderem anzuvertrauen? Jemand, der Sie an der Hand nimmt und ändert? Der Sie tröstet und triezt? Jemand, der Sie motiviert und lobt? Warum nicht sich Unterstützung holen? Warum alleine leiden?

Könnte man nicht sogar eine ganze Armee von Helfern involvieren? Die Kinder könnten jedes Mal, wenn sie Sie Schokolade essen sehen, eine Schimpftirade anstimmen. Oder könnten Sie sich nicht einen Hund kaufen, mit dem Sie raus „müssen"? Die Partnerin könnte Sie doch beim Joggen begleiten!

Aber wie viele Menschen, Pflanzen und Tiere auch immer in den Prozess involviert sind:

Wenn Sie eigentlich gar keine Lust haben, Verhaltensänderungen zu versuchen, dann werden Sie unter Umständen geneigt sein, den Hund kurz in den Garten zu lassen und sich mit der Packung Schokoküsse vor den Fernseher zurückzuziehen. Es könnte sein, dass Sie die zwei Tafeln Schokolade dann essen, wenn Ihre Kinder in der Schule sind. Möglicherweise fühlen Sie sich wohler in Ihrer Haut, wenn Sie keinen anderen involvieren. Ich bezweifle, dass die Kontrolle durch andere Sie wirklich zu einer Veränderung bewegen wird. Ein schlechtes Gewissen ist nie sinnvoll und hat bisher noch bei wenigen Menschen wirklich dramatische Veränderungen im Bereich Gewohnheiten eingeleitet.

Effektive Unterstützung müsste eher eine konsequente Belohnung sein. Jedes Mal, wenn Sie das „richtige" Verhalten zeigen, müsste Ihr Umfeld jubeln und Sie bewundern. Oder Ihnen einen Euro ins Sparschein stecken, Ihnen den Kopf tätscheln und ein Bienchen aufkleben.

Nun neigen aber selbst wohlmeinende Mitmenschen eher zu den Überwachungs-, Kontroll- und Bestrafungsmechanismen. Mit geradezu fragwürdiger Lust engagieren sich viele eher beim Bestrafen des „falschen" Verhaltens: Nörgeln, böses Gucken, kritische Bemerkungen gesellen sich dann zu Ihrem

Stück Torte oder der Verdauungszigarette: „Wolltest du nicht …?", „Hast du nicht gesagt, dass du …?", „Muss das denn sein?"

Theoretisch, nach allem, was wir bis jetzt gelernt haben, müsste diese Einstellung doch geradezu wunderbar sein: Alles, was bestrafend wirkt, wird doch langfristig vermieden, oder? Leider ist es nicht ganz so einfach. Denn hier liegen eine Belohnung und eine Bestrafung miteinander im Wettstreit.

Wir lernen hier einen weiteren Aspekt des Verhaltenlernens kennen: Eine Bestrafung ist nur dann effektiv, wenn sie nicht mit einer bedeutsameren Belohnung konkurriert.

Vom Sockenausziehen

> Meine jüngste Tochter gab in ihren ersten Jahren das beste Beispiel dafür: Sie war eine begeisterte Barfußläuferin. Nackte Füße, direkter Kontakt zum Boden, das war ihr das Liebste. Sobald sie es gelernt hatte und wann immer sie konnte, wurden Socken ausgezogen.
>
> Nun neigte sie leider in den kühleren Monaten (in Deutschland also von Oktober bis Mai) zu Erkältungen. Lief sie länger barfuß über kalte Fußböden, fing sie an zu niesen. Dass dem ein Schnupfen folgen könnte, war für sie unwichtig. Der Schnupfen ist eine klassische Spätfolge, wie wir später noch sehen werden. Für Kleinkinder sind bis zu einer bestimmten Entwicklungsphase eigentlich nur Sofortfolgen relevant. Wann immer mir mein Kleinkind mit nackten Füßen entgegenkam, lief ich los, suchte die Socken und zog sie ihr wieder an. Natürlich nicht, ohne meine Besorgnis und meinen Unmut in unterschiedlich elaborierter Form auszudrücken.

Aus der Perspektive meiner Tochter ergab sich also folgender Konflikt:

Ich ziehe meine Socken aus ⟶ Ich kann alles spüren und fühle mich wohl +

Verhalten ⟶ Folge

Ich ziehe meine Socken aus ⟶ Meine Mutter nörgelt an mir herum −

Mein Missbilligen stand also in Konkurrenz zu dem angenehmen, sinnlichen Erlebnis nackter Füße. Rückblickend muss ich annehmen, dass mein Genörgel deutlich weniger beeindruckend war, denn das Socken-Auszieh-Thema begleitete uns lange.

Wenn auf ein Verhalten sowohl eine Belohnung als auch eine Bestrafung folgt, stehen sie in Wettkampf miteinander. Entscheidend ist hier vor allem die Bedeutsamkeit der Folge. Eine der beiden Folgen wird bedeutsamer für das Individuum sein als die andere.

Bei den Gewohnheiten, von denen wir hier sprechen, handelt es sich zumeist um die belohnende: das Geldausgeben, auch wenn das Konto bereits überzogen ist. Schließlich, man hat sich ja was Schönes gegönnt. Die Nikotinwirkung, auch wenn man inzwischen im Winter draußen VOR der Kneipe rauchen muss.

Nur eine grausam dramatische Strafe wäre wirklich beeindruckender und damit bedeutsamer für Sie als die belohnende Wirkung Ihrer Gewohnheit. Um bei unserem Beispiel zu bleiben: Ihr Partner oder Ihre Partnerin müsste Sie für jedes kleine Stück Süßigkeit, das Sie trotz Ihres Vorsatzes zu sich nehmen, so massiv unter Druck setzen, dass wir eigentlich über physische Gewalt sprechen.

Abgesehen davon, dass dieses Zusetzen moralisch abzulehnen ist und dem Grundgesetz widerspricht – es hätte auch einen weiteren negativen Effekt: Sie würden Ihren Partner als Bestrafungsinstanz wahrnehmen. Nach und nach würden Sie den Kontakt mit ihm immer mehr vermeiden und schließlich hinter seinem Rücken die Schokolade konsumieren. Wo streng bestraft wird, lernen Menschen zu lügen und zu betrügen. Aber ernsthaft und nachhaltig beeinflusst es das Verhaltensmuster der wenigsten in gewünschter Weise. Im Gegenteil, gerade das schlechte Gewissen und die Scham sind oft ein wunderbarer Auslöser, um erneut das unerwünschte Verhalten auszuüben. Aber zum Thema Auslöser später mehr (im Kapitel 7 „*Auf der Suche nach dem Auslöser*").

Wenn Sie sich also einen Reisegefährten suchen wollen, dann ist es günstiger, ihn oder sie nicht in die Bestrafungs- bzw. Belohnungsprozesse mit einzubinden.

Ein Freund bat mich vor vielen Jahren einmal, ihn bei seinen Diätbemühungen zu unterstützen. Ich sollte regelmäßig kontrollierend nachfragen. Ich hatte Bedenken, wie es sich auf unsere Freundschaft auswirken könnte, wenn ich ihm ein schlechtes Gewissen machen würde. Er bat ausdrücklich darum: „Du sollst mir ja ein schlechtes Gewissen machen!" Er war der festen Überzeugung, nur das helfe bei ihm. Für eine Testphase ließ ich mich darauf ein.

Es kam, wie es kommen musste: Von Tag zu Tag war er schlechter zu erreichen. Schließlich reagierte er gar nicht mehr auf meine Bemühungen und meldete sich von sich aus nicht mehr bei mir, bis der Kontakt völlig verebbte. Er hatte mich mit dem schlechten Gewissen assoziiert. Da seine Bemühungen nicht erfolgreich waren, schämte er

> sich, mir zu erzählen, dass er weiter in großen Mengen gegessen hatte. Die Freundschaft löste sich nach und nach in einen harmonischen Nicht-Kontakt auf.

Ein geeigneter Reisegefährte kann dem Prozess unterstützend zur Seite stehen. Vor allem, wenn er oder sie sich selbst mit auf die Reise macht. Idealerweise sollte es also jemand sein, der sich ebenfalls etwas an- oder abgewöhnen will. Es kann erbaulich sein, sich mit einem anderen über die eigenen Erfahrungen auszutauschen.

Man macht sich also gemeinsam auf den Weg und trifft sich vielleicht dann und wann. Man hat aber weder das gleiche Ziel, noch muss es für beide das gleiche Transportmittel oder der gleiche Weg sein. Vor allem heißt es nicht: Einer trägt den anderen an den Zielort.

Mailverkehr

Eine Selbstveränderung braucht eigentlich keinen Partner – denn sonst hieße sie ja Gruppen- oder Partnerveränderung. Damit man nicht die Verantwortung ablädt oder den anderen nur als eine Art Jammerkasten benutzt, gilt es klare Regeln einzuhalten:

Zu den regelmäßigen Treffen, dem Mail-Austausch oder den Telefonaten gibt es nur Standort- und Strategiefragen: „Kommst du auf deinem Weg vorwärts? Ist das eine Sackgasse? Welchen Weg möchtest du als Nächstes versuchen?"

Sie sollen nur ein Ohr für die Gedanken des anderen sein und ihm oder ihr die Möglichkeit geben, laut zu denken – und andersherum natürlich auch. Kein Ratgeber und kein Lösungsfinder. Darum heißen die Grundfragen auch:

Was funktioniert?

Was funktioniert nicht?

Wenn Sie sich allein auf die Reise machen wollen, könnten Sie diesen Austausch künstlich produzieren. Wie wäre es, wenn Sie sich vielleicht ein zweites E-Mail-Konto einrichten, das nicht direkt mit Ihrem Outlook-Programm installiert ist? Ein E-Mail-Konto, in das Sie sich erst einloggen müssen. So können Sie mit sich selbst korrespondieren. Von diesem aus können Sie einmal wöchentlich, am besten an einem festen Tag, die beiden Fragen an sich senden:

> **1. Was funktioniert?**
> **2. Was funktioniert nicht?**
> Die Antwort auf die zweite Frage ist die eindeutig interessantere, denn hier ist Ihr analytischer Geist gefordert. Es bietet sich an, diese oder ähnliche Folgefragen zu stellen:
> ▶ Was kann ich an meiner Herangehensweise ändern, um etwas zu vereinfachen?
> ▶ Was habe ich übersehen?
> ▶ Was sollte vielleicht zusätzlich berücksichtigt werden?
> ▶ Wie habe ich mich gefühlt?
> ▶ Welche Gedanken gingen mir dazu durch den Kopf?
> ▶ Was kann ich stattdessen ausprobieren?

Ein Beispiel:

Was funktioniert?
Ich habe letzte Woche versucht weniger Geld auszugeben, um meine Schulden anzugehen. Dazu habe ich versucht, statt der EC-Karte, alles bar zu bezahlen, um wieder ein Gefühl für die Geldsummen zu bekommen. Ich habe gemerkt, dass es mir schwerfällt und ich mehr überlege, ob ich etwas kaufe, wenn ich weiß: Ich soll dafür meinen 50 Euroschein hergeben.

Was funktioniert nicht?
Aber ich hatte zu wenig Geld am Automaten gezogen und musste dann im Supermarkt den Wochenendeinkauf doch wieder mit der EC-Karte bezahlen.

Folgefrage: **Was sollte zusätzlich berücksichtigt werden?**
Ich sollte vor dem Gang zur Bank bedenken, welche Anschaffungen/Einkäufe zu erledigen sind und wie viel sie kosten werden. Ich könnte eine Einkaufsliste machen und die zu erwartenden Ausgaben überschlagen, um zu planen, wie viel Geld ich abheben muss.

Wenn Sie die E-Mail-Variante wählen, können Sie auch die Übungsfragen wie einen Brief an sich selbst mailen und dann an die zweite Adresse eine Art Antwortbrief schreiben.

4 Die perfekte Reiseroute

Wenn man logisch an die Sache herangeht, dann sollte man vermuten: Es müsste doch reichen, den Menschen zu erklären, warum ihr Verhalten schädigend ist oder wie genau die Schädigung funktioniert. Wenn er oder sie das versteht, dann hören sie doch bestimmt damit auf! Sind wir nicht vernünftige Wesen? Wenn Sie dieses Buch in der Hand haben, gehören Sie vermutlich bildungsnahen Schichten an. Bildungsnahe Schichten sollten doch eigentlich davor gefeit sein, wider besseren Wissens etwas zu tun, das langfristig beeinträchtigt. Da muss eine Erklärung doch reichen.

Hier kommt die schlechte Nachricht: Erklärungen spielen nur sehr, sehr selten für einige wenige Menschen eine Rolle. Ich nehme an, der Dalai Lama gehört dazu und eine Handvoll Zen-Buddhisten, die ich nie persönlich kennengelernt habe. Eigentlich wissen wir alle, dass Bewegung gut ist. Im Grunde wissen wir auch alle, dass faul mit einer Tüte Chips vorm Fernseher rumliegen schlecht ist. Wir haben alle diverse Erklärungen von unseren Müttern gehört. Wahlweise haben wir diese Hinweise in der Schule oder den Medien erhalten: „Dieses" Verhalten ist im Grunde gesundheitsförderlich, „jenes" ist schädlich. In den zahlreichen *Sendung-mit-der-Maus*-Versionen, die es im Fernsehen für Erwachsene gibt, haben die meisten von uns sogar Erklärungen mit beeindruckenden Computersimulationen gesehen, die sichtbar machen, warum z. B. Nikotinablagerungen zum Herzinfarkt führen.

Selbst denen unter Ihnen, die jetzt erstaunt aufblicken und sagen: „Nein, also eine Erklärung habe ich noch nie erhalten!", steht die Möglichkeit offen, das Internet zu nutzen und sich zu informieren: Wie genau wird das Verhalten, das Sie loswerden wollen, Ihren Körper oder Ihr Leben schädigen?

Sie können es allerdings genauso gut bleiben lassen. Denn alles, was eine Erklärung bewirkt, ist ein Wissenszuwachs. Eine Erklärung ist ein Hinweis auf einen Folgeschaden, der höchstwahrscheinlich sehr, sehr weit in der Zukunft liegt. Das Verhalten ändert sich dadurch in der Regel nicht. Wenn wir unser Verhalten ändern wollen, müssen wir uns also auf die Suche nach dem Weg machen.

Der ideale Weg

Nun legt manch ein Kurs oder Ratgeber uns nahe, dass es eine perfekte Reiseroute gibt. Eine perfekte, garantierte Methode, die unsere Probleme ein für alle Mal löst. Einiges davon kommt Ihnen vielleicht bekannt vor: „Jeder hat ein Recht

auf Erfolg!", „Zehn Kilo weg im Schlaf!", „Ewig leben durch Eiweiß-Shakes!" Viele Diät- oder Selbsthilferatgeber lassen uns glauben, dass man mit ihrer Hilfe „seine Ziele erreichen" kann. Und zwar einfach und schnell (Strunz, 1999, 2000).

Hört sich das nicht traumhaft an: Es geht schnell? Es geht leicht? Es geht über Nacht? Ich muss nichts tun? Oder – fast nichts? Schlank im Schlaf? Millionär in sechs Monaten? Nichtraucher durch Knopf im Ohr? Ach, natürlich wäre das schön! Wer von uns wollte das nicht?

Eine Methode, die propagiert, die einzig wahre, garantiert erfolgreiche und dazu noch babyleicht zu sein, muss doch funktionieren! 10.000 Menschen haben es angeblich schon bewältigt und sind jetzt glückliche, schlanke Millionäre! Dann muss ich es doch auch schaffen!

Viele dieser Programme sind jedoch im Procedere und im Detail erstaunlich kompliziert oder beinhalten eine Reihe von kleinen Bestrafungen. Glauben Sie mir: So lecker ist die Eiweißpampe gar nicht. Wenn sie am ersten Tag schon nicht schmeckt, wird sie am vierten Tag auch nicht besser. Meine Ernährung nach den fünf Elementen der Traditionellen Chinesischen Medizin hat ein jähes Ende gefunden, weil ich nach 14 Tagen kein lauwarmes Wasser aus Thermoskannen mehr sehen konnte (Temelie & Trebuth, 1993).

Was passiert aber, wenn ich das so geniale und doch so einfache Programm abbreche? Wenn ich nicht die zehn Kilo in drei Wochen abnehme? Wenn ich nicht in drei Tagen Nichtraucher oder in sechs Monaten reich bin?

Dann werde ich mich wahrscheinlich elend fühlen. Möglicherweise elender als vorher. War es nicht ein ganz einfaches Programm? Haben nicht schon Tausende erfolgreich damit in kürzester Zeit abgenommen? Wenn es so einfach ist: Was sagt es über mich, dass ich es nicht schaffe? Bin ich ein noch viel schlimmerer Versager, als ich vorher schon heimlich dachte? Anzunehmen, oder?

Hier wird es desaströs. Denn viele Menschen leiden schon vor Beginn eines Programms unter schwachem Selbstwertgefühl. Sie fühlen sich minderwertig und hilflos, weil Sie ein bestimmtes Problem haben. Ein Programm abzubrechen, das behauptet, einfach zu sein und garantiert zu helfen, demoralisiert an diesem Punkt enorm. Wenn das kein Grund ist, sich erstmal mit einer Zigarette auf dem Balkon zu trösten!

Dualismus und Durcheinander

Es kommt mir beim Lesen dieser Methoden bisweilen so vor, als gäbe es ein „Richtig" und ein „Falsch". Hier herrscht der Dualismus: Wer nicht

meditiert, wird nichts. Wer nicht visualisiert, wird gar nichts. Wer sich nicht von Protein-Shakes ernährt, auf den wartet der nahe Tod. Wer sie trinkt, der wird ewig leben.

Vermutlich ist bei Programmen, die Dualismen propagieren, ein wenig Vorsicht angebracht. Die Dinge des Lebens sind nämlich vor allem in einer Hinsicht dual: dass man sie danach unterscheiden kann, ob sie dual sind oder nicht. Schwanger oder nicht schwanger ist eine ziemlich duale Eigenheit des Lebens. Aber schon bei der Frage des Geschlechts eines Kindes gibt es dank zahlreicher genetischer Abweichungen mehr als nur zwei Möglichkeiten als „Junge" (XY) oder „Mädchen" (XX).

Wenn ich mir das „wirkliche Leben" so angucke, dann sehe ich viel mehr Kompromisse und Notlösungen als richtige und falsche Wege. Das mag daran liegen, dass menschliches Leben viel komplexer und komplizierter ist, als man im Allgemeinen wünschen sollte. Es kommt vor, dass man manchmal geneigt ist, Merkmale miteinander zu vermischen, die wenig miteinander zu tun haben. Vieler dieser erfolgversprechenden Programme vermischen solche Aspekte, indem sie suggerieren: Die erfolgreichen, schlanken, joggenden, nichtrauchenden Vegetarier sind zufriedener und leben länger als die erfolglosen, dicken, rauchenden Sportmuffel. Das erinnert mich an eine Rätselfrage:

Welchen dieser Kandidaten würden Sie für ein politisches Amt besonders geeignet halten?

Kandidat A:
Er pflegt Verbindungen mit korrupten Politikern und lässt sich astrologisch beraten. Er hatte zwei Geliebte, ist Kettenraucher und trinkt acht bis zehn Martini täglich.

Kandidat B:
Er wurde zweimal aus seinen Ämtern enthoben, schläft bis Mittag, hat als Student Opium geraucht und trinkt allabendlich 1/3 Liter Whisky.

Kandidat C:
Er ist als Kriegsheld ausgezeichnet. Er ist Vegetarier, Nichtraucher, trinkt gelegentlich ein Glas Bier und hatte nie außereheliche Affären.[1]

---

[1] A) Franklin D. Roosevelt, B) Winston Churchill, C) Adolf Hitler

Bevor Sie in der Fußzeile die Lösung nachlesen: Wer erscheint Ihnen wirklich geeignet für ein politisches Amt? Für viele Menschen kommt die Antwort automatisch: Kandidat C. Der macht doch einen ehrenhaften, anständigen Eindruck, oder? Aber ist ein vegetarischer Nichtraucher auch automatisch ein guter Politiker? Viele Menschen neigen dazu, private „Ehrenhaftigkeit" mit politischer Entscheidungskompetenz gleichzusetzen.

Das Schöne an dieser Frage ist: Die Antworten zeigen, dass der von Edward Thorndike (1970) beschriebene „Halo-Effekt" immer wieder funktioniert. Sehen wir eine bestimmte Qualität, vermuten wir automatisch, dass andere gleich gelagerte ebenfalls vorhanden sind. Wer lange schläft, ist faul. Wer fremdgeht, betrügt auch im politischen Amt. Und weil so viele Menschen diese Eigenschaften gleichsetzen, kann man auch versuchen, einen amerikanischen Präsidenten zu demontieren, nur weil man auf irgendeinem Kleidungsstück verdächtige Flecken findet.[2] Im Ergebnis muss man sagen: Offensichtlich hat „ein guter Politiker sein" mit Fremdgehen oder Fleischessen eben wenig zu tun.

Schlanksein, Enthaltsamkeit, Reichtum, Erfolg oder Sportlichkeit sind keine Garanten für moralisches Verhalten, Glück und langes Leben. Rauchen, Bestechlichkeit und Alkoholmissbrauch garantieren in keiner Weise Tod, Krankheit und Verderben. Manch einer mag fest glauben, dass Raucher für ihr ungesundes Verhalten bestraft werden, indem sie frühzeitig Lungenkrebs bekommen und arbeitslos oder kriminell werden. So einfach ist es aber nicht. Bedauerlicherweise werden viele dieser Aspekte miteinander verquickt und emotional überbewertet. Einige der erwähnten Programme und Selbsthilfebücher suggerieren oder postulieren sogar solche Vermischungen und sorgen für Durcheinander.

Sie erinnern sich?

Blicken wir nochmals auf den Prozess des Verhaltenlernens und erinnern uns:

Ein Verhalten wird gelernt, wenn es regelmäßig, sofort und in bedeutsamer Weise belohnt wird. Worüber wir gerade sinnieren, sind allerdings nicht mehr Sofort-, sondern Spätfolgen. Die Sofortfolgen unserer Gewohn-

---

[2] Bis heute bleibt mir ein Rätsel, wieso Frau Lewinsky ihr Kleid nicht hat reinigen lassen. Es muss doch in Washington DC irgendwo eine chemische Reinigung geben.

heiten sind uns meist ans Herz gewachsen. Die Spätfolgen fürchten wir. Nahezu alle unserer Gewohnheiten haben Spätfolgen, die als belohnend oder bestrafend erlebt werden.

Bleiben wir bei dem Beispiel der Gewichtsveränderung: Im Übermaß fett- oder zuckerhaltige Nahrung zu sich zu nehmen, hat offensichtlich einen belohnenden Charakter. Wenn ich dieses Verhalten häufig wiederhole, tritt irgendwann die Spätfolge ein: Das Körpergewicht erhöht sich, die Körperform verändert sich.

Beides wird heutzutage in unserem Kulturkreis als Bestrafung erlebt. Vor über 400 Jahren schob Shakespeare noch Julius Cäsar den Satz in den Mund: „Lasst wohlbeleibte Männer um mich sein!" Heute gilt dieser Satz nur noch für Dokusoaps, in denen ein Sportcoach mit einer Handvoll Adipöser in den Dschungel geschickt wird und sie nach Herzenslust schikanieren darf. Persönlich habe ich noch nie jemanden getroffen, der sein Übergewicht in irgendeiner Weise als belohnend erlebt oder der seine Freunde oder Geschäftspartner nach deren Übergewicht aussucht.

Warum bleiben wir schon wieder beim Beispiel Gewicht hängen? Weil hier die Spätfolgen relativ gut vorhersagbar sind. Wenn man den kalorischen Tagesbedarf einer Person kennt, dann weiß man: Eine Ernährung über einen längeren Zeitraum mit mehr Kalorien als nötig wird das Gewicht steigen lassen. Es handelt sich also um eine garantierte negative Spätfolge.

Die Spätfolgen der meisten anderen Gewohnheiten sind nur in wenigen Fällen garantiert und damit vorhersehbar. Viele Spätfolgen sind eher im Bereich der Wahrscheinlichkeit angesiedelt. Bei einigen Gewohnheiten müssen wir sogar sagen:

Es tritt *eventuell* eine von mehreren möglichen negativen Spätfolgen auf.

Ein Raucher kann nach Jahren entweder einen Herzinfarkt ODER ein Raucherbein ODER einen Lungenkrebs ODER einen Nieren- und Blasenkrebs ODER eine andere Lungenerkrankung bekommen.

Darum spricht man auch von Erhöhung des Risikos.

Ich bitte Sie einmal, in sich hineinzuhören und zu beobachten, mit welchen Gefühlen Sie auf folgenden Satz reagieren:

„Rauchen kann Ihr Risiko erhöhen, eine koronare Herzkrankheit zu entwickeln."

Irgendeine Reaktion? Schulterzucken?

Genau, so geht es mir auch. Es fällt schwer, auf diesen Satz mit den Worten zu reagieren: „Um Gottes willen! Wenn das so ist, dann schmeiß ich den Kram sofort weg! Das ist ja fürchterlich!"

Eventuelle negative Spätfolgen haben auf unser aktuelles Verhalten so gut wie keinen Effekt. Vor allem nicht, wenn Sie schon belohnende Erfahrungen gesammelt haben. Auf einen paranoiden Nichtraucher, der noch niemals eine Zigarette geraucht hat, könnte dieser Satz vielleicht wirken. Für den ist er aber ohnehin irrelevant.

Noch eine schlechte Nachricht: Je größer der zeitliche Abstand zwischen einem Verhalten und seiner negativen Spätfolge ist, desto weniger wird gelernt. Dazu an anderer Stelle mehr (nämlich im Kapitel 6 „*Proviant – Kekse*"). Eine Spätfolge, die erst nach 20 Jahren des Verhaltens auftritt, zu der kann ich keinen emotionalen Bezug mehr herstellen.

Darum ist es wichtig, sich Gedanken über die Spätfolgen zu machen, die wir vermeiden oder erreichen wollen. Und über die, die wir wirklich erreichen können. Ganz nüchtern betrachtet:

Mit welchen positiven Spätfolgen können wir definitiv rechnen? Welche negativen Spätfolgen werden wir definitiv vermeiden?

Ein Beispiel:

Wenn Sie bei einer Größe von 160 cm und 90 Kilo Gesamtgewicht 25 Kilo abgenommen haben, dann ist nur garantiert, dass Ihnen andere Kleidungsstücke passen werden als vorher. Schon was die Gesundheit angeht, können wir nur noch über Wahrscheinlichkeiten reden: Sie werden *wahrscheinlich* Ihren Blutdruck verbessern. Sie werden *wahrscheinlich* Ihre Gelenke entlasten und *wahrscheinlich* ein besseres Körpergefühl haben.

Auch bei bestimmten Krankheiten besteht eine hohe Wahrscheinlichkeit, dass Sie positive Wirkungen erleben werden: Wenn Sie z. B. an Schlafapnoe leiden, dann *können* 25 Kilo Gewichtsverlust bereits zur Verbesserung oder sogar zur Heilung führen.

Warum sind diese positiven Spätfolgen nicht garantiert? Weil Übergewicht nicht die alleinige Ursache für diese Dinge ist. Wenn Sie z. B. zwar abnehmen, aber weiterhin im Übermaß Alkohol konsumieren, wird sich an der Schlafapnoe vermutlich nicht viel ändern. Wenn Sie durch eine bestimmte Sportart Ihre Knie extrem belasten oder eine rheumatische Erkrankung haben, dann werden 25 Kilo Gewichtsverlust keine endgültige Heilung der Beschwerden bringen.

Zwei Fliegen mit einer Klappe

Bestimmte Spätfolgen werden aber nicht nur von dubiosen Ratgebern, sondern auch von unserem eigenen Wunschdenken verknüpft:

„Wenn ich die angepeilte Zahl an Kilos abnehme, werde ich auch besser aussehen, mich knackig und sexy fühlen, mehr Spaß am Leben haben und einen tollen Partner finden."

Hier wird es nahezu unwahrscheinlich, dass eine dieser erhofften Spätfolgen eintritt, nur weil ich mein Ziel abzunehmen erreicht habe.

Zunächst, weil all diese Ziele sich auch durchaus mit Übergewicht erreichen lassen. Es gibt tatsächlich dokumentierte Fälle, in denen Menschen mit Übergewicht Lebensqualität und ein erfreuliches Sexualleben hatten.

Diese Vermischung erreicht den Bereich reinen Wunschdenkens. Liebesglück und Erotik werden von vielen Menschen mit einem idealen Körpermaß assoziiert. Das ist aber ein kulturelles Trendphänomen. Wir erinnern uns an die Rubensgemälde: Hier wurde Erotik durchaus mit Formen assoziiert, die man nicht anders als üppig bezeichnen kann. Darüber hinaus sind diese Ziele (gut aussehen, attraktiv sein, Partner finden) sehr komplex. Abnehmen ist eine fast zu vernachlässigende Komponente bei diesen Zielen. Dennoch werden sie vermischt. Ebenso verbreitet scheint es mir, dass Menschen sich bestimmte Sachen vorenthalten, solange sie nicht ihrer Idealversion von sich selbst entsprechen:

„Ich kann doch keinen Partner finden (tanzen gehen, Spaß haben, einen neuen Job suchen ...), so dick, wie ich bin!"

Oder: „Ich geh erst wieder tanzen, wenn ich wieder in das grüne Kleid passe!"

> Überlegen Sie einen Moment, welche Wünsche sich an die Änderung Ihrer Gewohnheit knüpfen:
>
> Wenn ich meine Schulden los bin, ...
> Wenn ich regelmäßig Sport mache, ...
> Wenn ich Nichtraucher bin, ...
> Wenn ich nicht mehr alles aufschiebe, ...
> Wenn ich entspannter an meinen Alltag herangehe, ...
> Wenn ich mein Wunschgewicht habe, ...

Lassen Sie sich von diesem Gedanken ein paar Tage begleiten: Was verknüpfen Sie alles mit dem Ändern Ihrer Gewohnheit? Vielleicht haben Sie ja Lust, einige Dinge davon kurz zu notieren. Es reicht aber auch völlig, im Kopf zu sortieren:

Welche dieser Spätfolgen, die Sie sich wünschen, sind realistisch und welche sind hypothetisch?

Beispiel:

Realistische Spätfolgen beim Abnehmen	Gewünschte, aber leider hypothetische Spätfolgen beim Abnehmen
Garantiert: Weniger Gewicht Kleinere Kleidergröße Veränderte Körperform *Sehr wahrscheinlich:* Verbesserung des Bluthochdrucks Entlastung der Kniegelenke Bessere Beweglichkeit Entlastung der Leber	Besseres Leben Höhere Attraktivität Mehr Spaß, mehr Freunde Erfüllte Partnerschaft finden Sportlicher werden

Welche der realistischen (und nur mit denen werden wir uns beschäftigen) Spätfolgen sind Belohnungen? Welche Bestrafungen kann ich vermeiden?

Positive Spätfolgen, die ich erreichen werde	Negative Spätfolgen, die ich vermeiden kann
Schlanker sein In meine alten Lieblingsklamotten passen …	Gelenkserkrankungen, die mit Übergewicht schmerzhaft sind Bewegungseinschränkungen Herz-Kreislauf-Erkrankungen Doppelkinn …

Für die unrealistischen Spätfolgen gilt:

Wenn sie uns wirklich so viel bedeuten, dann können wir sie einer Prüfung unterziehen:

Welche Verhaltensweisen führen wirklich dieses Ziel herbei? Was muss ich alles tun, um wirklich Spaß im Leben zu haben? Um wirklich einen Partner zu finden und eine erfüllte Partnerschaft zu haben? Wenn Sie die entsprechenden Verhaltensweisen eruiert haben, können Sie diese beim Lesen des Buches als Ihr Arbeitsbeispiel nehmen. Auch wenn es vermutlich ziemlich viele sind.

Ansonsten gilt: An diesem Punkt können wir die überhöhten und vielleicht unrealistischen Erwartungen hinter uns lassen. Wenn wir das nicht tun, ist eine Enttäuschung vorprogrammiert.

Übermäßig große Versprechungen führen häufig zum Scheitern.

Wir müssen nur wollen

Ein weiterer Hinweis, dass ein Programm mit Vorsicht zu genießen ist, ist die Suggestion absoluter Kontrolle. Die Gruppe „Wir sind Helden" (2003) hat es so schön formuliert:

> *muss ich immer alles müssen was ich kann?*
> *eine hand trägt die welt und die andere bietet getränke an*
> *ich kann mit allen 10 füßen in 20 türen*
> *und mit dem 11. in der nase ballette aufführen*
> *aber wenn ich könnte wie ich wollte würd ich gar nichts wollen*
> *ich weiß aber dass alle etwas wollen sollen*
> ***wir können alles schaffen genau wie die tollen***
> ***dressierten affen wir müssen nur wollen***
> ***wir müssen nur wollen***

Der gute Wille zählt, natürlich. Der gute Wille allein reicht aber bekanntermaßen nicht. Der Wille soll Berge versetzen können, so heißt es. Das hat einige Autoren dazu inspiriert, den starken Willen als Grundlage für große Veränderungen zu propagieren, ganz ähnlich, wie es in dem Lied beschrieben wird. Hinter dieser Theorie steckt eine Form von Kontrollwahn: „Ich kann durch meinen Willen mein Umfeld kontrollieren." So ein Kontrollwunsch impliziert in der Regel, dass ich linear erwarte: Wenn ich A tue, wird B passieren. Das funktioniert ganz wunderbar, wenn ich A) vorhabe, mir mit dem Hammer auf den Daumen zu schlagen: Dann passiert nämlich garantiert B) Schmerz. Wenn ich aber vorhabe, meiner Angebeteten meine Liebe zu gestehen, dann kann alles Mögliche passieren, selbst wenn ich mehrfach visualisiert habe, wie sie erfreut jubelt.

In mehreren Büchern und Seminaren habe ich gelesen und gehört, dass das Aufschreiben von Zielen und anschließend das regelmäßige Visualisieren unerlässlich seien (Haller, 2003; Lazarus, 1993). Wer abnehmen will, der soll sein Ziel schriftlich formulieren und vor seinem geistigen Auge regelmäßig ein Bild von sich selbst mit Idealgewicht abrufen.

Als Beispiel werden immer gern prominente Einzelfälle angeführt. In einem Seminar hieß es:

George Bush habe bereits im College einen Fragebogen ausgefüllt und bei „späterer Berufswunsch" „Präsident der Vereinigten Staaten von Amerika" eingetragen. Das erfolgreiche Umsetzen seines Ziels wird auf das

Aufschreiben zurückgeführt. Abgesehen davon, dass sein „Erfolg" als Präsident durchaus als fragwürdig bezeichnet werden kann, bleibt festzustellen, dass „US-Präsident werden" deutlich mehr Aufwand und Voraussetzungen erfordert, als nur es zu visualisieren. Ich nehme an, auch Herr Schwarzenegger ist des Visualisierens mächtig. Vom Präsidentenamt trennt ihn jedoch neben anderen Dingen die Sachlage, dass er nicht als US-Amerikaner geboren wurde.

Was einen vor allem an dieser Technik stutzig machen sollte, ist, dass Bush mit Sicherheit nicht der Einzige war, der dieses Ziel auf sein Blatt geschrieben hatte. Was ist aus all den anderen geworden? Soll er tatsächlich der Einzige gewesen sein, der diese Antwort auf seinen Zettel schrieb?

Der Kontrollwunsch, der hinter diesen Versprechungen steht, ist vor allem wenig hilfreich. Er erinnert immer ein wenig an magisches Denken: „Schließ die Augen, schlag dreimal die Hacken zusammen und sag: Es ist nirgends so schön wie daheim, daheim, daheim!"[3] Judy Garland führt im Film *The Wizard of Oz* vor, wie sie mit den roten Zauberschuhen und eben jenem Hackenzusammenschlagen aus dem Zauberland nach Hause entkommt.

„Nimm einen Zettel, schreib deinen Wunsch auf und visualisier ihn jeden Abend vorm Einschlafen." Rote Zauberschuhe aber nicht vergessen! Ist das weniger magisch?

Die Suggestion, dass man durch genügend positives Denken, das schriftliche Bestellen beim Universum oder die richtige Visualisierungstechnik „Erfolge erzielt", ist vor allem Wunschdenken (Carnegie, 1949a, 1949b; Sprenger, 1998; Tepperwein, 2004). Es *kann* helfen, wenn man bereits eine ganze Reihe anderer Voraussetzungen erfüllt, weil es den Teufelskreis einer sich selbst erfüllenden negativen Prophezeiung durchbrechen kann. Als eine von mehreren anderen Techniken können Affirmationen oder Visualisierungen durchaus unterstützend wirken. Im Sinne eines positiven Placeboeffektes bewirken sie vermutlich bei manchen Menschen Ergebnisse. Auch aus der Sportpsychologie sind diese Techniken nicht mehr wegzudenken. In bestimmten, zeitlich begrenzten Situationen kann es helfen, mit extremen Vereinfachungen durch Visualisierung Leistungen abzurufen. Aber ich möchte daran erinnern, dass selbst in der sportlichen Welt, in der tatsächlich Sieger und Verlierer meist eindeutig festgestellt werden können, das Motto „Dabei sein ist alles!" herumschwirrt. Denn auch wenn alle visualisieren, können eben nicht alle gewinnen.

---

[3] Der Zauberer von Oz

Es kommt also darauf an, was ich visualisiere: Ein Krebspatient, der sich vorstellt, die Chemikalien der Chemotherapie seien weiße Ritter, die die schwarzen Ritter, also die Krebszellen, bekämpfen, hat u. U. weniger Nebenwirkungen. Ein Sportler, der den optimalen Ablauf seiner Performance immer wieder im Geiste durchgeht, kann seine Leistung verbessern.

Visualisierungen und Affirmationen haben aber in bestimmten Kontexten einen Haken: Dieser Weihnachts-Wunsch-Zustand, in dem man sich befindet, wenn man die Traumfigur, die große Villa oder den Jaguar visualisiert, hat etwas sehr Passives. Um einige dieser erträumten Dinge zu erreichen, muss man aber früher oder später aktiv werden. Sehr aktiv.

Wenn wir wirklich aktiv werden, ist es immer noch schwierig, die Ergebnisse vorherzusagen. Prognostizieren bewegt sich stets dicht am Hellsehen. Die meisten Dinge sind so kompliziert und so verquickt, dass man nie 100%ig voraussagen kann, welche Konsequenzen eintreten werden, wenn man X tut oder Y nicht tut. Hilfreicher ist vielleicht die Herangehensweise:

> Wenn ich A tue – was kann dann möglicherweise alles passieren? Wie wahrscheinlich ist das? Welche anderen Aspekte, Bedingungen, Personen spielen noch eine Rolle? Welche Teile kann ich kontrollieren? Welche entziehen sich meiner Kontrolle?

Einiges in unserem Leben gestaltet sich zu vielschichtig, um von uns kontrolliert zu werden. Das bedeutet jedoch nicht, dass man deswegen die Hände in den Schoß legen soll. Es gilt, differenzieren zu lernen, was innerhalb meiner Kontrolle liegt und was sie überschreitet. Ich bemühe mich zu unterscheiden, was ich kontrollieren kann, von dem, das ich nicht kontrollieren kann, und mache mich ansonsten nicht verrückt. Die Anonymen Alkoholiker verwenden gerne für dieses Unterscheidenkönnen das folgende Gebet:

> Gib mir die Gelassenheit, Dinge hinzunehmen, die ich nicht ändern kann,
> den Mut, Dinge zu ändern, die ich ändern kann,
> und die Weisheit, das eine vom anderen zu unterscheiden.

Für unsere Zwecke ist der Blick von der anderen Seite des Ufers noch interessanter. Wir erinnern uns: Es ging ja mal vor gefühlten 100 Seiten um die Verhaltensänderung.

> **Kurzer Zwischenstopp**
> Wenn Sie die Gewohnheit überdenken, die Sie ändern wollen:
> ▶ In wessen Kontrolle liegt es, sie zu ändern?
> ▶ In wessen Kontrolle liegt es, wie viel Sie essen?
> ▶ In wessen Kontrolle liegt es, wie lange Sie eine Aufgabe vor sich her-
>   schieben?
> ▶ In wessen Kontrolle liegt es, wie viel Geld Sie ausgeben?

Theoretisch in Ihrer. Ende gut, alles gut? Dann kontrollieren Sie doch einfach, wie viel Sie rauchen! Kontrollieren Sie doch einfach, rechtzeitig mit Ihrer Steuererklärung anzufangen! Wenn all diese Gewohnheiten in meiner Kontrolle liegen, dann muss doch auch so ein Super-Wunschdenken-Programm funktionieren, oder nicht? Sie visualisieren ein bisschen und dann kommt alles ins Lot.

Die Sache hat nur einen Schönheitsfehler: Dieser Schönheitsfehler führt uns beide, Sie und mich, zusammen. Wenn Sie dieses Kunststück beherrschten und alles so einfach wäre, dann würden Sie jetzt dieses Buch nicht in der Hand halten.

Das, was wir ohne Problem kontrollieren können, scheint uns bisweilen unkontrollierbar. Weil die sofortige Belohnung, die auf unser „unerwünschtes" Verhalten folgt, 1000-mal attraktiver und bedeutsamer ist als die negative Spätfolge. In dem Moment, da wir die Entscheidung über unser Verhalten treffen, setzt sich die Sofortfolge durch.

Ein Beispiel:
Ihr Konto ist ständig überzogen. Sie haben hier und da Schulden und eine ganze Reihe von unbezahlten Rechnungen. Theoretisch würde Ihr monatliches Einkommen für die anstehenden lebenswichtigen Ausgaben reichen. Darüber hinaus wären auch noch kleine Extras drin. Nur Sie allein haben Zugang zu Ihren Konten. Sie sind vielleicht sogar kinderloser Single. Doch obwohl es keine „bösen Überraschungen" wie plötzlich sterbende Waschmaschinen oder TÜV-phobische Autos gibt, sind Sie ständig pleite.

Theoretisch haben Sie die absolute Kontrolle über Ihr Geld. Sie entscheiden jede einzelne Ausgabe. *Praktisch* ignorieren Sie diese Kontrollfähigkeit zugunsten der Belohnung durch diverse Anschaffungen.

Das kann eine Art Snobismus sein: „Ich hasse es, beim Billigdiskounter zu kaufen. Die Verkäuferin im Delikatessladen um die Ecke ist viel netter und der Schinken hat eine I a Qualität!" (Hier! Jetzt! Belohnung! Sofort!)

Das kann eine völlige Fehleinschätzung Ihrer Möglichkeiten sein: „Ich habe gern jede Woche frische Blumen auf dem Rezeptionstresen in meiner Kanzlei." („Was interessiert mich, ob ich am Jahresende ein Minus habe!")

Oder es handelt sich um das gefürchtete Tchibo-Phänomen: „Mensch, das ist ja günstig, das kann man hier unmöglich stehen lassen! Das muss mit nach Hause!" Ruft nicht das Produkt selbst: „Kauf mich JETZT! Warte nicht! Kein Belohnungsaufschub! Nimm mich jetzt mit nach Hause!"

Welche Belohnung es auch immer ist, die Sie die Kontrolle verlieren lässt – in diesem Moment nutzen Sie die Kontrolle über Ihre Finanzen nicht zu Ihrem langfristigen Vorteil. Ihr Problem ist kurz gesagt also keineswegs, dass Sie nicht die Kontrolle über die Ausgaben haben, sondern, dass Sie sich nicht kontrollieren wollen oder können. Der Mechanismus, sich gegen eine gut gelernte sofortige Belohnung durchsetzen zu wollen, scheint mit reiner Willenskraft oder mit dem Visualisieren nicht in den Griff bekommen zu sein.

Der Weg ist das grobe Ziel

Wenn wir unser Verhalten grundsätzlich ändern wollen, dann müssen wir dieses Phänomen berücksichtigen. Bei der Formulierung unseres Ziels sollten wir jetzt, am Beginn des Prozesses, ruhig so vage wie möglich sein. Orientieren Sie sich, was Ihre Ziele angeht, an groben Richtlinien. Für den Anfang kann das unscharf formuliert sein: „Ich möchte die Sache mit dem Übergewicht angehen." Bitte nicht: „Ich möchte bis zum 15. Mai die 12 Kilo abgenommen haben und in das lila Kleid passen."

Übertriebene Kontrollvorstellungen oder Perfektionsplanung helfen uns an diesem Punkt nicht. Solange die sofortigen Folgen unseres Verhaltens so attraktiv für uns sind, dass wir ihnen nicht widerstehen können, hilft es wenig, uns auf extrem definierte Spätfolgen zu konzentrieren.

Das menschliche Leben ist in Grenzen planbar. Es gibt weder Garantien noch Belohnungen (positive Spätfolgen) für „korrektes" Verhalten oder Bestrafungen (negative Spätfolgen) für „böses": Sie können jeden Morgen nach dem Joggen Müsli essen, Yoga machen und meditieren und trotzdem einen Herzinfarkt kriegen.

Wir finden bei manchem von uns eine urprotestantische Haltung: „Gottgefälliges Leben muss doch belohnt werden. Alles andere sollte bestraft werden." Ich möchte, was diesen Punkt betrifft, lieber folgenden Überlegungen den Vorzug geben:

Manchmal sind die Dinge so, wie sie sind. Manchmal muss man mit den Karten spielen, die einem das Leben gegeben hat. Heißt das jetzt, dass jede unserer Bemühungen vergeblich ist? Nein, natürlich nicht. Das heißt lediglich, dass wir unser Vorhaben strukturiert und differenziert angehen müssen. Es bedeutet, dass wir ein paar Dinge sortieren müssen, ehe wir mit unserer Selbstveränderung beginnen.

5 Das Ticket

Vielleicht wissen Sie schon ganz genau, was Sie unbedingt verändern wollen:
Sie möchten weniger Alkohol trinken, mit dem Rauchen aufhören oder endlich lernen, so mit Geld umzugehen, dass Ihr Bankberater Ihnen nicht dauernd einen Kredit anbietet. Sie möchten nicht mehr alles auf den letzten Drücker erledigen. Sie kämpfen schon so lange mit den zehn Kilo Übergewicht. Sie müssten eigentlich etwas für Ihren Rücken tun. Dieses stundenlange Telefonieren geht wirklich nicht.

Keine schlechte Idee. Warum eigentlich nicht? Vermutlich wissen Sie selbst am besten, was Sie ändern könnten. Schließlich kennen Sie sich seit Jahren und begleiten Ihre eigene Entwicklung mit einiger Neugier. Mit großer Wahrscheinlichkeit liegen Sie auch mit Ihren Veränderungswünschen völlig richtig.

Möglicherweise kennen aber auch Sie mindestens einen Menschen, der sehr vielversprechende Mechanismen der Selbstveränderung beherrscht, aber trotzdem beim Betrachter keinen Neid, sondern blankes Entsetzen hervorruft. Daher ist es nicht völlig sinnlos, einen genaueren Blick auf sein Ziel zu werfen, ehe man losmarschiert.

Magersüchtige sind ein faszinierendes Beispiel für Menschen mit außerordentlich gut funktionierenden Selbstveränderungsstrategien, aber beeindruckend schlechten Entscheidungskriterien. Sie sind ein lebender Beweis, dass es Menschen gibt, die sehr erfolgreich im falschen Zug sitzen.

> Unvergessen ist mir ein Training vor ein paar Jahren mit Kolleginnen und Kollegen zum Thema Strategien der Selbstveränderung. Jeder der Anwesenden bekam eine Art Hausaufgabe, was er oder sie sich an- oder abgewöhnen sollte: keinen Zucker, kein Koffein, vier Wochen Leseverzicht, jeden Tag zehn Minuten tanzen oder drei Lieder singen und dergleichen mehr. Harmlose Übungsaufgaben. Eine Teilnehmerin, die bereits deutlich untergewichtig war, erschien zu jedem Fortbildungswochenende mit einem Berg Proviantdosen, in denen sich undefinierbarer Schleim befand. Sie klärte alle Anwesenden mit Detailinformationen über ihr Reizdarmsyndrom auf. Ihre Hausaufgabe wurde mit Bedacht gewählt und lag ausdrücklich nicht im Bereich Ernährung. Am zweiten gemeinsamen Wochenende wusste die Kollegin mit dem kommunikationsfreudigen Darm zu berichten, dass sie kurzerhand

ohne Rücksprache beschlossen habe, ihre Hausaufgabe zu ändern, um eine Schleimmahlzeit durch eine kalorienärmere Obstmahlzeit zu ersetzen.

Ich vermute, Sie hätten besser entschieden. Die spannende Frage bleibt: Wie können wir grundsätzlich kontraproduktiven Entscheidungen vorbeugen? Wie können wir herausfinden, ob das von uns gewählte Verhalten tatsächlich verändert werden sollte? Wie kann ich herausfinden, ob die von mir gehassten zehn Kilo *wirklich* Übergewicht sind?

Wie schafft man es, nicht in den falschen Zug einzusteigen?

Ein Weg ist, sich Feedback zu holen: am besten neutrales. Fragen Sie weder Ihre Frau, die Sie gern als „mein dickes Mopperl" bezeichnet, noch Ihren Ballettlehrer, ob Sie Ihr Gewicht verändern sollten. Menschen, die Ihnen nahestehen, haben oft ganz eigene Wünsche oder Ideen, wie Sie leben, aussehen oder sein sollten. Ihr Mann hat Sie vielleicht gern kuschelig. Vielleicht ist er um Ihre Gefühle besorgt: Im Idealfall will er Sie nicht kränken und sagt Ihnen nicht, dass Sie dringend abnehmen sollten.

Achtung: Ein Partner, der Ihnen gern Sätze sagt wie: „Guck dich doch mal an! Mit dir kann man sich wirklich nirgendwo mehr blicken lassen. Du siehst ja inzwischen aus wie ein Nilpferd!", hilft uns zum Thema Feedback wenig. Vielleicht gehört er einer Sorte Mensch an, die ihrem Selbstwert ein bisschen auf die Sprünge helfen, indem sie andere abwerten. Gutes Feedback sollte sachlich und neutral formuliert sein.

Auch die beste Freundin, die selbst kaum mehr durch den Türrahmen passt, ist wahrscheinlich kein guter Ratgeber für Ihr Gewicht. Genauso wie die Jungs aus der Kneipe keine Gesprächspartner für das Thema „Meint ihr, ich trinke zu viel?" sein können. Wer selbst ein massives Problem hat, kann nur schwer ertragen, wenn jemand in seiner Nähe sich auf den Weg macht, dieses Problem hinter sich zu lassen.

Fragen Sie jemanden, der „da keine Aktien drin hat". Und zwar weder, was Sie noch was das Thema angeht. Jemand, dessen größtes Problem ist, ob er sich die Villa mit Pool oder die mit Tennisplatz von seinem Lottogewinn kaufen soll, wird nicht unbedingt ein guter Ratgeber für Ihr „Ich-lass-immer-zu-viel-Geld-bei-den-Tchibo-Angeboten"-Problem sein.

Was das Gewicht angeht, könnten wir die sogenannte Body-Maß-Index-Tabelle (BMI) zu Rate ziehen. Der BMI ist ein Richtwert, nach dem das Gewicht eines Menschen in Bezug zu seiner Körpergröße bewertet wird. Er gibt medizinisch verlässlich Auskunft darüber, ob Über-, Unter- oder Normalgewicht besteht. Wenn ich bei einer Körpergröße von 1,75 m schlanke 63 Kilo wiege, dann habe ich bereits die untere Grenze des BMI erreicht. Alles unter 63 Kilo bei 1,75 m wäre nach dieser Tabelle noch Untergewicht. Es ist in diesem Fall einfach nicht ratsam, weitere erfolgreiche Selbstveränderung in Richtung Gewichtsverlust zu betreiben.

Eine Schwalbe macht noch keinen Sommer

Etwas schwieriger wird es bereits bei Konsumgewohnheiten, die grundsätzlich weder vom Körper benötigt werden, noch gesundheitsförderlich sind (Alkohol, Nikotin, bestimmte selbst verordnete Medikamente, Zucker, Koffein etc.). Diese sollten wir in jedem Fall unter die Lupe nehmen. Allerdings wissen Sie vermutlich selbst: Eine Schwalbe macht noch keinen Sommer – eine Zigarette macht noch keinen Lungenkrebs.

Bei bestimmten Substanzen spielt die Regelmäßigkeit, die Menge und die Häufigkeit des Konsums eine große Rolle. Was Medikamente und Drogen angeht, ist der einfachste Weg der, einen Facharzt zu konsultieren, der sich mit substanztypischen Spätschäden auskennt. Nennen Sie ihm genaue Mengen pro Tag/Woche und die Dauer des Gesamtkonsums.

Ein Beispiel:
„Ich rauche seit zehn Jahren jeden Tag eine Schachtel Zigaretten." Er oder sie kann Ihnen definitiv sagen, ob Ihr Konsum im „Schwalbenbereich" liegt, also unbedenklich ist, oder ob eine Gewohnheitsänderung induziert wäre.

Kleiner Hinweis: Manche Konsumenten wählen für Ihre Substanz die Käsefondue-Orgien-Variante, die wir aus den Asterix-Heften kennen: also nicht täglicher Konsum, sondern ein-, zweimal pro Woche, dann aber maßlos. Auch hier gilt: die Menge rekonstruieren. Für Ihre Leber kann der Unterschied geringfügig sein, ob Sie für die Kiste Bier einen Abend oder zehn Tage brauchen.

An dieser Stelle möchte ich meine „hellseherischen" Kräfte spielen lassen: Irgendeine innere Stimme sagt mir, dass Sie nicht Ihren Arzt konsultieren werden. Nicht etwa, weil meine Idee, einen Fachmann um Rat zu fragen,

so absurd wäre. Sondern weil Sie sich im Großen und Ganzen schon denken können, was er sagen wird. Lassen Sie es mich so formulieren: Wenn Sie beim Lesen des oberen Textes einen starken Widerwillen gespürt haben und sich dachten: „Was soll ich dahin gehen? Der sagt mir sowieso, dass ich aufhören soll!", dann haben wir die Information, die wir suchen. Mehr brauchen wir nicht. Sie könnten ein Ticket für diesen Zug reservieren lassen, wenn Ihnen schon danach ist.

Die Super-Schuldner-Tester-Nanny

Machen wir uns weiter auf die Suche nach Ihrer Reiserichtung. Nun ist nicht bei jeder Gewohnheit, die Sie ändern möchten, eine Tabelle vorhanden, in der Sie nachschauen können. Nicht für jede Gewohnheit gibt es Infoheftchen. Nicht für jede Gewohnheit ist die Ärztin die richtige Ansprechpartnerin.

Was, wenn unsere Gewohnheit nicht eindeutig gesundheitsschädlich ist? Wenn sie so ganz ohne Beipackzettel kommt? Wenn es für unser Problem noch keine Dokusoap im Fernsehen gibt? Auch wenn man es kaum glauben kann: Für eine Vielzahl von Verhaltensweisen gibt es keine Experten, die mit dem Kamerateam eines Privatsenders im Schlepptau bei Ihnen klingeln könnten, um das Problem zu lösen. Konfliktscheu zu sein, muss nach außen nicht unbedingt negativ auffallen. Ebenso wie ein ausgeprägtes Helfersyndrom.

Selbst bei theoretisch „objektiven" Themen ist nicht immer eindeutig, ob eine Gewohnheitsänderung hilfreich ist oder nicht. Nehmen wir das Beispiel Geld: Wie können wir feststellen, ob wir wirklich sparsamer werden müssen, oder ob wir nicht bereits zwanghaft geizig sind? Ob wir also nicht bereits finanziell magersüchtig sind? Es mag sein, dass der Wunsch noch mehr Geld einzusparen, einer Angst entspringt: der Angst, zu verarmen. Ich kann mich des Eindrucks nicht erwehren, dass dieser Wunsch bei Menschen mit gut gefülltem Konto häufiger vertreten ist als bei denen, die überschuldet sind. Wie finden wir heraus, ob diese Angst zu verarmen gerechtfertigt ist? Kurz gesagt:

Was könnte ein Hinweis sein, ob Sie mit der geplanten Selbstveränderung Schaden oder Nutzen anrichten? Wenn Sie niemanden fragen wollen oder keinen „Arzt oder Apotheker" in der Nähe haben, gibt es die Variante, zunächst im Geiste das Feedback durchzugehen, dass das Leben selbst Ihnen gibt:

- ▸ Schulden
- ▸ Gesundheitliche Probleme, die im Zusammenhang mit einer bestimmten Lebensweise stehen
- ▸ Ein Schrank voller Kleidung, die zu eng ist
- ▸ Schmerzen
- ▸ Sich sammelnde Strafzettel, Anzeigen, juristische Verfahren
- ▸ Nicht bestandene oder vermiedene Prüfungen
- ▸ Fremdgehende Partner/eigenes Fremdgehen
- ▸ Belastende Geheimnisse, die Sie lieber nicht erzählen möchten
- ▸ Extreme Langeweile

Gibt es vielleicht zu irgendeinem dieser Feedbacks eine korrespondierende Gewohnheit? Für den Moment soll die vage Überlegung reichen.

Schöner Wohnen mit Gewohnheiten

Ein mittelkleines Dilemma ist, dass wir Menschen „Gewohnheitstiere" sind. Alles, das automatisiert und gewohnt abläuft, ist für uns angenehm: Wir müssen nicht nachdenken. Wenn wir bedenken, wie lange es braucht, bis ein neues Verhalten gelernt ist und bis daraus eine Gewohnheit entsteht, dann wird klar, warum das Gehirn sozusagen hocherfreut alles in Schubladen verpackt, was von allein abläuft. Alles, das nicht neu analysiert und ausprobiert werden muss, schafft Raum für andere Denkprozesse. Wir erleben diesen Vorgang zumeist als nützlich.

In dem Moment, da Sie eine Veränderung Ihrer Gewohnheiten einleiten, kann Ihr System unter Umständen mit Unruhe reagieren. Es erlebt eine Art Verunsicherung: „Wozu dieser unnötige Stress? Wir hatten doch alles so wunderbar organisiert!"

Wir sparen Energie, wenn wir in unseren Automatismen funktionieren können. Das kommt dem Bedürfnis nach Vereinfachung entgegen. Je mehr Prozesse, Abläufe und Entscheidungen wir automatisieren können, desto mehr Energie bleibt für die wichtigen Dinge. Schließlich sind wir ja gerade dabei, Solaranlagen zu erfinden, Thronfolger zu erziehen oder dramatische Opern zu komponieren!

Die Kehrseite der Medaille ist, dass wir bisweilen gar nicht mehr bewusst registrieren, was wir eigentlich tun. Bei den wirklich interessanten Gewohnheiten gibt es einen bemerkenswerten Mechanismus: Wir setzen den Fokus gern auf alles *außer* der Gewohnheit selbst.

Ein Beispiel:
Jeder von uns hat schon einmal mit einem sichtbar deutlich Übergewichtigen gesprochen, der behauptet hat, er würde kaum etwas zu sich nehmen: „Ich esse eigentlich kaum etwas!", hört der erstaunte Gesprächspartner. Wir scheinen bisweilen auszublenden, dass wir Dinge tun, die uns nicht mit Stolz erfüllen. Wenn wir diese uns unangenehmen Seiten allerdings ausklammern, fällt es schwer, zu beurteilen: Was nützt oder was schadet mir? Später werden wir einige der Mechanismen der Ausblendung kennenlernen (im Kapitel 9 *„Zimmer mit Aussicht"*). Zu diesem Zeitpunkt wäre es daher sinnvoll, kurz alles hinter sich zu lassen, was wir über uns glauben oder wissen. Versuchen Sie doch einmal selbst, sich in die Schuhe eines neutralen Beobachters zu stellen.

Wohin soll es gehen?

Beginnen wir mit einem oberflächlichen Rundumblick. Für den Moment stellen wir uns vor, Sie wüssten gar nichts von sich. Sie haben sich selbst noch nie getroffen. Sie haben aber Lust, Ihre Bekanntschaft zu machen. Wie wäre es, wenn Sie dazu kurz vor Ihre Wohnungstür gehen und klopfen. Sie könnten versuchen, Ihre Wohnung zu betreten wie ein Fremder. Sie würden eintreten und sich erstmal umsehen. Dann, auf ausdrückliche Einladung des Gastgebers, gehen Sie in jedes Zimmer. Im zweiten Schritt fragen Sie sich, ob Sie nicht einen neugierigen Blick hinter Türen, in Schränke und in Schubladen werfen dürfen.

Was fällt Ihnen spontan auf?

Es besteht die Möglichkeit, dieses Experiment zu intensivieren, indem Sie sich vorstellen, dass Sie für ein paar Tage einen unsichtbaren Begleiter haben: nämlich sich selbst. Sie könnten versuchen, in die Perspektive eines „Lenorschattens"[1] zu gehen. Allerdings nicht wie einer, der Ihnen sagt, was Sie richtig oder falsch machen. Halten Sie sich möglichst frei von Bewertungen, Argumenten und Entschuldigungen. Versuchen Sie einfach nur jemand zu sein, der protokolliert: Was passiert eigentlich im Leben von …?

---

[1] Der „Lenorschatten" war eine Erfindung aus einer bundesrepublikanischen Fernsehwerbung der 70er-Jahre: Man sah eine Frau, die nachdenklich, ja fast unglücklich im Selbstgespräch mit sich besprach, warum ihre Familie so unzufrieden sei. Schließlich trat aus ihr heraus eine Art transparentes Schatten-Selbst, das sich neben sie stellte, sie anblickte und ihr die Lösung offenbarte: der falsche Weichspüler!

Licht aus! Spot an!

Vielleicht ist Ihnen ja schon bei der oberflächlichen Betrachtung das ein oder andere aufgefallen: Die Wohnung ist bestückt mit sehr wertvollem Mobiliar, das Ihren finanziellen Rahmen eigentlich überschreitet? Die Zahl der Schuhe spricht für einen ausgeprägten Sammeltrieb? Sie haben einen eigenen Kühlschrank für bestimmte zucker- oder alkoholhaltige Getränke? In Ihrer Speisekammer befinden sich Vorräte, mit denen Sie ohne Schwierigkeiten eine monatelange Belagerung überstehen könnten? An strategisch wichtigen Orten wie Küche und Klo sind Aschenbecher zu finden? Sie konnten die Übung nicht machen, weil Sie lieber mit einer Freundin telefonieren wollten oder weil dringende unaufschiebbare Anrufe dazwischenkamen? Sie haben sich fest vorgenommen, sich morgen oder übermorgen erstmal ein anständiges Notizbüchlein und den perfekten ergonomischen Stift zu kaufen, um diese Übungen korrekt durchführen zu können?

Um den Scheinwerfer wieder auf die Dinge zu richten, die thematisch für unsere Reiseroute interessant sind, wollen wir einen kleinen systematisch angelegten Ausflug durch einige Themengebiete unternehmen: Wie haben Sie die gewohnheitsträchtigen Bereiche Ihres Lebens organisiert? Lassen Sie sich für die Beantwortung der nächsten Fragen einen Moment Zeit. Es reicht, wenn Sie sie vor Ihrem geistigen Auge beantworten und ab und zu Ihre Gedanken schweifen lassen. Sie können aber nach Belieben auch eine schriftliche Variante wählen.

Der Einstieg

1. Wie beginnen ich meinen Tag?
2. Was ist die erste Mahlzeit/das erste Getränk, das erste Was-auch-immer, das ich konsumiere?
3. Mit welchen (Körper-)Reinigungen beginne ich den Tag?
4. Was sind die ersten Informationen, die ich erhalte?
5. Geräusche: ja oder nein? Stille oder Radio? Musik oder Info?
6. Wer ist mein erster Gesprächspartner?
7. Gibt es Rituale, Verrichtungen, die ich jeden Tag durchführe? Rasur, Meditation, Kosmetik, Brötchen holen, Zeitung lesen?

Der Ausstieg

> ! 1. Wie beende ich meinen Tag?
> 2. Woher weiß ich, dass es Zeit ist, ins Bett zu gehen?
> 3. Welche Handlungen begleiten mein Zubettgehen?
> 4. Wie fließend oder abrupt ist der Übergang von Alltag zu Schlaf?
> 5. Wie bewusst erlebe ich den Abschied vom Tag? Lege ich mich ins Bett und warte auf den Schlaf oder sehe ich fern, bis mir die Augen zufallen?
> 6. Welche Hilfsmittel benötige ich zum Einschlafen?

Ernährung

Es gibt Dutzende Ernährungstheorien und noch mehr Ernährungsgurus, die schwören, ihre Methode sei lebensverlängernd, stärkend, krebsvermeidend oder haarwuchsfördernd. Möglicherweise haben sogar mehrere Recht. Menschen sind unterschiedlich: Der eine fühlt sich mit „Rohkost, Rohkost, Rohkost" blendend, ein anderer muss gekochte Speisen essen und Milchprodukte vermeiden, um sich nicht mit Verdauungsbeschwerden herumzuquälen. Für uns ist an dieser Stelle nur wichtig: Wissen Sie, welche Nahrungsmittel Ihnen persönlich guttun? Achtung: Denken Sie jetzt nicht einfach nur: „Was schmeckt mir gut?" Es geht eher darum: Mit welcher Art von Nahrung fühlen Sie sich über den Tag, über die Woche betrachtet körperlich fit? Womit haben Sie die wenigsten Beschwerden? Welche Nahrungsmittel lindern bestehende somatische Beschwerden bzw. sind ihnen abträglich?

> ! 1. Wie viele Mahlzeiten nehme ich ein?
> 2. Woraus bestehen meine Mahlzeiten?
> 3. Wie sehr entspricht mein Ernährungsstil meinen Bedürfnissen und meinem Lebensstil?
> 4. Konsumiere ich deutlich mehr oder weniger Nahrung, als es mein Tagesbedarf wäre?
> 5. Weiß ich überhaupt, was dieser Tagesbedarf sein könnte?
> 6. Was sagt meine Verdauung zu meiner Ernährung?

Bewegung

Zunächst überlegen Sie, welche Bewegungen in Ihrem normalen Alltag integriert sind. Eine Zwillingsmutter, die im dritten Stock ohne Fahrstuhl wohnt und ihre Babys mit Autokindersitzen hoch- und herunterträgt, vollzieht bereits ein tägliches Sportprogramm. Jemand, der sich nur vom Schreibtisch zum Kühlschrank bewegt und einen funktionstüchtigen Fahrstuhl im Hause sein Eigen nennt, bewegt sich in seinem normalen Alltag wenig.

1. Wie bewegungsintensiv ist mein Alltag?
2. Suche ich oder meide ich Bewegung?
3. Für welche Arten von Bewegung ist mein Körper geeignet?
4. Wie oft in der Woche bekommt mein Körper Auslauf?
5. Bekommen meine Knochen und meine Muskeln, mein Herz-Kreislauf-System die Anstrengungen, die sie brauchen?
6. Wie viel davon?
7. Gehe ich häufig über meine Grenzen und ignoriere Beschwerden, um eine bestimmte Leistung zu bringen?
8. Was ist für mich wichtig bei der Wahl meiner körperlichen Betätigung? Der Trainingseffekt? Der Spaß? Die Geselligkeit? Der Wettbewerb? Schönheit? Vermeiden von Beschwerden?

Drogen

Bitte denken Sie daran, dass Zigaretten ebenfalls Drogen sind, genau wie Alkohol. Im Übrigen: Bier enthält tatsächlich Alkohol.

1. Welche Sorte von Drogen konsumiere ich?
2. Wie oft am Tag/pro Woche/im Monat?
3. Wie viel jeweils?
4. Wie steht es mit dem Konsum von Medikamenten?
5. Welche Antidepressiva, Schmerz-, Beruhigungs- oder Schlafmittel nehme ich ein?

Geld

1. Wodurch finanziere ich mein Leben?
2. Welche Rücklagen habe ich?
3. Wie viele Schulden habe ich?
4. Welche festen Ausgaben habe ich im Monat?
5. Wie viel finanzielle Sicherheit habe ich?
6. Wie geht es mir damit?
7. Was besitze ich an veräußerbaren Werten?
8. Was zieht mir am meisten Geld aus der Tasche?
9. In welchem Verhältnis stehen Einnahmen und Ausgaben?
10. Wen außer mir selbst unterhalte ich noch? Kinder? Partner? Eltern? Mitbewohner? Familie im Ausland?

Wenn Sie keine dieser Fragen beantworten wollen und geneigt sind, diesen Absatz zu überspringen, oder nach dem Lesen dieses Absatzes das dringende Verlangen verspüren, eine Zigarette, einen Kaffee oder etwas zum Essen zu konsumieren, dann gilt das als ausreichend beantwortet!

Ihre Beziehungen zu anderen Menschen

Auch hier genügt das oberflächliche Lesen. Vielleicht fühlen Sie sich ja von einem dieser Aspekte angesprochen oder haben einen Wiedererkennungs-effekt. Im Folgenden findet sich eine umgangssprachliche Beschreibung einiger Phänomene, die Sie vermutlich im ICD-10 (Internationale Klassi-fikation der Krankheiten) vergeblich suchen werden.

▶ „Mir-doch-egal"-Syndrom: Gehen Sie manchmal mit dem Kopf durch die Wand, koste es, was es wolle? Meinen Sie, dass manche Dinge sofort erledigt werden müssen? Wo gehobelt wird, fallen Späne? Warten Sie ungern?

▶ „Hab-mich-lieb!"-Morbus: Beunruhigt es Sie, wenn Sie den Eindruck haben, jemand kann sie nicht leiden oder ist böse auf Sie? Haben Sie eine ausgeprägte Angst vor Kritik oder vor dem Fehlermachen?

▶ „Ich-mach-das-lieber-selber!"-Fieber: Machen Sie die Dinge lieber selbst? Nehmen Sie ungern Hilfe an, weil die anderen es meistens doch nicht

so machen, wie Sie es für richtig halten? Werden Sie extrem unruhig, wenn Ihre Schwiegermutter Ihnen beim Abwasch helfen will? Dauert es manchmal lange, bis Sie Entscheidungen treffen, weil Sie selbst erst alle Informationen studieren müssen?

▶ „Was-sollen-denn-die-Nachbarn-denken?"-Wahn: Ist es Ihnen wichtig, was andere über Sie denken? Sind Sie darum bemüht, stets ein perfektes Erscheinungsbild nach außen zu transportieren? Sind Ihr Vorgarten und Ihre Kleidung meist makellos? Schämen Sie sich in Grund und Boden, wenn jemand anders sich blamiert?

▶ „Jetzt-erst-recht!"-Krämpfe: Fühlen Sie sich wohl, wenn man Sie fürchtet? Neben der bekannteren sozialen Erwünschtheit gibt es auch die soziale Unerwünschtheit. Wie sagte mal ein Bekannter: „Wenn die Kollegen mich mögen, hab' ich was falsch gemacht!" Es ist zwar unwahrscheinlich, dass Sie dieses Buch lesen, wenn Sie dieser Auffassung sind. Aber es macht Ihrer Frau Freude zu lesen, dass diese Krampfanfälle ebenfalls eine „schlechte Gewohnheit" sind, die man durchaus ändern könnte.

▶ „Erzähl-ich-lieber-nicht!"-Ängste: Haben Sie im Geheimen eine große Angst vor der Dunkelheit? Vor dem Alleinsein? Fürchten Sie sich vor Geistern? Haben Sie einen ausgeprägten Argwohn gegen bestimmte Tiere oder Insekten? Sind Sie oft besorgt, dass Menschen, die Ihnen nahestehen, verunglücken oder verloren gehen könnten?

▶ „Yes-Men"-Schmerzen: Sagen Sie öfter Ja als Nein? Sagen Sie auch Ja, wenn Sie eigentlich Nein meinen? Würden Sie gern manchmal in der letzten Minute Ihre Meinung ändern, eine Verabredung absagen oder eine Aktion abbrechen, trauen sich aber nicht?

▶ „Ich-renovier-dir-gern-deine-Küche"-Ausschlag: Sind einige Ihrer Beziehungen oder Freundschaften zu Ihren Ungunsten unausgeglichen? Investieren Sie häufig mehr in Ihre Mitmenschen als diese in Sie? Fühlen Sie sich manchmal ausgenutzt? Finden sich die Nachbarskinder meist bei Ihnen zum Abendessen ein?

Prokrastiniert es wieder?

Wir alle haben irgendwelche Aufgaben zu erledigen: Die Teetasse muss in den Spüler und von dort irgendwann wieder in den Schrank, der Kühlschrank möchte ab und zu abgetaut werden, das Finanzamt möchte dann und wann Geld überwiesen bekommen, Weihnachtsbäume wollen geschmückt, Schrei-

ben an Ämter formuliert, Post will sortiert werden, Autos wollen gewartet und gepflegt werden, ebenso wie Möbel, Kinder und Eltern. Manchmal gibt es sogar Aufgaben, die mit unserem Lebenserwerb oder unserer liebsten Freizeitbeschäftigung zusammenhängen. Ein Problem des zivilisierten Menschen ist die freie Einteilbarkeit seiner Zeit.

Wo früher die Versorgung des Viehs und die Tageshelligkeit den Tag und seine Aufgaben strukturierten, bleibt heute nur noch in der Ecke eines Rechners eine stetig voranschreitende Zeitangabe: 18:41, 18:42, 18:43. Nicht umsonst hat sogar jedes Handy eine Alarmfunktion. Also eine Art postmodernes Muhen, das uns sagen soll, dass wir jetzt eine virtuelle Kuh melken müssen. Die echte Kuh hatte allerdings einen klaren Vorteil: Sie war wertvoll, unverzichtbar und man wusste, dass sie krank werden kann, wenn sie nicht rechtzeitig gemolken wird. Ebenso wie man wusste, dass beim Abendbrottisch ein wesentlicher Bestandteil fehlt, wenn die Milch nicht da ist.

Aber ob ich meine Umsatzsteuererklärung heute oder morgen mache – das ist eigentlich völlig egal. Der Finanzbeamte bekommt keine Mastitis, wenn er meine Steuererklärung nicht rechtzeitig erhält. Es erfolgt lediglich ein automatisch erstelltes Schreiben, wenn meine Zahlung unpünktlich ist. Wir erinnern uns an den Themenkomplex Belohnung/Bestrafung: Es gibt einen ganz klaren Unterschied zwischen einem schönen Glas frischer Milch und der Zahl auf dem fertig gerechneten Umsatzsteuerformular. Viele von uns schieben ihre Aufgaben so lange auf, bis sie zu einem permanenten „inneren Muhen" werden: Stress. „Ich muss noch …", „Ich kann nicht, ich muss noch …", „Ich sollte eigentlich …"

Lassen Sie sich doch einmal flüchtig durch den Kopf gehen – ganz aktuell, in diesem Moment –, wie viel unerledigte Aufgaben oder ungemolkene Kühe warten auf Sie? Vielleicht vollenden Sie einfach diesen Satz:

„Ich müsste heute noch …"

Müll? Steuer? Telefonate? Briefe? Haushalt?

Wie dringlich sind diese Aufgaben? Wie wichtig? Das ist ein interessanter Unterschied: Der dringende Anruf Ihrer Schwiegermutter, welche die richtige Farbe für das Pony ist, das Ihre kleine Tochter zum Geburtstag übermorgen bekommen soll, ist zwar zeitlich dringend, hat aber keine sehr hohe Wichtigkeit. Sollten Ihre Schilddrüsenmedikamente verbraucht sein, ohne die es Ihnen körperlich sehr schlecht geht, hat die Aufgabe, sich neue zu kaufen, eine hohe Dringlichkeit und eine hohe Wichtigkeit. Zu entscheiden, auf welche Schule Ihr Neugeborenes eines Tages gehen soll, hat für Sie eine

hohe Wichtigkeit, aber zum aktuellen Zeitpunkt noch keine Dringlichkeit. Es sei denn, Sie leben in New York. Aber dann wäre ohnehin ALLES dringend und wichtig, und Sie hätten keine Zeit, dieses Buch zu lesen.

Wenn Sie feststellen, dass z. B. Ihr Schreibtisch zwar ständig unaufgeräumt ist, Sie aber trotzdem alle Unterlagen finden, dann können Sie die Aufgabe „den Schreibtisch aufräumen" erstmal weiter vernachlässigen. Die sogenannte „Aufschieberitis" bereitet uns dagegen wirklich Probleme und macht unzufrieden.

Tabelle 1: *Dringlichkeitsmessung*

Aufgabe	Dringlich-keit/muss fertig sein bis …	Wichtig-keit	Erledigungs-wahrschein-lichkeit	Realistischer-weise erledigt bis …	Was passiert, wenn nicht erledigt?	Und das belastet mich …
Schuhe putzen	hoch	keine	50 %	Nikolaus	Schuhe werden nicht besser.	gar nicht.
Schreib-tisch auf-räumen	keine	ziemlich hoch	20 %. Ich hasse das. Ich will nicht.	gestern. Mir egal. Blöde Frage.	Ich finde bald gar nichts mehr.	sehr, total schlechtes Gewissen.
Power-point Präsenta-tion er-stellen	hoch/bis in 5 Tagen/ Mittwoch 17:00	hoch	100 %	Mittwoch 16:30	Kriege den Auftrag nicht.	brutal, enormer Druck, wache nachts auf.

Wenn Sie hingegen feststellen, dass es keinerlei unerledigte Aufgaben gibt, man zu jedem Zeitpunkt von Ihrem Fußboden essen oder aus Ihrer Toilette trinken kann und alle Ihre Unterlagen nicht nur thematisch richtig abgeheftet sind, sondern sich in jedem Ordner auch noch ein von Ihnen angefertigtes alphabetisches Stichwortverzeichnis befindet, sind Sie wahrscheinlich zwanghaft und sollten sich mit einem niedergelassenen Kollegen in Verbindung setzen.

Zwei Adrenalin aufs Haus!

Ein wenig anders liegt der Fall, wenn Sie Ihre Aufgaben auf den letzten Drücker erledigen, weil Sie ein „Adrenalin-Junkie" sind. Obwohl es ver-

hältnismäßig unwahrscheinlich ist, dass Sie dieses Buch in der Hand halten, wenn Sie einer sind, will ich es nicht versäumen, dieses Thema mit in unser „Repertoire" aufzunehmen. Zu einem späteren Zeitpunkt kann es hilfreich sein, zu verstehen, was ein Adrenalin-Junkie ist (nämlich im Kapitel 8 *„Von Heilquellen und Zaubertränken"*).

Zunächst: Was ist eigentlich der Unterschied zwischen jemandem, der etwas prokrastinativ vor sich herschiebt und einem Adrenalin-Junkie? Beide beginnen ihre Aufgaben nicht rechtzeitig. Beide warten bis zur letzten Minute. Beide erscheinen auf den letzten Drücker.

Allerdings: Jemand, der prokrastiniert, also an sogenannter Aufschieberitis leidet, erscheint u. U. gar nicht oder erledigt die Aufgabe, die ansteht, eben nicht. Das Vor-sich-Herschieben passiert, weil die Aufgabe per se als sofortige Bestrafung angesehen wird: Sie ist möglicherweise langweilig oder unerfreulich. Es kommt zur Vermeidung bis hin zur Nichtbearbeitung. Als ob der Prokrastinator sich selbst bestrafen will, erledigt er irgendeine andere unangenehme Aufgabe stattdessen. Er entscheidet sich sozusagen für das kleinere Übel. Der Prokrastinator überlegt, ob er nicht vielleicht wieder die Fenster putzen muss, anstatt die Aufgabe abzuarbeiten, die gerade ansteht.

In der Folge fühlt der Betroffene sich gezwungen, phantasievolle Geschichten zur Rechtfertigung zu konstruieren. Es kann passieren, dass das Vermeiden infolge der nicht erledigten Aufgabe auf bestimmte Personen ausgedehnt wird. Dahinter steht zuweilen die Angst, den Unmut der anderen zu erregen, und der Wunsch, ein nach außen perfektes Bild abzugeben.

Der Adrenalin-Junkie geht dem rechtzeitigen Erledigen einer Aufgabe aus dem Weg, um durch Zeitdruck einen Adrenalinkick auszulösen. Er bearbeitet die Aufgabe in jedem Fall – viel zu spät und vielleicht auch nicht besonders gut. Aber im Turboverfahren. Die Meinung der anderen über ihn spielt eine unwesentliche Rolle. Der Adrenalin-Junkie kommt nicht dazu, die anstehende Aufgabe anzugehen, weil er gleichzeitig promoviert, ein Drehbuch schreibt, für ein politisches Amt kandidiert und eine Tagung vorbereitet. Er steht im ständigen Wettlauf mit sich selbst. Wenn er es dann schafft, die Aufgabe doch noch gerade so zu erledigen, durchflutet ihn ein unbändiges Erfolgsgefühl.

Wo fängt das Adrenalin-Junkietum an? Wo hört das einfach nur „Sehr-geschäftig-Sein" auf?

Es beginnt, wenn künstlich Hindernisse eingebaut werden, die das Ziel schwieriger erreichbar werden lassen, die Gefahr, Kosten und Stress steigern, um die Adrenalinausschüttung zu erhöhen. Diese künstlichen Hindernisse

sind für die Vollendung der Aufgabe mehr als unnötig. Ein Bekannter von mir beschrieb das so:

Wie der Harry seine Flüge bucht:
„Ich hab' am Computer nach dem günstigsten Flug geguckt. Obwohl es der Firma ja egal war, die hätten auch den späteren bezahlt, aber ich hab' mich immer auf den ersten Flug gebucht, der ging so um sechs Uhr früh. Um rechtzeitig da zu sein, hm, wann hätte ich da aufstehen müssen? Na, man soll ja so eine Stunde vor Abflug da sein. Ich wohn' nicht weit vom Flughafen, Viertel vor fünf hätt' ich losfahren müssen, und dann, na, so gegen vier, Viertel nach vier hätte ich schon aufstehen müssen. Dann hätte ich alles gut geschafft.

Und was hab' ich wirklich gemacht? Bis halb fünf geschlafen, dann in Panik raus, duschen, rasieren, völlig fertig schon. Kein Kaffee, nix. Und dann wollte ich wieder Geld sparen und bin mit meinem Auto gefahren. Hätte mir auch ein Taxi rufen können, aber nein, ich wollte ja Geld sparen. Unnötig zu sagen: Das Taxi hätte auch die Firma bezahlt. Nun hätte ich also am Flughafen im Parkhaus parken können, dann hätte ich's sogar noch so einigermaßen geschafft. Was hab' ich gemacht? Auf der Zugangsstraße zum Flughafen geparkt. Und von da? Ich bin gelaufen. Man denkt immer: „Ach, das ist ja gar nicht so weit!", aber wenn man das wirklich laufen muss, läuft man eigentlich doch eine Viertelstunde. Meist war ich erst so gegen halb am Parkplatz. Und dann musste ich rennen. Mit Aktenkoffer, Notebook drin, Leitzordner drin, alles. Im Anzug mit Krawatte.

Manchmal kam ich gerade so auf den letzten Drücker. Aber oft habe ich auch die Damen am Check-in angebettelt, sie möchten mich noch mitnehmen. Erbärmlich war das. Naja, und wenn ich's nicht geschafft hab', dann musste ich natürlich umbuchen, ich hatte ja Termine. Das war dann richtig teuer. Da war das ganze „gesparte" Geld dann natürlich futsch.

Beim nächsten Mal, wenn ich den nächsten Flug gebucht hab', dann ging das alles von vorne los. Ich hab' nie realistisch überlegt: „Kannst du das eigentlich schaffen?" Der reguläre Flug um acht hätte völlig gereicht, ich hätte länger schlafen können, mir ein Taxi gerufen, entspannt und pünktlich da sein können. Aber der Gedanke kam mir nie."

Der Theologe, Karikaturist und Buchautor Werner Tiki Küstenmacher (2001) beschreibt das Wesen des Adrenalin-Junkies wie folgt:

Stellen Sie sich vor, Sie legen ein Holzbrett auf den Boden, 3 m lang, 40 cm breit. Und balancieren darüber. Keine große Sache, oder?

Nun nehmen Sie dasselbe Brett und legen es über zwei Kisten: schon anspruchsvoller. Wenn Sie jetzt dasselbe Brett nehmen und es zwischen zwei dicht zusammenstehenden Häusern legen und in 20 m Höhe über das Brett laufen sollen, dann wird es schon aufregender, oder? Jetzt klopft das Herz, der Puls steigt und der Schweiß bricht aus.

Wer eine Aufgabe bis zum Letzten aufschiebt, z. B. sein Auto erst tankt, wenn der Reservestrich schon im untersten Feld ist – oder auf der Autobahn mit Reservetank fahrend noch meint: „Ach, die nächste Tankstelle tut's auch noch!" –, der handelt wie jemand, der, bevor er über das Brett zwischen den Häusern läuft, noch eine kleine „Latte drauflegt": Er zündet das Haus hinter sich an.

Jetzt wird's spannend, oder? Denn jetzt *muss* man handeln, ob man will oder nicht. Dazu ist man hochkonzentriert und verliert keine Zeit mit unnötigem Getue. Wenn man es schafft, dann fühlt man sich wie ein Sieger. Durch das künstliche Erschweren der Aufgabe verleiht man sich das Gefühl eines außergewöhnlichen Erfolges – einer außergewöhnlichen Belohnung. Ein so intensives Gefühl hätte man beim zeitigen, entspannten Ausführen der Aufgabe niemals gehabt. Die Sehn-Sucht nach diesem Gefühl nimmt immer mehr zu.

Am Ticketschalter

Wenn Sie jetzt nach diesen Überlegungen eine Idee haben, was Ihr Reiseziel sein könnte, prüfen Sie es doch noch einmal mit diesen Fragen. Sehen Sie Gewohnheiten in Ihrem Leben oder konsumieren Sie häufig Substanzen (hier ES genannt), auf die Folgendes zutrifft:

> ▶ Ich könnte theoretisch auch ohne ES leben.
> ▶ Für mein Überleben ist ES in keiner Weise erforderlich.
> ▶ Mein Körper/meine Seele braucht ES nicht.
> ▶ In kleinen Mengen oder selten konsumiert/ausgeübt kommt mein System mit ES klar.
> ▶ Häufig und in großen Mengen genossen bzw. ausgeübt schädigt oder beeinträchtigt ES mein Leben, meine persönliche Entwicklung und meine Beziehungen erheblich.

6 Proviant – Kekse!

„Ich muss wirklich sagen: Ich liebe es, erwachsen zu sein! Und zwar aus vielen Gründen. Ich sag' Ihnen Grund Nummer 1: Als Erwachsener ist es so: Wenn ich einen Keks essen will, dann esse ich einen Keks. Oder drei oder vier. Oder elf, wenn ich will. Manchmal verderbe ich mir sogar vorsätzlich meinen Appetit. Einfach so.

Und dann, gleich hinterher, rufe ich bei meiner Mutter an: „Hallo Mami? Ich hab' mir gerade den Appetit verdorben. Mit Keksen!"

Dann ist er eben ruiniert, na und? Als Erwachsener weiß man nämlich, dass – selbst wenn man sich den Appetit verdirbt – der nächste gleich hinterherkommt. Es ist ja nicht so, dass man nie wieder Appetit haben wird, wenn man sich mal einen verdirbt. Mein Appetit ist unerschöpflich. Ich verderbe ihn mir, wann immer ich Lust dazu habe."

Jerry Seinfeld, Comedy-Show

"I got to say, that I'm enjoying adulthood for a lot of reasons. I tell you reason number 1: As an adult: If I want a cookie, I have a cookie! I have 3 cookies or 4 cookies … or 11 if I want. Many times I will intentionally ruin my entire appetite. Just ruin it.

And then I call my mother up right after to tell her that I did it: "Hello Mom? Yeah, I just ruined my entire appetite. Cookies."

So what if I ruined it? As an adult, we understand that even if you ruin an appetite, there's another appetite coming right behind it. There is no danger in running out of appetites. I got millions of them. I ruin them whenever I want."

Um die Motivation einer Handlung zu verstehen, kann man hin und wieder den leichtesten Weg gehen: Wir tun manche Dinge, weil es uns möglich ist, sie zu tun. Frei nach dem Motto: „Ich kann tun und lassen, was mir gefällt!" Was Jerry Seinfeld hier beschreibt, ist das Ausbleiben der Bestrafung. Es muss nicht jedes Mal der Fall sein, dass das Verlangen nach etwas oder die Belohnung über die Maßen attraktiv oder unwiderstehlich sein müssen. Vielleicht wären die Kekse unter verschiedenen Belohnungen nicht einmal unsere erste Wahl. Aber sie sind jetzt verfügbar, und es gibt nichts, das uns hindert: kein elektrischer Stromschlag, kein bitterer Beigeschmack, keine

uns kontrollierende Mami. Der Aufwand ist minimal. Deckel auf, zugreifen, Deckel zu. Da bleibt nur noch die Frage: Warum sollte ich mir diese Belohnung verwehren?

Verhalten ⟶ **Folge**
+ **(Belohnung)**
– **(keine Bestrafung)**
⟶ **Warum also nicht?**

Nicht alles, das wir konsumieren oder tun, entspricht einem aktuellen, dringenden Bedürfnis. Wie viele Raucher kennen Sie, die das Rauchen

einer Zigarette immer bis zum letzten Moment aufschieben? Hinauszögern bis zu dem Moment, da sie es nicht mehr ohne eine Zigarette aushalten können?

Ich kenne auch keinen Einzigen. Es wird dann konsumiert, wenn die Gelegenheit da ist, und zwar meist lange bevor sich ein echtes Bedürfnis einstellt. Gerade beim Rauchen, Fremdgehen, Kaffeetrinken oder Fernsehen spielen Phänomene wie Verfügbarkeit und Geselligkeit eine große Rolle.

Der interessante Begriff „Kurschatten" drückt schon eine beachtliche Leichtigkeit und Unverbindlichkeit aus. Es gibt Gründe dafür, warum es nicht Direkt-nebenan-Wohnschatten heißt. Denn es erfordert einen deutlich höheren Aufwand, ein Techtelmechtel mit der gegenüber lebenden Nachbarin anzufangen als eines auf einer Kur fern der Heimat. Allein schon, weil der Direkt-nebenan-Wohnschatten mehrfach die Woche mit Ihrer Frau am Briefkasten steht und das Wetter bespricht.

Viele solcher „Urlaubsflirts" haben ein sehr kurzes Verfallsdatum, selbst wenn beide Beteiligten ungebunden sind. Denn sie „passieren" nach dem obengenannten Prinzip. Dieser andere Partner ist meist nicht die inkarnierte Belohnung, auf die wir unser Leben lang gewartet haben. Nein, er ist nur gerade da. Zwischen ihm und uns steht kein Hindernis. Nun sind nicht alle Menschen notorische Fremdgeher oder Urlaubsflirter, nur weil sie die Gelegenheit dazu haben. Die Substanz oder das Verhalten, das für uns besonders verführerisch ist, variiert von Person zu Person. Menschen, für die freizügänglicher Sex eine Belohnung verkörpert, erholen sich im Club-Urlaub. Menschen, für die Süßes eine hochbedeutsame Belohnung darstellt, holen sich das Eis, wenn zwischen ihnen und der Packung keine mit drohendem Finger wedelnde Mami steht.

Heißt das, dass alle anderen, die sich aus Eis nicht so viel machen, gepflegte Zurückhaltung üben? Nicht unbedingt. Besser als Langeweile ist vieles. Bisher entstand vielleicht der Eindruck, die Belohnung müsste immer eine hohe Bedeutsamkeit haben. Das gilt sicher, wenn sie mit einer Bestrafung konkurriert.

Wenn es jedoch *keine* konkurrierende Bestrafung gibt, dann reicht häufig auch eine erstaunlich wenig bedeutungsvolle Belohnung aus. Warum schließlich sollte man eine ohne Aufwand erreichbare Belohnung verstreichen lassen? Das wäre ja wie Freibier in den Ausguss kippen. Einen geschenkten Gaul sieht man nicht so ausführlich ins Maul. Man nimmt ihn mit.

Diesen Aspekt müssen wir von zwei Seiten betrachten. Denn der Teufel, wenn man so will, steckt hier tatsächlich im Detail:

Einerseits ist ein kleines Belohnerchen ein „Accessoire", das wir unserem täglichen Erleben entspannt hinzufügen können. Das Etwas ist so klein und unbedeutsam, dass es alle eventuell vorhandenen Alarmsysteme umgehen kann. Diese kleine Einheit kann unmöglich eine Bedrohung darstellen. Ganz im Gegenteil: Wer wollte aus einem angebotenen Glas Sekt ein Drama machen? Wer in der Kleinigkeit eine Bedrohung sieht, kann doch nicht ganz normal sein.

Genau deswegen wird andererseits diese Strategie benutzt, um ein problematisches Verhalten auszuüben. Die Fokussierung auf die einzelne, sehr kleine Portion einer Belohnung ist eine intelligente Strategie, die Gewohnheit zu festigen und zu verteidigen. Wir nutzen regelrecht diverse Strategien vom Verniedlichen bis zum Kleinreden, um das einzelne Verhalten zu verharmlosen. Sie gestatten uns, es immer wieder vor uns zu rechtfertigen: „Das Bierchen!", „Das eine Stückchen Kuchen!", „Die eine Zigarette!", „*Mal* darf man ja wohl …" Je mehr wir uns auf das Detail konzentrieren und je besser wir es schaffen, dieses kleine Verhalten aus seinem Kontext und dem Familienbild seiner 1000 Geschwister zu entfernen, desto gemütlicher nistet sich das Verhalten bei uns ein.

Brauche ich das?

Warum funktioniert diese Methode des „Verkleinerns"? Unter anderem deswegen, weil wir nicht jedes Mal eine *vollständige Inventur* unserer inneren Bedürfnisse machen: „Möchte ich das jetzt wirklich? Habe ich gerade ein Verlangen danach? Brauche ich so etwas jetzt?"

Schließlich sind wir ökonomisch organisierte Wesen: Eine schnelle Entscheidung spart Zeit und Energie beim Nachdenken. Je weniger bewusst eine Entscheidung getroffen wird, desto flotter geht es.

Die Steinzeitfans, die für jedes menschliche Verhalten unsere Höhlenvorfahren als Begründung heranziehen, würden jetzt sagen: Wir sind tief in unserer Seele Jäger und Sammler. Immer, wenn mir das Leben etwas anbietet, ist das wie einen Baum voller Nüsse zu finden: Vorräte für den Winter! Mitnehmen! Ob es daran liegt oder ob wir so zur Höflichkeit erzogen wurden, angebotene Nahrung nicht abzulehnen, oder ob wir auf solche Defizite in unserer kindlichen Entwicklung zurückblicken, die einen ewigen Hunger nach mehr übrig ließen – all das spielt zum Zeitpunkt der Entscheidung keine Rolle. Warum? Weil all diese Aspekte uns im Moment der Entscheidung

nicht bewusst zugänglich sind. Wenn Sie nicht gewillt sind, Ihren Analytiker inklusive Couch zu jeder Party hinter sich herzuschleifen, dann ist es sinnvoller, auf Strategien zurückzugreifen, die sofort zugänglich sind.

Wenn wir unser Modell angucken, sind zwei Strategien im Moment unserer Entscheidung direkt anwendbar und könnten diese erfolgreich beeinflussen:

1. der Blick auf eine negative Spätfolge
2. die kritische Überprüfung der aktuellen Befindlichkeit

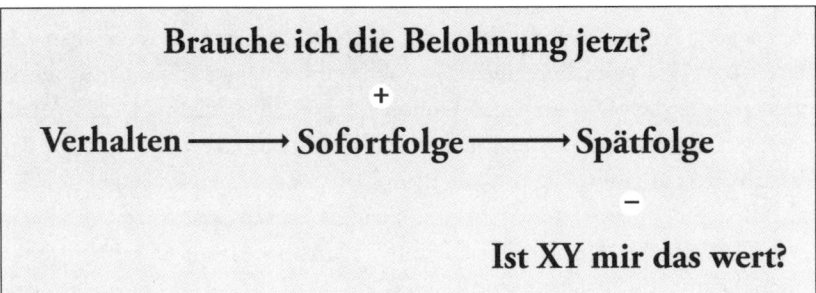

Diese beiden Denkansätze sind sowohl dem Bewusstsein zugänglich als auch im Moment des „Ja-" oder „Nein-Sagens" anwendbar.

Der Fokus auf der potentiellen, negativen Spätfolge kann helfen, einer Verharmlosung vorzubeugen. Dazu würde allerdings auch gehören, die Dimension des aktuellen Verhaltens realistisch einzuschätzen. Also:

▶ Das wievielte Stück Torte ist das?
▶ Wie viel Geld habe ich diese Woche tatsächlich schon ausgegeben?
▶ Wie werde ich mich in einer halben Stunde fühlen, wenn ich XY getan habe?
▶ XY kann diese (1., 2., 3.) Folge haben – ist es mir das wert?
▶ Bin ich bereit, den „Preis" zu zahlen, den mein Verhalten haben wird?

Wie wir bereits besprochen haben, hat diese Strategie ihre Tücken und kann relativ leicht außer Gefecht gesetzt werden.

Eine relativ einfache Einstiegsmethode ist das ernsthafte Hinterfragen, ob wir – unser Körper, unser Geist – wirklich in diesem Moment diese Belohnung benötigen. Das ist eine verhältnismäßig selten praktizierte Taktik. Es lohnt sich, für einen Moment innezuhalten und sich zu befragen, bevor eine automatische Antwort kommt. Oder bevor ein automatisches Handeln einsetzt.

Woher wissen wir eigentlich, ob wir ein Bedürfnis nach dem *Etwas* haben, wenn wir uns nicht explizit fragen? Meist nehmen wir uns ja gar nicht mehr die Zeit, um in uns hineinzuhören oder -zuschauen, ob wir uns wirklich danach – was es auch immer gerade sei – fühlen:

Haben wir wirklich Appetit auf Bier? Wird dieser Kaffee uns wirklich schmecken? Würde ich das Gleiche tun oder konsumieren, wenn ich ganz alleine wäre? Was will ich gerade: Suche ich die Geselligkeit, das gemeinsame Erleben oder die Substanz von Alkohol, Drogen etc.? Wenn ich „den jetzt" auslasse – was passiert dann? Entsteht ein Gefühl von Verlust? Bedeutet der Verzicht auf das „Etwas" automatisch ein Defizit oder ein unangenehmes Gefühl? Bedeutet er eine Strafe? Und wenn ja: Könnte ich diese Strafe aushalten?

Vieles an unseren Gewohnheiten ist unhinterfragtes, persönliches „Brauchtum". Es gibt Angewohnheiten, die wir bewusst kaum noch registrieren. Am Ende eines Tages könnten wir vielleicht nicht einmal sagen, wie viel wir „unnötig" telefoniert oder ferngesehen haben. Die Schachtel Zigaretten liegt neben dem Arbeitsplatz, man geht an einem Tisch vorbei und nimmt sich einfach die Chips, die da liegen und sich nicht wehren. Wenn die Gewohnheit gut gelernt ist, erreicht sie ab einem bestimmten Punkt eine Art Eigendynamik. Nennen wir es ruhig ein automatisiertes Eigenleben. Anstoßen aus Höflichkeit ist ein Klassiker: „Einen trink ich mit!" Dieses Prinzip findet sich auch bei unverfänglicheren Beispielen:

Ist es Ihnen schon einmal untergekommen, dass Sie Kaffee, Kuchen, Bier oder Zigaretten, die angeboten wurden, automatisch angenommen haben, ohne weiter nachzudenken? Dass Sie vielleicht beim Konsumieren gedacht haben: „Naja, so besonders schmeckt das jetzt nicht.", und es trotzdem komplett verzehrt haben?

Wenn zwischen uns und dem Verhalten nur die hauchdünne, meist nicht gestellte Frage steht: „Warum eigentlich nicht?", dann heißt es für viele von uns: „Los!" Wir sprechen also weniger von einem "Yes, we can!"[1] als von dem:

[1] "Yes, we can" war der Slogan, mit dem der amerikanische Präsident Barack Obama seinen Wahlkampf gewann.

Because I can!

Kürzlich hörte ich eine Anekdote von einem älteren Multimillionär, der ein Topmodel geheiratet hatte. In einem Interview wurde er nach dem Warum gefragt. Die Antwort lautete schlicht: "Because I can." ("*Weil* ich es kann!").

In der Kürze dieses Satzes liegt eine Menge Wahrheit. Wenn ich einen Keks essen will, esse ich einen Keks. Ich habe jetzt die Voraussetzungen dafür, also kann ich es tun. Weil ich es kann, will ich es auch. Manche Erwachsene kaufen im Supermarkt jedes Mal so ein, wie Jerry Seinfeld es oben beschreibt: „Wenn ich die Fertigpizza will, dann kaufe ich die Fertigpizza." Und die zwei Gläser Nutella. Ich entsinne mich an einen Klienten, der dann und wann ein Glas Nutella in der Mikrowelle erwärmte, um dann daraus trinken zu können. Kevin allein zu Haus.

Der Sultan von Brunei

Das gleiche Prinzip "Because I can" findet sich auch im privaten Finanzmanagement wieder. Dass so viele Menschen verschuldet sind oder weit über ihre finanziellen Verhältnisse leben, liegt zu großen Teilen auch daran, dass sie dank Kartenzahlung oder Kredite über einen Finanzrahmen verfügen können, den sie tatsächlich gar nicht haben. „Wenn ich das Geld ausgeben will, dann gebe ich das Geld aus."

Auch hier funktioniert wieder die „Erfolgs"-Strategie: *Wir reden es klein.* Wie macht man das? Ein Beispiel:

> Ich berate seit längerem eine Anwältin, die sich jede Woche für ihre Kanzlei ein Blumengesteck kommen lässt. Das einzelne Blumengesteck kostet ca. 25 Euro. Ist das nun viel oder wenig? Jetzt kommt der Trick: Was tut sie? Sie rechnet den Betrag auf die Kosten pro Arbeitstag herunter: Pro Arbeitstag, an dem sich Mandanten und Sekretärinnen am Anblick erfreuen, kosten die Blumen nur fünf Euro, das ist doch wirklich nichts mehr! Kein erwähnenswerter Betrag. Ganz im Gegensatz zu den 1.200 Euro, die sie das Vergnügen im Jahr kostet. 1.200 Euro für Blumen ist ein ziemlich großer Betrag, vor allem, wenn man einen hohen Betrag an Schulden zurückzuzahlen hat. Auf kritische Nachfrage ob der Summe kommt folgende Antwort: „Aber wöchentlich frische Blumen sind wirklich etwas Wunderschönes!"

Täglich frische Blumen sind etwas noch viel Schöneres – wenn man der Sultan von Brunei ist! Einen wirklichen Genuss stellen solche Ausgaben dar, wenn sie das Budget nicht mehr als absolut nötig belasten. Welche Strategie wendet diese Frau an, um ihr Verhalten weiter zu ermöglichen, wenn man sie kritisch darauf anspricht? Der Fokus wird von der Summe (negative Spätfolge) auf die Schönheit der Blumen (sofortige Belohnung) verschoben.

Bei Menschen mit unnötigen Schulden finden wir den Fokus auf der Belohnung und diese Detaillierungsstruktur sehr häufig. Am Ende sind die Beträge so klein, 30 Cent hier, 4 Euro da, 2,50 dort, dass sie nicht mehr spürbar sind. Wenn man aber alle Beträge für Hamsterfutter, Blumen, modische Verirrungen, Vereinsbeiträge, Tchiboangebote, Handyverträge und Zeitschriften zusammenrechnet, dann kommen übers Jahr verteilt mehrere tausend Euro zusammen. Unnötige Schulden sind die, die jemand in Kauf nimmt, um Anschaffungen zu tätigen, die er weder braucht, noch vermissen würde, wenn sie nicht da wären. Bei unnötig überschuldeten Menschen würde das Einkommen durchaus für den Lebensunterhalt reichen. Durch diverse Anschaffungen, die erst so klein gerechnet werden, dass die Detailsumme nicht mehr wehtut, und die dann rabiat verteidigt werden, entsteht die Verschuldung.

Offensichtlich fällt es vielen von uns schwer zu akzeptieren, dass sie weder der Sultan von Brunei noch ein Volksmusikstar sind. Ich spreche hier explizit von Menschen, die beim Umgang mit Geld die Relation verloren haben: Theoretisch sollte ich nur ausgeben können, was ich tatsächlich besitze. Hier endet die Theorie auch schon. Denn auf Seiten der Produkthersteller und Vertriebler bemüht man sich, genau diese Atmosphäre von Leichtigkeit beim potentiellen Kunden zu erzeugen. Ganze Heerscharen von psychologischen Kollegen und Marketingexperten versuchen so niedrigschwellig wie möglich ihrem Gegenüber das Geld aus der Tasche zu locken:

„Vollfinanzierung!"

„Sie sparen jetzt 19 Euro im Monat!"

„Für nur 178 Euro im Monat Mercedes fahren!"

Meine Lieblingsvariante wurde von einer Freundin praktiziert: Immer wenn sie ein Sonderangebot sah, dann berechnete sie die Ersparnis und überlegte, was sie sich für das gesparte Geld anschaffen könnte: „Dieser Tischstaubsauger war von 48 Euro auf 25 herabgesetzt und für die gesparten 23 habe ich mir noch ein T-Shirt gekauft."

Dass diese 48 Euro in ihrem Budget nicht vorgesehen waren und sie weder das eine noch das andere brauchte, können Sie sich vermutlich schon denken. „Warum haben Sie das gekauft?" – "Because I can."

!

Werfen Sie einen vorsichtigen Blick in Ihre Vergangenheit:
▸ An welche Verbote erinnern Sie sich deutlich?
▸ Wenn Sie das aktuelle Verhalten im Hinterkopf haben und Ihren Blick über die Kindheit schweifen lassen: Was fällt Ihnen auf?
▸ Gab es Restriktionen? Welche?
▸ Wer hat entschieden, welche Belohnungen Sie in welchem Maß bekamen? Wurden Süßigkeiten abgezählt?
▸ Was konnten Sie selbst entscheiden? Beispielsweise zum Thema Essen/Genuss/Freizeit/Abenteuer?

„Wehe, wenn sie losgelassen!"

Die Eingangssequenz von Jerry Seinfeld erzählt auch indirekt davon, wie es ist, mit Restriktionen aufzuwachsen. Sie beschreibt, dass Kinder, die durch Restriktionen erzogen wurden, deren Sinn ihnen nicht nachvollziehbar war, als Erwachsene bisweilen zu *Maßlosigkeit* neigen.

Wie wir festgestellt haben, kommt es tatsächlich vor, dass die Aufhebung der Restriktion dazu führen kann, sich auf bestimmte Art und Weise zu verhalten. Auf Deutsch: Das erklärt, *warum* ich mir eine Belohnung zufüge. Das erklärt aber noch nicht, *in welchem Maß* ich sie mir zufüge.

Für das „normale" Verhaltenlernen gilt: Wenn ich das Verhalten gelernt habe, brauche ich keine weitere Belohnung mehr. Die Belohnung verändert sich. Das neu erworbene Verhalten ermöglicht mir etwas: Wenn Sie lesen können, muss Ihnen niemand mehr ein Bienchen für das korrekte Erkennen des Buchstabens E malen.

Je öfter ein „Durchlauf" (Verhalten → Belohnung) erfolgreich absolviert wurde, desto eher bleibt ein Verhalten einfach da. Es wird dann nicht mehr auf die übliche Weise oder kaum noch belohnt, bestückt aber dennoch unser Verhaltensrepertoire. Die Belohnung ergibt sich aus dem Anwenden, aus dem Praktizieren selbst: Meine Mutter steht nicht mehr neben mir und lobt mich für das erfolgreiche Konjugieren von lateinischen Vokabeln. Die Fähigkeit ist erworben, die Vernetzung in meinem Gehirn eingerichtet. Die

Fähigkeit, bestimmte Worte zu erkennen, ermöglicht mir das Lesen von Texten oder das Verstehen von Gesprächen, in denen konjugierte lateinische Verben vorkommen.

Das ist ein dramatischer Unterschied zu der Sorte von Verhaltensweisen, über die wir hier sprechen. Die sogenannten problematischen Gewohnheiten verlangen oft eine Intensivierung der Belohnung über einen längeren Zeitraum. Es ist, als ob unser Gehirn nach immer häufigeren bzw. größeren Belohnungen schreit. Es entsteht eine gewisse Art Maßlosigkeit. Übersetzt hieße das: Es reicht mir nicht, dass ich die Vokabeln erkennen und übersetzen kann – meine Mutter soll für jede erkannte Vokabel einen Karton Überraschungseier drauflegen.

Maßlosigkeit ist ein faszinierendes Phänomen. Einmal, weil maßloses Verhalten sich so hervorragend vor unserer bewussten Wahrnehmung verstecken kann. Zum Zweiten gehört Maßlosigkeit auch zum Phänotyp bestimmter Gewohnheiten. Hier tauchen ein paar Aspekte auf, die ich bisher verschwiegen habe, die aber für das Verständnis, warum wir uns so ungern von bestimmten Verhaltensweisen trennen, wichtig sind. Dieses Prinzip gilt für den „Erwerb" einer Gewohnheit – und jetzt ist der Zeitpunkt da, über diese Aspekte zu sprechen.

Die Belohnung, wir erinnern uns, führt dazu, dass wir ein Verhalten immer wieder wiederholen. Früher oder später geschieht aber bei bestimmten Gewohnheiten eine Art Abstumpfung. Die ursprüngliche Intensität der Belohnung lässt nach. Obwohl die Belohnung selbst sich nicht verändert hat. Ja, die Zigarette ist immer noch cool, aber sie wirkt nicht mehr so richtig. Ein Riegel Schokolade reicht nicht mehr. Der Kauf des Überraschungseis macht auch nicht mehr so fröhlich wie früher.

Der Prozess, der im Folgenden beschrieben wird, läuft unbewusst ab:

Wir beginnen zu experimentieren: Wie wäre es, wenn wir die Belohnung vergrößern? Oder öfter nachlegen? Vier Stück, statt ein Stück Schokolade? Wie wäre es, wenn ich nicht ein- oder zweimal pro Woche, sondern fast täglich das Verhalten praktiziere?

So beginnt eine Veränderung, die man als Toleranzentwicklung bezeichnet. Das Wort Toleranz kommt aus dem Lateinischen und bedeutet: die Fähigkeit zu ertragen. Ursprünglich bezog sich der Begriff auf den Konsum toxischer oder abhängig machender Substanzen. Darum wird er im Deutschen auch manchmal mit „Giftfestigkeit" gleichgesetzt.

Giftfest zu sein, bedeutet Dinge in einer Größenordnung oder Menge konsumieren zu können, bei der der ungeübte Konsument Vergiftungser-

scheinungen hätte. Für uns ist das insoweit interessant, als wir den Moment nutzen, einen kurzen Blick auf unser eigenes Verhalten zu werfen. Gab es eine Zunahme in der Giftfestigkeit?

> 1. Welche Belohnung bietet das Verhalten?
> 2. Kann ich mich an eine Zeit erinnern, in der die Menge/Häufigkeit des Verhaltens deutlich weniger/seltener war als jetzt?
> 3. Wann war das?
> 4. In welchem Zeitraum hat es sich gesteigert?
> 5. Gab es Veränderungen? (z. B. von Schokolade zu Sahnetorte, von Alkohol zu Cannabis, von Konflikte mit dem Chef vermeiden, über Konflikte mit Kollegen vermeiden bis Konflikte mit dem Partner, den Kindern vermeiden)

Bei Gewohnheiten, die in Unterlassungen bestehen, heißt die Frage nach der Zunahme natürlich: Hat sich das Weglassen ausgedehnt? Wo ich früher nur Fahrstühle mied, vermeide ich jetzt auch Flugzeuge oder Rolltreppen?

Wenn wir nun zwei der gerade betrachteten Aspekte miteinander verbinden, dann ergibt sich:

Die Maßlosigkeit der Miniportion

Ist Ihnen aufgefallen, dass viele Produkte neuerdings im Miniaturformat auftauchen? Nun könnte man ja denken: Die Miniaturen begünstigen den maßvollen Umgang. Wunderbar: Wenn weniger da ist, wird auch weniger davon verzehrt. Es scheint allerdings so zu sein, dass gerade von den Mini-Schokoriegeln große Mengen verdrückt werden. Auch hier springt uns wieder das Prinzip des Details entgegen: eine nette, kleine, harmlose Belohnung. Das tut doch keinem weh. Nebeneffekt scheint zu sein, dass Menschen den Überblick über das bereits Konsumierte völlig verlieren. „Einer ist keiner", sagt man nicht zu Unrecht. Wenn die Belohnung kaum spürbar ist, sind wir – logischerweise – geneigter, sie dauernd zu wiederholen: „Einen nach ich noch!"

Auf der anderen Seite des Extrems gibt es gerade bei Lebensmitteln und in Restaurants neuerdings sogenannte XXL-Portionen. Die XXL-Variante ist für mich die Antwort auf Jerry Seinfelds Text: endlich Kindergeburtstag

ohne Grenzen! Mami ist nicht da, dann nehm' ich den XXL-Burger. Mir kommt es so vor, als ob gerade bei den Junk-Food-Artikeln das XXL-Format besonders verbreitet ist. Müsli oder fettarmen Jogurt gibt es relativ selten als XXL-Portion.

Eine Strategie muss her!

Anstatt sich zu beobachten und kleine Notizen zu machen, könnten Sie vielleicht ein wenig damit experimentieren, sich selbst zu befragen. Das nächste Mal, wenn Sie gerade im Begriff sind, Schritte für Ihr Verhalten einzuleiten, halten Sie kurz inne. In diesem Moment fragen Sie sich, ob Sie diese Belohnung – sei sie auch noch so klein – jetzt wirklich haben wollen. Es hilft, wenn Sie eine Formulierung finden, die Ihnen angemessen ist. Beispiele können sein:

> ▶ Brauche ich das jetzt?
> ▶ Habe ich wirklich Appetit/Hunger?
> ▶ Muss ich jetzt wirklich etwas (Alkoholisches) trinken?
> ▶ Wonach ist mir eigentlich gerade?
> ▶ Kann ich noch warten?
> ▶ Öffne ich damit eine Tür?
> ▶ Werde ich noch mehr davon haben wollen, wenn ich jetzt mit dem Konsum beginne?
> ▶ Kann ich nach diesem einen (was auch immer) einen Stopp setzen?
> ▶ Und wenn ich's einfach weglasse?
> ▶ Bzw. für vermeidendes Verhalten: Und wenn ich mich dem einfach stelle?

Ihnen fällt sicher eine Frage ein, die für Sie noch zutreffender ist.

Protokollant gesucht

Nicht umsonst gehört zu vielen verhaltenstherapeutischen Programmen ein Selbstbeobachtungsprotokoll (siehe Tabelle 2). Was sich hinter diesem unschönen Namen verbirgt, ist eigentlich klar. Der oder die Betroffene wird

gebeten, für einen bestimmten Zeitraum das kritische Verhalten in seinen Ausformungen zu beobachten und zu protokollieren. Am Ende einer oder mehrerer Wochen kann er dann schwarz auf weiß sehen: Ich trinke am Tag 5 Tassen Kaffee, rauche 24–27 Zigaretten, bewege mich gar nicht und, und, und. Wenn es denn klappt.

Deutlich häufiger gestaltet sich ein Abfragen dieses Protokolls so oder so ähnlich:

> „Ich gebe mein Geld primär für ganz normale Dinge aus, allerdings habe ich das Büchlein am zweiten Tag zuhause vergessen, und dann hat die Katze es verbuddelt. Ich hab's leider nicht mehr wiedergefunden, aber ich meine, mehr als 30 Euro am Tag gebe ich nicht aus. Vielleicht mal 35, aber das kommt maximal zweimal pro Woche vor. Das sind dann aber besondere Anlässe ... Ja, gut, letzte Woche war beim Discounter ein Angebot an Tischdecken, da habe ich zwei mitgenommen für meine Geschenkschublade. Das war nicht geplant, aber Weihnachten steht früher oder später an, und ob ich das Geld dann ausgebe oder jetzt, ist auch egal. Gut, dann habe ich noch bei E-Bay was bestellt, aber das war deutlich günstiger als im Einzelhandel, wenn man das jetzt mal auf den Kilopreis runterrechnet. Brasilianischer Espresso, vakuumverpackt, von der Qualität kriegt man sonst gar nichts unter 40 Euro das Kilo, insofern waren die fünf Kilo ein extremes Schnäppchen, da habe ich im Prinzip 100 Euro gespart. Und der hält sich ja, dieser Kaffee, da trinkt man ja monatelang von. Was dann doch zeigt, so ein Wochenprotokoll bringt's eigentlich gar nicht."

Wie war das noch? Details und Rechtfertigungen. "Details and Justifications" klingt nach spannender amerikanischer Anwaltsserie.

Das Selbstbeobachtungsprotokoll kann funktionieren. Es kann aber auch genauso gut danebengehen, weil es bei manchen ein beeindruckendes Maß an Abwehr hervorruft. Ich will Ihnen die Technik nicht vorenthalten und dem geneigten Leser die Entscheidung offenlassen, es selbst auszuprobieren. Vielleicht gehören Sie ja zu der Sorte Mensch, die Spaß an so etwas haben und experimentierfreudig einen Stift und ein kleines Büchlein zur Hand nehmen, um im Verlaufe des Tages zu notieren, wann und wie Sie Ihre Gewohnheit pflegen: in welchen Situationen, zu welchen Uhrzeiten

und wer alles außer Ihnen anwesend ist. Spannend wäre es zu erfahren, wie Ihr Gefühlszustand kurz vor dem Konsum oder der Tätigkeit aussah und welche Gedanken Ihr Verhalten begleiteten.

Wenn Sie der geborene Protokollant sind, haben Sie vielleicht Freude an einer Art Tabelle:

Tabelle 2: *Selbstbeobachtungsprotokoll*

	Montag	Dienstag	etc.
Zeitraum: 6:00–10:00	6:30 Nach dem Aufwachen das Frühstücksfernsehen angemacht, um wach zu werden.		
Gefühle	Müde, muffelig, unwirsch		
Gedanken	„Muss doch mal das Wetter wissen, was man heute so anziehen soll."		
Menge/Dauer Maßeinheit	3½ Stunden		
Zeitraum: 10:00–14:00			
Gefühle			
Gedanken			
Menge/Dauer Maßeinheit			

Es gibt noch einen weiteren Grund, den Versuch mit einem Selbstbeobachtungsprotokoll zu machen. Selbst wenn es nicht im eigentlichen Sinne funktioniert, liefert es mir eine Menge Informationen über Struktur und Beschaffenheit meiner Vermeidungsprozesse. Obwohl es also die Tür zum Selbstbetrug wie kaum eine andere Methode öffnet, kann es gerade darum wertvoll sein.

Aber – keine Sorge: Man kann auch ohne. Wenn Sie nicht der Typ sind, den es kaum noch vor Begeisterung auf dem Stuhl hält bei Beschreibung dieses Beobachtungsprotokolls, dann gehen wir anders vor. Kleinen Moment noch, dann erläutere ich das näher.

Denn was bleibt bis jetzt am Ende dieses Kapitels? Die kleine zweifelnde Frage: Wenn doch nun aber die Belohnung so stark und so mächtig ist und immer „gewinnt", kann ich mir mein „Etwas" überhaupt abgewöhnen?

Ja, ich kann. Dafür muss ich mich meinem Thema langsam und vorsichtig nähern. Es ist ein bisschen wie die Jagd nach einem scheuen Tier: Hier und da mal auf den Busch klopfen, es von verschiedenen Seiten einkreisen und ansonsten vorsichtig warten.

Wald, Bäume, Baby-Bäume und Blättchen

Eine Variante des „Einkreisens" nenne ich Wald- und Baumstrategie. Sie kennen sicher den Ausspruch: „Man sieht den Wald vor lauter Bäumen nicht." Wie oben beschrieben, benutzen wir das Rein- und Rauszoomen hin und wieder zur Aufzucht und Hege unserer Gewohnheit. Manchmal hilft es, sich auf den Wald zu konzentrieren, manchmal zielen wir mit unserem Fokus auf einen einzelnen, sehr kleinen Aspekt eines Baby-Baumes.

Wir zoomen die einzelne Handlung so klein, dass es für uns nicht mehr bedrohlich ist. Das gilt übrigens auch für Menschen, die Lebenssituationen erdulden, die eigentlich unerträglich sein müssten: Sie lenken ihr Augenmerk auf kleine Details, die im Alltag gerade auf sie zukommen: „Nachher noch Windeln kaufen und in die Wickelkommode einräumen und alle Plastikbreischälchen im Schrank sortieren." Die schrecklichen Dinge reden sie so klein wie möglich und behandeln sie wie einen winzigen Einzelfall: „Gestern Nachmittag ist meinem Mann die Hand ein bisschen ausgerutscht, aber alles war auch eine ganz schlechte Kombination an dem Tag." Anstatt rauszuzoomen und sich grundsätzlich zu fragen: Was erwarte ich von einem Partner? Was geht gar nicht? Was für ein Leben will ich haben? Will ich, dass Gewalt ein Bestandteil meines Lebens ist?, werden Unannehmlichkeiten verniedlicht und Plastikschälchen sortiert.

Warum so ein extremes Beispiel? Weil all diejenigen, die sich von ihrem Partner nicht schlagen lassen, sich jetzt einen Moment gut fühlen und sich sagen können: „Wie kann man nur!"

Genau das fragen wir uns jetzt: Wie kann man nur? Nur mit dem feinen Unterschied, dass wir uns unsere eigene Fähigkeit angucken. Wie können *wir* nur – was auch immer wir können?

> ► Rede ich es klein?
> ► Wie fühlt es sich an, mein Verhalten in einen größeren Zusammenhang zu stellen?
>
> Wann immer es sich anbietet, versuchen Sie sich zu fragen:
> ► Welche Perspektive wähle ich gerade? Den Wald? Oder das Blättchen?
> ► Ist diese Perspektive hilfreich?
> ► Mit welcher Perspektive kann ich mein Verhalten gemütlicher ausführen?

7 Auf der Suche nach dem Auslöser

Vielleicht haben Sie etwas Ähnliches auch schon erlebt: Ihr Vermieter oder Ihre Bank, ein unangenehmer Geschäfts- oder Ihr Expartner bereiten Ihnen Schwierigkeiten. Der Konflikt zieht sich schon ein Weilchen hin. Früher oder später kommt es dazu: Kaum dass Sie den Namen auf dem Briefumschlag oder in der Zeile des E-Mail-Eingangs lesen, wird Ihnen eiskalt oder unangenehm heiß. Sie fühlen, wie der Blutdruck steigt, die Atmung flacher wird und sich ein ausgeprägter Widerwille in Ihnen breitmacht, dieses Anschreiben zu öffnen. Entsetzlich. Dabei ist es nur ein Name auf einem Briefumschlag. Es handelt sich um eine einfache schriftliche Mitteilung und nicht um eine Briefbombe. Kein vernünftiger Mensch fürchtet sich vor einem Blatt Papier – sollte man meinen. Erst recht nicht vor einer Buchstabenkombination auf dem Bildschirm eines Computers. Es ist nicht ein Fall dokumentiert, in dem das Lesen einer Buchstabenkombination auf einem Schriftstück nachweislich physischen Schaden bei einem menschlichen Lebewesen verursacht hat.

Manche Menschen geraten an einen Punkt, an dem sie sich schon gruseln, in den Briefkasten zu gucken bzw. sie scheuen sich, ihr E-Mail-Programm auf dem Computer zu starten, um nicht mit möglichen unangenehmen Namen konfrontiert zu werden. In extremen Fällen kommt es vor, dass diese Briefe nicht geöffnet, nicht gelesen, schon gar nicht bearbeitet werden und die sich daraus ergebenden Probleme immer dramatischer anwachsen. Sie werden in die „böse Schublade" gestopft, die nur eben kurz geöffnet wird, um Unerfreulichkeiten hineinzuwerfen.

Da glaubt man immer, Konditionierung sei etwas, das nur armen Hunden in russischen Laboren passiert!

Es ist tatsächlich so: Allein der Anblick eines Briefumschlages oder eines Namens kann bereits eine ganze Welle von unangenehmen Gefühlen auslösen. Versuchen wir einmal nachzuvollziehen, was da vonstattengeht, indem wir unser Modell anlegen:

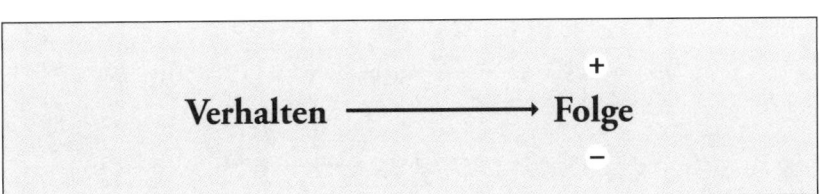

+ = Belohnung: Das Verhalten wird wiederholt

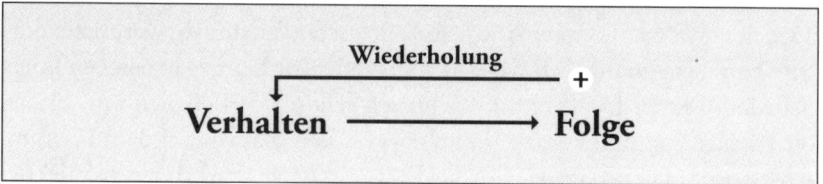

− = Bestrafung: Das Verhalten wird unterlassen und ein anderes wird ausgeübt

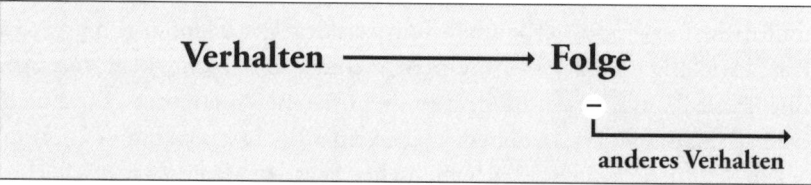

Das Verhalten ist bei befürchteten Unannehmlichkeiten meist vielfältiger und komplexer als im „Normalbereich". Es handelt sich nicht um eine typische, gleichbleibende Verhaltenssequenz, sondern meist um eine ganze Reihe von Aktionen, die in unserer Vergangenheit mehrheitlich „bestraft" wurden. Strafe heißt in diesem Fall: Irgendwann endeten die meisten der Aktionen mit schmerzlichen Gefühlen wie Angst, Scham, Peinlichkeit, Ärger – also alles dabei, was man nicht zum Feierabend brauchen kann.

Nehmen wir das Bankbeispiel:

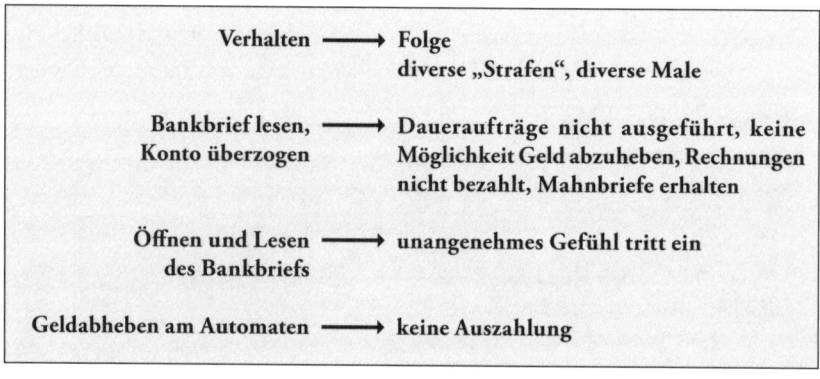

Früher oder später tritt etwas zutage: In Verbindung mit dem Verhalten und der Folge gibt es eine typische Wahrnehmung wie ein Geräusch, ein Ton oder ein Anblick. Irgendein Reiz, visueller oder auditiver Natur, z. B. der Umschlag mit einem bestimmten Absender, das Logo der Bank, der Anblick des Hausbriefkastens – all dies verursacht uns Bedrängnis.

Wir haben gelernt, dass diese komplexen negativen Gefühle immer dann auftreten, wenn wir zuvor einen Brief von der Bank gesehen haben oder am Postkasten waren.

Dieser eigentlich bedeutungslose Reiz „Briefumschlag mit Logo" erhält für uns eine besondere Bedeutung, und auf die reagieren wir. Wir reagieren teilweise genauso heftig, als ob es sich um den Ärger selbst handelt.

Erinnern wir uns: Ursprünglich lösten weder der Briefkasten noch der Briefumschlag irgendwelche Gefühle aus. Bei den meisten Menschen auf dem Planeten würde der Anblick dieses Umschlages gar nichts auslösen. Denn der Briefumschlag selbst tut ja nichts Böses.

Er wird zum *Auslöser*:

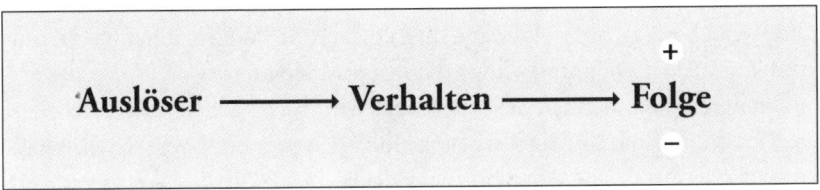

Konditionierung ist zunächst ein natürlicher Prozess. Bestimmte Reize rufen bei Lebewesen bestimmte Reaktionen hervor: Der Anblick von Essen löst einen Speichelreflex aus. Winzigkleine Fremdkörper lösen in der Nase ganz ohne Konditionieren einen Niesreflex aus. Witzigerweise gibt es Allergiker, die beim Anblick eines Fotos mit blühenden Bäumen anfangen zu niesen. Schöner kann man nicht konditioniert sein.

Eine meiner Freundinnen ist extrem anglophil und häufiger in den USA. Wenn sie zurückkommt, spricht sie alle Menschen gern mit „Babe" an. Ich weiß, dass sie es nett meint. Aber genau diesen Ausdruck benutzte ein Bekannter, als er am schlimmsten kokainabhängig war. Meine „Konditionierung" geht so weit, dass mir immer die Frage im Kopf herum-

schwirrt: „Um Gottes willen, was hat die denn eingeworfen?" Obwohl ich definitiv weiß, dass die härteste Droge meiner Freundin Schokonusskuchen ist.

Natürlich gibt es auch jede Menge positiver Beispiele fürs Konditionieren: das Parfum der Geliebten, der Duft von Omas Plätzchen, „unser Lied". Für unser Thema sind die positiven Beispiele nur insofern relevant, als sie auch dazu führen können, dass wir zu unserer Gewohnheit greifen und in ihr uns wohlfühlen.

Wie meine Tochter immer sehnsüchtig sagte, als sie klein war: „Hach, jetzt ist mein Ohr so richtig kalt, jetzt könnte ich so schön Daumen lutschen." Unnötig zu sagen, dass dieser Wunsch in einer Phase stattfand, als sie dabei war, sich vom Daumenlutschen zu verabschieden. Mit der einen Hand am kühlen Ohr zu fingern und am Daumen der anderen Hand zu lutschen, gehörte für sie untrennbar zusammen. Das kühle Ohr war für sie ein positiv besetzter Auslöser.

Hier haben wir auch schon die Definition einer Gewohnheit: Eine bestimmte Situation löst ein bestimmtes Verhalten aus. Für Sie ist die Kombination kaltes Ohr und Daumenlutschen vielleicht nicht in ihrer Attraktivität nachvollziehbar. Denken Sie einfach an Weihnachtsmarkt und Glühwein, Fernsehen und Chips, Kaffee und Zigarette.

Vor allem aber denken Sie – nein, das wird nicht helfen: *Beobachten* Sie, welches die Auslöser für Ihr Verhalten sind. Was passiert, bevor Sie die Geldbörse zücken und eine Anschaffung tätigen? Bevor Sie das Verlangen nach einer Zigarette spüren oder den Gedanken haben: „Jetzt ein schönes Bier!"?

- ▶ Wo bin ich?
- ▶ Mit wem?
- ▶ Was umgibt mich an Geräuschen, Eindrücken und Menschen?
- ▶ Wie fühle ich mich?
- ▶ Was denke ich? Was sehe ich?

Die Angst des Verhaltens beim Elfmeter

Und wie geht man mit Konditionierungen um, die man nicht haben will?

Man macht sie sich bewusst. Und geht durch sie hindurch. Und an ihnen vorbei.

Die wichtigste Frage ist: Was kann mir wirklich passieren, wenn ich dem Auslöser direkt entgegengehe, ohne auf ihn zu reagieren?

„Ich fühle mich elend!", „ Ich habe Angst!", könnten einfache, erträgliche Antworten sein. „Mir bleibt was im Auge stecken!", wäre die deutlich schwierigere. Bleiben wir zur Verdeutlichung bei dem Bankbeispiel. Das Hin- und Hergerissensein zwischen dem, was ich muss, und dem, was ich will, trifft besonders Menschen, die sehr hohe Erwartungen an sich haben und andere nicht enttäuschen wollen. Sie legen übersteigerten Wert auf die Meinung anderer. Wenn andere „gut" von ihnen denken, fühlen sie sich wertvoll; haben andere eine schlechte Meinung von ihnen, empfinden sie im weitesten Sinne seelischen Schmerz.

Kontakt mit anderen ⟶ + Sie mögen mich gern, sich wertvoll fühlen

Verhalten ⟶ Folge

Kontakt mit anderen ⟶ − Sie lehnen mich ab, Konflikte, seelischen Schmerz fühlen

Anstatt den Kontakt zum Gegenüber zu suchen und offen zu sagen: „Ich kann derzeit nicht zahlen" oder: „Wir haben da ein Problem, das sollten wir klären", vermeiden sie den Kontakt. Die Schwierigkeit tritt dann auf, wenn es zur Konfrontation kommt. Bis dahin bleiben irgendwann nur noch Flucht und Vermeidung. Es traut sich nämlich kaum jemand offen zu sagen: „Ich habe Ihre Post nicht bearbeitet, weil es mich gruselte!", „Ich habe mich um Ihren Auftrag nicht kümmern können, weil es mich jedes Mal schüttelt, wenn ich Ihre Akte in die Hand nehmen muss!" Also wird ein ganzes Heer an Ausreden und Lügen erfunden, um fehlende Reaktionen zu erklären. Solche Ängste verselbständigen sich mit der Zeit. Sie werden früher oder später bei vielen Menschen selbst zu Auslösern. Um die negative Folge nicht zu spüren oder zu übertünchen, suchen sie etwas Belohnendes: vom Essen übers Geldausgeben bis zum Drogenkonsum. Die bunte Welt des Betäubens ist groß.

Händchenhalten

Nüchtern betrachtet ist das nur ein „falscher Lernvorgang", der definitiv umgelernt werden kann. Notfalls, wenn die Konfrontation Sie wirklich extrem viel Überwindung kostet, dann legen Sie sich eine – gesunde – Belohnung gleich dazu auf den Tisch. Oder Sie bitten einen Freund, Sie sofort im Anschluss zu loben, Sie vorher zu ermutigen oder danebenzusitzen und Ihre Hand zu halten. Nein, das ist nicht albern. Jedenfalls nicht alberner, als monatelang bestimmte Rechnungen nicht zu zahlen.

Dieser Wunsch nach „Händchenhalten" sollte einem nicht zu peinlich sein, denn die meisten haben irgendwelche massiven Ängste und freuen sich, wenn sie im Gegenzug von Ihnen unterstützt werden. Wenn ich im Hinterkopf behalte, dass alle Menschen in bestimmten Situationen Unterstützung brauchen, fällt es eventuell leichter zuzugeben, dass man selbst ebenfalls welche benötigt, eben weil es menschlich ist. Diesen unscheinbaren kleinen Schritt zu akzeptieren, dass ich nicht alles allein schaffen kann und muss, könnte das Ende vieler Probleme bedeuten.

Selbst wenn Sie sich noch nicht trauen oder niemanden finden, der Sie unterstützt, müssen Sie nicht weiter mit dem Problem leben. Atmen Sie einen Moment tief durch und fragen sich:

> Was – außer einem schlechten Gefühl – wird auf mich zukommen, wenn ich diesen Brief öffne?
> Was kann auf mich zukommen, wenn ich ihn *nicht* öffne?

Wenn es lediglich Ihr Exmann ist, der Ihnen alle drei Tage eine Mail schreibt, wie schlecht es ihm geht, seitdem Sie ihn verlassen haben, dann können Sie das Schreiben vermutlich ignorieren. Wenn es jedoch die Bank oder das Finanzamt ist, drohen unter Umständen deutlich schmerzhaftere Konsequenzen, sollten Sie auf das Schreiben nicht reagieren.

Nehmen Sie sich einen Zettel und schreiben Sie sich alle negativen, absolut schlimmsten Konsequenzen auf, die eintreten könnten, wenn Sie sich das Schreiben zu Gemüte führen: Es könnte drin stehen, dass Sie pleite sind, dass Sie alles Materielle verlieren, das Sie besitzen, und dass die Zwangsvollstreckung kurz bevorsteht. Zugegeben, das ist unerfreulich. Aber was ist unerfreulicher: Zu wissen, dass der Gerichtsvollzieher demnächst klingelt, oder ihn eines Tages mit der Polizei in Ihrer Wohnung stehen zu

sehen, weil Sie auf sein Klingeln nicht reagiert haben? Es gibt Dinge, die wirklich unangenehm und furchtbar sind. Aber ein Großteil von ihnen ist besser zu ertragen, wenn man sich auf sie vorbereiten kann (und mit Händchenhalten sich Unterstützung holen kann).

Das kleinere Übel zu wählen, kann fast wie eine Belohnung sein. Nehmen wir an, das Schreiben enthält nun keine komplette Katastrophe, ist aber dennoch leidlich ärgerlich. Dann wägen Sie ab: Sind wirklich ernsthaft schmerzliche Konsequenzen damit verbunden oder einfach „nur" seelischer Schmerz? Ich habe mit Menschen gearbeitet, die den Kontakt zu ihren getrennt lebenden Kindern abgebrochen haben, weil sie nicht mit dem seelischen Schmerz zurechtkamen, dass ihre Exfrau einen neuen Freund hatte. Das ist eine der Situationen, in denen man sich ganz klar auf höhere moralische Werte und größere Belohnungen besinnen muss: das Wohl der Kinder und die gute Beziehung zu ihnen. Die gekränkte Eitelkeit und der Liebeskummer sind eine Frage der Zeit. Mal nüchtern gesagt: Sie können lernen, gegen bestimmte Kränkungen abzustumpfen. Ganz so, wie es die Träger von harten Kontaktlinsen tun:

Harte Kontaktlinsen sind aus Kunststoff, und sie sind wirklich hart. Wenn man sie das erste Mal im Auge hat, dann fühlt es sich an, als ob kleine Glasscherben eingedrungen wären. Darum trägt man sie beim ersten Mal auch nur drei Minuten und guckt in eine bestimmte Richtung. Am nächsten Tag trägt man die Linsen genau eine Minute länger. Irgendwann hat das Gehirn gelernt: Der Schmerzreiz bleibt, und der Mensch unternimmt nichts dagegen. Also hat es überhaupt keinen Sinn, weiter die Nachricht zu senden: „Das tut weh! Hier ist ein Fremdkörper im Auge! Raus damit! Sofort!!" Also unterlässt es das Gehirn.[1] Das bedeutet aber nicht, dass das Auge sich daran gewöhnt, sondern dass der Schmerzreiz ignoriert wird. Bei Tänzern und Eiskunstläufern scheint es ein ähnliches Abhärtungstraining zu geben, um das vielfache Drehen zu ermöglichen, ohne jedes Mal Schwindelanfälle zu bekommen.

Sie hassen den Konflikt? Sie suchen die Harmonie? Sie widersprechen nicht, weil Sie massive Ängste haben, sich unbeliebt zu machen, also:

---

[1] Sollte aber zu dem tolerierten Fremdkörper ein weiterer kommen und sei es nur eine Wimper, schreit das Auge Zeter und Mordio, dass man denkt, es springt einem gleich aus dem Kopf. Aber das nur am Rande!

Bestrafungen durch die anderen zu erfahren? Kleine Linsen-Schritte: Fangen Sie bei kleinen Gelegenheiten an zu widersprechen und Ihren Standpunkt zu behaupten: „Das sehe ich anders.", „Das finde ich nicht." Hören Sie zunächst bei irrelevanten Smalltalk-Themen auf, Ihrem Gegenüber die Belohnung der Zustimmung zu geben, wenn Sie nicht wirklich seiner Meinung sind. Verschaffen Sie sich bei überschaubaren Gelegenheiten die Möglichkeit, sich freundlich, aber deutlich abzugrenzen, wenn Sie innerlich spüren, dass Sie eben nicht mit dem anderen übereinstimmen. Vor allem deshalb, um die Erfahrung zu machen, dass Ihr Verhalten nicht bestraft wird. Ganz im Gegenteil, es kann sich sogar gut anfühlen, wenn Sie für sich selbst einstehen und jemand anderen die „kleine" Stirn bieten. Genauso verfahren Sie mit Briefen und E-Mails. Die Gefühle, die zur Vermeidung führen, sollten dann und wann kritisch auf ihre Schutzfunktion überprüft werden – wenn das Vermeiden mir mehr Ärger einbringt, als die Konfrontation Kummer macht: Ran an den Speck!

„Oh Schmerz, lass nach!"

„Schmerz" ist ein wichtiger Warnhinweis, der im Regelfall nicht ignoriert werden sollte. Vereinfacht gesagt sollte das konstruktive Ziel aller Nachrichten aus Ihrem System sein, Ihnen beim Überleben zu helfen. Ob es Angst ist, Schmerz oder Freude und Wohlgefühl – im Wesentlichen brauchen wir Gefühle, um besser überleben zu können.

Bei seelischem Schmerz gilt es abzuwägen: Es gibt seelischen Schmerz, den Sie ernst nehmen und dessen Botschaft Sie folgen müssen. Wenn Ihr Partner ein Suchtproblem hat und das Familienvermögen verspielt, dann ist Ihr Überleben gefährdet. Diesen Schmerz auszublenden („Ach das bisschen Spielen – ich hab schon mehr Geld beim Versandhandel ausgegeben! Jeder hat doch ein kleines Laster!"), schafft über kurz oder lang einen Berg neuer Probleme und kann Ihre Existenz ernsthaft bedrohen – die Ihres Partners übrigens auch.

Andererseits gibt es seelischen Schmerz wie gekränkte Eitelkeit. Dieser Schmerz tut zwar weh, produziert aber vor allem ein Vermeidungsverhalten, das eine Brutstätte für neue Probleme ist. In dem Fall heißt es (auch wenn es sich furchtbar anfühlt): „Es ist nur ein Gefühl!" Okay, dann fühlen Sie sich eben mal schlecht, wenn Sie dem neuen Freund Ihrer Frau beim Ab-

holen der Kinder begegnen. Sie müssen sich ja nicht unnötig in Ihr Leid hineinsteigern. Sondern akzeptieren: Das tut jetzt weh, aber die Kinder sind wichtiger.

Nicht wenige Menschen haben massive Probleme, sich diesem seelischen Schmerz zu stellen. Ich will Sie nicht zu einem Indianer machen, der seine Gefühle alle runterschluckt. Bis zu einem gewissen Grad muss man jedoch akzeptieren, dass das Leben nicht ausschließlich aus Belohnungen besteht, sondern dass im Päckchen eines jeden Menschen die unangenehmen Erlebnisse und Ereignisse einfach mit enthalten sind. Wenn der Schmerz Sie handlungsunfähig macht, weil Sie alles meiden, was Sie mit ihm in Berührung bringen könnte, dann hat er keine Funktion mehr, keine Botschaft mehr, auf die man hören sollte – er wird sinnlos. Ich weiß nicht, wer damit angefangen hat oder wie es entstanden ist, aber es scheint so zu sein, dass vielen nicht klar ist: Ein gewisses Maß an Schmerz gehört zum Leben. Man kann sich nicht sieben Tage die Woche und 24 Stunden am Tag super fühlen. In unserer Grundausstattung wurde die Fähigkeit, mit solchen Dingen grundsätzlich klarzukommen, erfreulicherweise mitgeliefert. Auf Deutsch: Der Mensch kann Schmerz aushalten und überleben. Vielleicht haben Sie es nur bisher nicht richtig gelernt. Wichtig ist, den Schmerz mit der Realität abzugleichen:

> ▶ Besteht Handlungsbedarf?
> ▶ Gibt es eine wichtige Botschaft?
> ▶ Drohen Probleme, wenn ich den Schmerz ignoriere?
> ▶ Drohen Probleme, wenn ich ihn auslebe?

Ich verrate Ihnen jetzt ein Geheimnis: Sonderbarerweise macht sich der seelische Schmerz da, wo er eigentlich nicht ignoriert oder ausgehalten werden dürfte, manchmal so klein, dass er übersehen wird. Dafür kommt er dann aber schick an anderer Stelle ganz groß raus, an der sein Informationsgehalt unwesentlich ist.

Einige Menschen, die mit gewalttätigen Partnern zusammenleben, blenden ihren Schmerz oft über lange Zeit aus. Während sie sich tagelang über einen Nachbarn entrüsten können, der den Müll nicht richtig trennt. Diese Unterscheidung zwischen diesen beiden Schmerzformen ist essentiell. Wenn Sie sie allein nicht treffen können, ist es sinnvoll, sich mit einem niedergelassenen Psychologen auszutauschen.

Interne und externe Auslöser

Wir können die Auslöser aber noch nach anderen relevanten Kriterien unterscheiden. Einige von ihnen befinden sich direkt in uns selbst: Stimmungen, Gedanken, Gefühle, Ängste. Weitere sind in unserem Umfeld anzutreffen. Wie wir später sehen werden, ist diese Unterscheidung ziemlich wichtig.

Unglaublich viele Menschen meiden irgendetwas wie der Teufel das Weihwasser.

> Ungeschlagen ist ein Bekannter von mir, der jedes Mal, wenn er auf dem Zahnarztstuhl saß, in Ohnmacht fiel. In der Regel schickte der Arzt ihn dann nach Hause und das Thema war wieder für eine Zeit lang erledigt, bis neue Beschwerden kamen. Eines Tages war der Arzt im Urlaub. Eine junge Kollegin vertrat ihn. Der Mann kam, setzte sich in den Stuhl und fiel in Ohnmacht. Als er wieder erwachte, lächelte die Ärztin freundlich, gab ihm ein Glas Wasser und sagte warmherzig: „Sind Sie wieder wach? Wunderbar, dann können wir ja jetzt anfangen!"

internal

Auslöser ⟶ **Individuum** ⟶ **Verhalten** ⟶ **Folge** ⟶ **Spätfolge**

external

Reize, die unser Verhalten auslösen, müssen keineswegs wie ein Licht aufflammen oder wie eine Glocke einmal geschlagen werden. Auslöser können auch dauerhaft vorhanden sein. In Phasen nach dem Verlust eines geliebten Menschen kann es sein, dass Sie über Wochen wie in einer Gefühlssuppe schwimmen, möchte ich fast taktlos sagen. Diese Gefühlssuppe kann ein Auslöser sein, vermehrt Alkohol zu konsumieren, zu essen, fernzusehen.

! Warum sind Auslöser für Gewohnheiten wichtig?
1. Weil ich sicher sein kann, dass es für meine Gewohnheit irgendeinen Auslöser gibt oder gab.

2. Gewohnheit betäubt negative Gefühle, auch wenn ich die Auslöser schon gar nicht mehr bewusst wahrnehme.
3. Betäuben ist gut. (Das ist natürlich nicht ganz so richtig – aber es fühlt sich einfach gut an.)

Es gibt übrigens einen einfachen Weg herauszufinden, ob Ihre Gewohnheit dem Betäuben irgendeines gefühlsmäßigen und damit internalen Auslösers dient: Verzichten Sie für ein paar Tage auf Ihre Gewohnheit. Einfach so unkommentiert und ersatzlos. Beobachten Sie, welche Gefühle und Gedanken auftauchen. Einsamkeit? Angst? Verstimmung? Depression? Wut? Reizbarkeit?

Wir sind keine Labormäuse. Wir sind nicht Opfer unserer Auslöser. Warum nicht? Weil wir die Kognition dazwischenschalten können. Wenn ich meine Auslöser kenne, dann befähigt es mich, mich nicht mehr von ihnen steuern zu lassen. Erstens kann ich vorbauen, zweitens kann ich gucken, ob sich mit ihnen ein Deal einrichten lässt.

Unsere Auslöser sind meist deutlich komplexer als einfach nur Licht an, Licht aus. Glöckchen klingelt, es klingelt nicht. In extremen Situationen kann allerdings das einfache Geräusch ein mächtiger Trigger werden:

Ein Mann, dessen Vater ein gewalttätiger Alkoholiker war, berichtete aus seiner Kindheit, dass allein das Geräusch, wie sein Vater die Tür aufschloss, wenn dieser betrunken war, bereits zu nackter Panik bei ihm führte.

Ein weiterer, nicht zu unterschätzender Aspekt ist unsere Bewertung von bestimmten Auslösern. Die hängt manchmal mit den vorausgegangenen Erfahrungen zusammen: Dieser Mann hatte in seiner Kindheit mehrfach äußerst schmerzliche Erfahrungen mit seinem Vater erleben müssen. Es gibt allerdings eine ganze Menge Auslöser, bei denen auf den ersten Blick kein Zusammenhang zwischen der persönlichen Geschichte und den starken Gefühlen zu finden ist: Die wenigsten Menschen, die an Flugangst leiden, sind bereits einmal mit einem Flugzeug abgestürzt.

Eine ebenso verbreitete Angst ist, sich in der Öffentlichkeit lächerlich zu machen. Fragen Sie doch bei der nächsten Party, wer Ihrer Freunde – nüchtern – auf einen Stuhl steigen und ein Lied zum Besten geben würde.

Die Zahl wird ziemlich klein sein, wenn Sie nicht gerade Gesang studieren oder zahlreiche italienische Freunde haben. Gleiches gilt für öffentliches Reden oder Tanzen. Einige Menschen – so z. B. die eben erwähnten Italiener – scheinen nicht vor all dem zurückzuschrecken. Vielleicht ist es eher andersherum, dass gerade für uns Nordeuropäer diese Themen so negativ besetzt sind.

Das spricht dafür, dass nicht die Auslöser als solche „gut" oder „schlecht" sind, sondern dass unsere Wahrnehmung und dementsprechend unsere Bewertung eine große Rolle spielen. Warum für Moppi die gleiche Situation beruhigend wirkt, die für Poppi kaum zu ertragen ist, werden wir später sehen, wenn wir uns mit den individuellen Unterschieden auseinandersetzen (und zwar im Kapitel 12 „*Individualtourismus*" und im Kapitel 13 „*Denkmalpflege*"). Jetzt in diesem Moment geht es lediglich darum herauszufinden:

> ▸ Welche Auslöser gibt es für meine Gewohnheit?
> ▸ Welche sind internal?
> ▸ Welche external?

8 Von Heilquellen und Zaubertränken

Auslöser sind mächtig. Unter anderem deswegen, weil wir sie nicht alle bewusst wahrnehmen. Trotzdem gilt: Ein Auslöser ist kein unvermeidbares Schicksal. Es macht einen großen Unterschied, auf wen er trifft und wie sich der Betreffende in diesem Moment fühlt. Wir sind äußerst empfänglich für bestimmte Auslöser, je schlechter wir „drauf" sind. Es spielt eine entscheidende Rolle, in welcher Verfassung wir uns befinden. Vielen externalen Auslösern wie Kränkungen, Stress, Konflikten, Anforderungen, Zeitdruck, Wetter begegnen wir von Mal zu Mal unterschiedlich: Bin ich heiter und guter Dinge, vermag ich gröbere Ärgernisse wegzustecken. Bin ich nur mittelgut „drauf", dann kann ich mit den Auslösern nicht umgehen. Wenn ich mieser Laune bin, geht es eine Stufe weiter: Dann wird alles zum Auslöser.

Das mag banal klingen, ist aber für unsere Zwecke von nicht zu unterschätzendem Wert. Wir können nämlich aktiv lernen, dem Auslöser nicht mehr schutzlos ausgeliefert zu sein, um es einmal dramatisch zu formulieren. Wir begeben uns hiermit in den Bereich der Prophylaxe.

Am Sportbeispiel wird das Prinzip deutlich: Wenn ich durchtrainiert und gut genährt bin, dann kann ich die 1500er-Bergwanderung bestehen. Bin ich es nicht, kann ich mich künstlich zum Durchhalten zwingen und breche irgendwann zusammen.

Wie trainiert sind Sie? Wie gut vorbereitet oder genährt ist Ihre Seele für die sportlichen Anstrengungen Ihres Lebens?

Diese Frage ist nicht so einfach zu beantworten, weil die Herausforderungen des Lebens komplex sind. Versuchen wir zunächst einen Überblick zu gewinnen, worauf Sie vorbereitet sein müssen. Betrachten wir nüchtern, wie vielen Anforderungen Sie wirklich ausgesetzt sind. Ein kleiner Hinweis am Rande: Chronische Unterforderung kann auch ein Auslöser sein.

Diese Aufgabe lässt sich auf mindestens zwei Arten lösen: Entweder Sie beantworten die Fragen inhaltlich und machen sich ggf. Stichpunkte. Oder Sie gewichten die Ergebnisse „Pi mal Daumen" in einer skalierten Form. Sie können die einzelnen Fragen in Punkten bewerten. „Alles wunderbar" hieße ein Punkt, „alles furchtbar belastend" dagegen zehn Punkte. Optimale Arbeitszeiten beispielsweise entsprächen einem Punkt, Arbeitszeiten, die Sie extrem belastend finden, zehn Punkten. Eine hervorragende Gesundheit wäre ein Punkt, eine chronische lebensbedrohliche Krankheit zehn Punkte auf der Belastungsskala usw.

Es ist hier nicht wichtig, sich mit anderen zu vergleichen oder eine absolute Zahl zu finden. Schätzen Sie aus dem Bauch heraus, auf Ihrer persönlichen Skala:

Wo stufen Sie sich ein?

Beruf: Wie viele Stunden in der Woche arbeiten Sie?

1 _ _ _ _ 5 _ _ _ _ 10

Welchem körperlichen oder geistigen Stress sind Sie in Ihrem Job ausgeliefert? Stehen? Schichtarbeit? Wie groß ist Ihre Verantwortung: Menschenleben – Geld?

1 _ _ _ _ 5 _ _ _ _ 10

Wie viele Stunden in der Woche erfüllen Sie Familienaufgaben? Kinderbetreuung, Haushaltführung, Betreuung von pflegebedürftigen Familienmitgliedern? Für wie viele Menschen – inklusive sich selbst – haben Sie Verantwortung: finanziell, emotional, gesundheitlich?

1 _ _ _ _ 5 _ _ _ _ 10

Wie ist Ihr eigener Gesundheitszustand im „Normalfall"? Gibt es chronische Krankheiten, Behinderungen, Dinge (Bewegungen, Nahrungsmittel), die Sie meiden müssen bzw. auf die Sie vermehrt achten müssen, um gesund zu bleiben?

1 _ _ _ _ 5 _ _ _ _ 10

Über welchen Finanzrahmen können Sie verfügen? Was können Sie sich leisten, was nicht erlauben? Wie viel Schulden haben Sie?

1 _ _ _ _ 5 _ _ _ _ 10

Wie viele andauernde Konflikte gibt es mit anderen und wie massiv wirken sie sich aus? Sorgerechts- oder Unterhaltsstreitereien? Gerichtsverfahren? Erbstreit?

1 _ _ _ _ 5 _ _ _ _ 10

Wie viele traumatische Erfahrungen aus der Vergangenheit belasten
Sie noch heute?

1 _ _ _ _ 5 _ _ _ _ 10

Mit wie vielen Menschen haben Sie noch eine Rechnung offen? Wer
schuldet Ihnen noch etwas?

1 _ _ _ _ 5 _ _ _ _ 10

Bei wie vielen Menschen stehen Sie in der Schuld?

1 _ _ _ _ 5 _ _ _ _ 10

Wie viele Geheimnisse bewahren Sie, deren Aufdeckung Ihnen massive Probleme bereiten würde?

1 _ _ _ _ 5 _ _ _ _ 10

Unter welchen psychischen Erkrankungen/Suchterkrankungen leiden
Sie oder die Menschen, mit denen Sie zusammenleben?

1 _ _ _ _ 5 _ _ _ _ 10

Wie viel Gewalt gehört zu Ihrem Leben?

1 _ _ _ _ 5 _ _ _ _ 10

Wie viel Angst empfinden Sie?

1 _ _ _ _ 5 _ _ _ _ 10

Die Kategorien lassen sich natürlich beliebig erweitern. Ich vermute, meine
Aufzählung ist unvollständig. Ergänzen Sie sie also ruhig.

Wenn Sie weitere Kategorien hinzugefügt haben, nehmen Sie die Ge-
samtzahl aller Kategorien und multiplizieren Sie diese mit zehn. Wenn
Sie nur die vorgegebenen nehmen, ist die höchste Punktzahl 140. Jetzt
„bewerten" Sie die einzelnen Kategorien:
Konflikte: 3
Finanzrahmen: 5

Gesundheitliche Belastungen: 7
usw. Am Ende addieren Sie alle Punkte aus allen Kategorien.
Je größer, je umfangreicher und je höher die Zahl auf Ihrer Belastungsskala ist, desto wichtiger ist eine gute Prophylaxe – oder wie wir heutzutage sagen: „Selbstfürsorge".

Was verbirgt sich hinter dem magischen Ausdruck „Selbst-Fürsorge"?

Stellen Sie sich vor, Sie wären Pflanzenliebhaber. Sie würden einen wun-
dervollen kleinen Bonsai besitzen. Dieser Bonsai ist nicht nur ausgesprochen
schön, sondern auch durch seine Seltenheit besonders wertvoll. Welchen
Aufwand würden Sie betreiben, um ihn gut zu pflegen? Das richtige Licht?
Der richtige Topf? Die optimale Wassertemperatur? Natürlich! Nur das
Beste für den ständig unter Beobachtung stehenden Lieblingspatienten wäre
gut genug.

Erstaunlicherweise wissen die meisten von uns viel mehr über die ideale Pflege ihrer Pflanzen oder Tiere als über sich selbst. Dieselben Eltern, die
meterweise Bücher über die ideale Aufzucht und Hege ihres Nachwuchs
lesen und rund um die Uhr mit deren Intelligenz- und Talentförderung
beschäftigt sind, begreifen oft nicht, dass fünf Tage die Woche Chauffeurs-
dienste plus Zubereitung der biodynamischen Spezialkost sie selbst an den
Rand ihrer Kräfte bringen.

Ich habe einige Klienten, die im Berufsleben sehr erfolgreich sind. Sie
verfügen über genügend Geld, um Luxusurlaube absolvieren zu können,
und sie gehen gern in teure Restaurants. Sie berichten jedoch, dass die
glücklichsten Zeiten die waren, in denen sie mit dramatischen Beschwerden
ins Krankenhaus mussten: ständig unter freundlicher Beobachtung und
Fürsorge, nichts tun können, außer in einem Buch zu blättern, das Essen
ans Bett serviert zu bekommen. Wir reden hier über Essen in einer Qualität, wie sie diese nicht mal in der Kantine ihrer Firmen dulden würden.
Dennoch geraten sie beim Erzählen über diese Mahlzeiten ins Schwärmen.
So umsorgt zu sein. So loszulassen. So für sich zu sein. So im Mittelpunkt
zu stehen. Zuwendung zu bekommen, aber wenn es einem reicht, sagen zu
können: „Ich will jetzt schlafen", ohne dass irgendwer gekränkt sei – einfach
traumhaft.

Diese Aufenthalte fielen meist in die Zeit eines kompletten Burnouts. Ein Burnout, der entstanden war, weil die eigenen Pflege- und Hegebedürfnisse lange ignoriert wurden. Gerade Menschen, die sehr zielorientiert sind, neigen dazu, ihre Begrenzungen nicht wahrzunehmen, bis ihr System zusammenbricht. Da braucht es manchmal die Rechtfertigung durch eine Krankheit, um sich umsorgen zu lassen.

Sich richtig zu behandeln, für sich selbst gut zu sorgen, ist ja bekanntermaßen in Deutschland kein Schulfach. Viel bewundert werden Menschen, die massiv über ihre Grenzen gehen, um bestimmte Leistungen zu erbringen, ebenso wie Faulheit bei uns verachtet wird. Sich über Leistung zu definieren, ist lange kein männliches Vorrecht mehr. „Schaffe, schaffe, Häusle baue" kann man vermutlich auf Spanisch nicht übersetzen.

Stellen Sie sich vor, Sie wären der oben erwähnte Bonsai. An Ihrem Topf würde ein Zettel mit Pflegehinweisen zu finden sein:

> „Das ist Herr B. Er benötigt ein Mal am Tag eine Stunde Ruhe, in der er gern Musik hört und vor sich hin träumt. Er muss regelmäßig in Abständen von drei Stunden tagsüber gefüttert werden, und zwar am besten zwei Mal pro Woche mit Hühnerfleisch und Räucherfisch. Er verträgt keine Kleidung aus Schurwolle oder Leinen. Rasiert werden sollte er maximal zwölf Mal im Monat. Wenn er mehrere Tage langweilige Papierarbeit erledigen muss, braucht er hinterher zum Ausgleich die Möglichkeit, selbst zu musizieren. Alle zwei Tage benötigt er Kontakt zu anderen Spielfreunden und ausreichend Bewegung, aber nicht an der frischen Luft und niemals bei Temperaturen über 27 Grad."

Klingt komisch? Sicher. Es verlangt ja auch niemand, dass Sie einen solchen Zettel entwerfen und Ihrem nächsten potentiellen Partner beim ersten Date in die Hand drücken.

„Ich brauche am Tag dreißig Zigaretten und drei Bier" oder „vier Stück Kuchen, ein Kilo Gummibärchen und literweise Ketchup über den Pommes", „jede Woche ein neues Paar Schuhe", „alles bis zum letzten Moment aufschieben und so lange rumtrödeln, bis es nicht mehr geht" sind keine Pflegehinweise, sondern Ausdruck davon, dass Sie – wie die meisten Menschen übrigens – seit vielen Jahren ihre „echten" Pflegehinweise ignorieren oder niemals Gelegenheit hatten, sie kennenzulernen. Witzigerweise würden gerade die so Betroffenen immer behaupten, dass sie den Alkohol oder den

Zucker nicht „brauchen", sondern diese Dinge nur aus purem Genuss oder Geselligkeit konsumieren. Wer braucht das schon?

Je weniger ein Mensch weiß, was er wirklich braucht, desto eher neigt er dazu, sich mit einem „Zuckerli" zu trösten. Desto eher wird er anfällig, auf bestimmte Auslöser mit seinem Zuckerli zu reagieren.

Es ist nicht so, dass wir dem Auslöser verfallen sind und keine andere Wahl haben. Vielleicht haben wir gar nicht gesucht, sondern das erste Trösterchen

genommen, das sich uns angeboten hat. Das liegt auch an dem Alter, in dem wir erstmals Kontakt mit diesen Trösterchen hatten.

Wer im Alter von 16 Jahren mit seinen coolen Kumpels und der Kiste Bier am See lauschige Sommerabende verbracht hat, stellt sich nicht mehr die Frage, ob autogenes Training vielleicht genauso guttut. Der assoziiert irgendwann das Bier mit Geselligkeit, Harmonie, Spaß in der Gruppe, dass wir – wen wundert's – fast über eine Form der Konditionierung sprechen können. Auch wenn das Blatt sich später wendet: Der Anblick einer Bierflasche ist für ihn mit vielen positiven Erinnerungen verbunden.

Aufbau Ost

Die meisten Menschen können ziemlich schnell darauf antworten, wann sie sich „ausgelaugt fühlen" oder was ihnen wirklich Energie raubt: eine anstrengende Familienfeier mit der Sorte Verwandten, die man lieber von hinten sieht. Ein harter Arbeitstag. Die Frage andersherum: „Was baut Sie wieder auf?" sollte nicht schwieriger zu beantworten sein. Ist sie aber.

Gut, zugegeben: Es gibt sie, die Wellness-Junkies und Müsli-Fanatiker, die morgens nach dem Aufstehen zehn Minuten meditieren, dann ihre Yoga-Übungen machen, während der ayurvedische Kräutertee in der Küche zieht. Die Menschen, die zwischendurch kleine Pausen machen, um barfuß über eine Wiese im Park zu laufen oder sich die Sonne in der Mittagspause ins Gesicht scheinen zu lassen, während sie der Schöpfung danken.

Ich behaupte, das ist eine Minderheit. Und zwar die Minderheit, die Bücher publiziert und bekundet, dass sie auf diese Weise lebt. Persönlich kenne ich keinen. Dabei finden sich in meinem Bekanntenkreis sogar diverse Reiki-,Yoga- und Huna-Meister. Ich korrigiere, die Einzigen, die ich persönlich kenne, die solche rekreativen Phasen dauerhaft in ihr Tagesprogramm eingebaut haben, sind die Ordensschwestern im Karmel, bei mir um die Ecke. In ihrem Tagesablauf sind Zeiten des Aufstehens, der Nahrungsaufnahme, des Rückzugs und des Gebets festgeschrieben.

Diese Grundidee klösterlichen Lebens kann man durchaus auf unser Leben übertragen: Es nährt und tröstet, wenn man sich mehrfach am Tag mit dem verbindet, was einem „heilig" ist. Mit heilig meine ich nicht die traditionelle, kirchlich festgelegte Definition. Ich meine damit, sich auf etwas zu besinnen, das Sie tröstet, das Ihnen viel bedeutet, mit dem Sie eine Geschichte verbinden, von dem Sie sich beschützt und anerkannt fühlen.

Etwas, das Sie erheitert und Ihnen das Gefühl gibt, Ihre Existenz in diesem Universum hat einen Sinn. Etwas zu finden, das dem entspricht, erfordert eine sorgfältige Suche.

Bio-Diesel

Es mag wohl eine ganze Reihe von Menschen geben, die im Biomarkt einkaufen und sich „gesund" ernähren. Das ist nicht das, was ich meine. Selbstfürsorge heißt nicht automatisch „politisch korrekt" zu sein.

Denn viele sind aus reiner Angst vor Schadstoffen Biomarktkunden. Dabei sind sie bisweilen herzlich verbissen. Als wäre sich korrekt zu ernähren und schadstoffarme Kleidung zu tragen ein Wettbewerb, den man mit möglichst viel Leistungsdruck gewinnen kann. Da werden Fahrradfahren und Ernährung zum Ausdruck politischer Überzeugung, aber nicht zur Nahrung von Körper und Seele. Dass etwas Sie nährt und Ihnen guttut, merken Sie daran, dass es z. B. zu Ihrer Entspannung beiträgt. In diesem Kapitel werde ich das Wort Nahrung im Sinne von „Treibstoff" verwenden. Es geht um viel mehr als nur Lebensmittel. Es geht um Zeiteinteilung, Kontakte, Arbeitsgestaltung, Bewegung und vieles mehr.

> Wir wollen danach suchen, was Ihren Körper und Geist nachhaltig nährt:
> ▶ Was stellt Ihnen die Energie zur Verfügung, durch Ihren Tag zu kommen?
> ▶ Was tut Ihnen gut?
> ▶ Was erheitert Sie?
> ▶ Was tröstet Sie?
> ▶ Welche „Heilquellen" stehen Ihnen zur Verfügung?
> ▶ Wobei tanken Sie auf?

Wenn Sie sich in Ihrem Bekanntenkreis umgucken: Was machen Ihre erwachsenen Freunde, wenn sie sich was gönnen wollen oder ankündigen, dass sie eine kleine Auszeit brauchen? Beobachten Sie an einem normalen Arbeitstag, was Menschen in ihren Pausen tun, um Körper und Geist zu erfrischen oder zu sättigen: Kaffee, Zigaretten, Fastfood, Zuckerhaltiges oder Alkohol. Mit Begeisterung greifen viele zu „Zaubertränken", einige außerdem zu Zauberpulvern. Meiner Erfahrung nach wählen sie solche Techniken, weil sie kurzfristig funktionieren. Natürlich fühle ich mich

subjektiv wacher und ein wenig erholter, wenn ich von der Kaffee- plus Zigarettenpause komme. Natürlich fühle ich mich entspannter nach drei bis vier Gläsern Wein. Natürlich bin ich nach einem großen Cheeseburger satt. Da waren sie wieder, meine drei Probleme. Langfristig sind diese Mittel beim besten Willen einfach nicht gesundheitsförderlich.

Der modische Begriff „Doping fürs Gehirn" zeigt, dass eine beträchtliche Zahl von Menschen sogar zu Medikamenten greift, um ihre „Performance" zu verbessern: Wacher, fitter, konzentrierter, länger leistungsfähig möchten viele sein und helfen mit dem Griff in die Apothekenkiste nach, indem sie ihren Kindern das Ritalin[1] wegnaschen. Kreativer und intelligenter macht übrigens beides nicht, weder der Kaffee noch die Tablette.

Zaubertränke oder Heilquellen? Mit welchen Hilfsmitteln tanken Sie sich durch Ihr Leben? Neben den oben genannten Genussmitteln und Drogen gibt es noch eine Reihe weiterer Mittelchen, die man nicht in der Apotheke kaufen kann, deren Konsum aber unter Umständen zu neuen Problemen führen kann.

Willkommen zurück: Adrenalin

Manche Bücher legen uns nahe, dass es erstrebenswert sei, besonders proaktiv und motiviert zu sein (Covey, 1992; Höller, 1998, 2000; Jackman, 2008). Bei einem Joghurt ist relativ klar, was proaktiv bedeutet. Proaktiv heißt in unserem Kontext, dass wir auf die Dinge zugehen, anstatt zu warten, dass sie auf uns zukommen. In bestimmten Situationen kann das richtig sein. Es gibt aber erfahrungsgemäß Menschen, die fahren deutlich besser, wenn sie abwarten, was auf sie zukommt, und dann entscheiden, wie sie reagieren möchten. Ganz zu schweigen davon, dass es in gewissen Situationen geradezu unvernünftig ist, proaktiv zu sein. Eine Zeit lang war Reagieren statt Agieren geradezu verpönt. Die Autoren der oben genannten Bücher versuchen, eine Art künstlichen Manie-Zustand hervorzurufen. Dieser pseudo-manische Zustand fühlt sich zunächst einmal subjektiv gut an: Ich bin aktiv, ich unternehme viel, ich bin effektiv. Ich habe viele Termine, bin ständig unterwegs, ständig gefragt, ich bin wichtig. Ich erreiche auch das ein oder andere. Dennoch: Pseudo-Manie sollten wir immer mit

---

[1] Ritalin ist ein aphetaminähnliches Medikament, das derzeit von Kinderärzten zur Behandlung des Aufmerksamkeits-Defizit-Syndroms eingesetzt wird.

Vorsicht begegnen, weil ihr die Gefahr innewohnt, ein Adrenalin-Junkie zu werden. Im Übrigen treffen wir in diesen „manischen" Zuständen nicht immer die besten Entscheidungen. Manche Dinge müssen reifen und wachsen, die können wir nicht beschleunigen.

Was ist das Faszinierende am Büchermachen?

Die Langsamkeit. In einer Zeit, die sich sozusagen immer selbst überholt, ist das Büchermachen eine stoische langsame Angelegenheit geblieben. Der Blogger möchte sofort gelesen werden, der Journalist am nächsten Tag, Briefe per E-Mail kriegen ihre Antwort nach einer Minute und während ich vom Faxgerät in mein Zimmer gehe, ruft schon der Empfänger an, um Korrekturen durchzugeben. Das ist alles in vierzig Jahren passiert. Diese Beschleunigung ist unerhört. Nur ein Buch braucht seine Zeit, obwohl natürlich die Druckmaschine, auf der ich gelernt habe, jetzt im Museum steht.

Das Buchmachen als sedierender Akt?

Wenn Sie so wollen. Ein Manuskript wird gelesen, man überlegt sich einen passenden Umschlag, man formuliert Klappentexte, Rückseitetexte und möglicherweise eine Bauchbinde. Jeder Schritt ist eine präzise Angelegenheit. Das kann man nicht viel schneller machen, es geht einfach nicht. Vom Schreiben des Buches ganz zu schweigen. Diese substanzielle Langsamkeit gefällt mir, sozusagen als Bollwerk gegen das wahnsinnige Tempo um einen herum. Ein Buch ist das Ergebnis eines Wachstumsprozesses. Sie sehen, ich komme vom Land!

Zeit-Artikel vom 23. Dezember 2009, Michael Krüger, Verleger von Rushdi und Kundera

---

Wenn Phasen großer Aktivität ein paar Tage anhalten und anschließend im Wechsel stehen mit rekreativen Erholungsphasen, kann der Organismus sie gut verarbeiten. Anders sieht es aus, wenn diese Rekreationsphasen ausbleiben. Dann wird bei manch einem das Adrenalin zum Treibstoff.

Kommunikations-Junkies

Ständiges, stundenlanges Telefonieren, Chatten, Tratschen, Mailen, Simsen: Der Treibstoff besteht in dem Kontakt zu anderen, deren Aufmerksamkeit

und Zuwendung, vor allem aber im eigenen Kommunizieren. Wenn Ihr ganzes Leben ein Schrei nach dem Ohr der anderen ist und Sie nicht durch den Tag kommen, ohne in drei Medien zu kommunizieren, sind Sie vielleicht betroffen.

Gehässigkeit

Ein besonderer Treibstoff ist die Gehässigkeit. Schlicht gesagt werten wir uns selbst auf, indem wir andere abwerten oder uns an ihrem Leid „erfreuen". Missgunst bzw. Neid ist ein ganz erstaunlicher Motor, der bei erschreckend vielen Menschen Energien freisetzt und eigene Wünsche übertönt.

Angst

Angst zu versagen, zu verarmen, andere zu enttäuschen, allein zu sein oder verlassen zu werden, kann ein ganz eigener Treibstoff sein. Angst beeinflusst erfahrungsgemäß in zwei Richtungen: Sie blockiert oder sie treibt an. Wenn Ihr Haupttreibstoff Angst ist: Vorsicht! Angst ist ein schlechter Ratgeber.

Die Süße des Lebens

Eine Heilpraktikerin erzählte mir neulich, dass den Menschen, die im Übermaß Zucker konsumieren und die u. U. eine Altersdiabetes entwickeln, „die Süße des Lebens fehlt". Nähern wir uns dem Thema von dieser Seite:

> ► Was fehlt in meinem Leben?
> ► Was kommt zu kurz?
> ► Was vermisse ich?
> ► Was wünsche ich mir?
> ► Wonach sehne ich mich?
> ► Welcher „Ersatzstoff" dient mir, um diese Lücke zu füllen?

Nehmen Sie sich für diese Fragen mehr als einen Tag Zeit. Die Antwort wird wahrscheinlich nicht beim Ausfüllen eines Zettels einfallen. Lassen Sie sie in den nächsten Tagen auf sich zukommen. Wenn Sie die Antwort gefunden haben, überlegen Sie doch einmal:

▶ Welche Hilfsmittel bräuchte ich, welche Zuwendung würde mich unterstützen, um für meine Gewohnheit weniger „verführbar" zu sein?

▶ Wie müsste meine Lebensgestaltung idealerweise aussehen, um mich gestärkt zu fühlen, dem Alltag *ohne* mein bewährtes Zaubermittel entgegenzutreten?

9 Zimmer mit Aussicht

Spätfolgen vorhersehen

Jerry: Du willst meine Gage auf einen Hund setzen?

Joe: Ich hab den Tipp von einem Kellner, der den elektrischen Hasen bedient! Hier: Die Wetten stehen zehn zu eins. Morgen können wir all unsere Schulden bezahlen.

Jerry: Und wenn er aber nicht gewinnt?

Joe: Was du dir immer für Sorgen machst, wir haben doch diesen Job!

Jerry: Und wenn der Laden hochgeht?

Joe: Warum kommst du immer mit deinem albernen „Und wenn ...“, du Miesmacher. Und *wenn* du einen Schlaganfall kriegst, und *wenn* es einen Börsenkrach gibt, und *wenn* Mary Pickford sich von Douglas Fairbanks scheiden lässt, und *wenn* Al Capone General der Heilsarmee wäre, und *wenn* der Michigansee überläuft ...

Jerry: *(sieht, wie der Sheriff sich seine Marke ansteckt)* Joe, er ist übergelaufen.

aus: *Manche mögen's heiß*

Blick in die Glaskugel

Spätfolgen vorhersehen ist eine allseits beliebte Sportart – auch wenn es der Allgemeinheit nicht so bewusst ist. Wir versuchen zu ahnen, was auf uns zukommen wird. Wir sorgen uns um das eine und freuen uns auf das andere. Wenn wir etwas nicht tun, weil wir bereits vorhersehen, dass dieses Handeln eine Strafe nach sich zieht, so heißt das im verhaltenstherapeutischen Sprachduktus „Vorwegnahme unangenehmer Folgen“.

Das einfachste Beispiel ist das Kontrollieren einer Packung Eier im Supermarkt. Viele Menschen öffnen die Packung und betrachten die Eier. Warum? Weil sie kein zerbrochenes Ei kaufen wollen. Was ist so schlimm an einem zerbrochenen Ei? Es läuft aus, bekleckert alle anderen Einkäufe in der Tasche, die lässt sich schlecht reinigen und kann nicht mehr genutzt werden. Ich nehme also vorweg: Ein kaputtes Ei macht eine Menge Ärger.

Dieselben Menschen kontrollieren im Übrigen Geldscheine, die sie als Rückgeld erhalten, auf ihre Echtheit nicht. Warum nicht?

Zwei Aspekte spielen hier eine große Rolle: Zunächst ist die *Wahrscheinlichkeit,* ein kaputtes Ei einzukaufen, vermutlich viel größer als die, einen gefälschten Geldschein zu erhalten. Die meisten Menschen haben mehrere Erfahrungen mit kaputten Eiern und keine Erfahrungen mit „Blüten". Darüber hinaus halten sie den *vermuteten Schaden* viel kleiner. Objektiv ist das in Umlaufbringen eines gefälschten Geldscheines sogar unwissentlich eine Straftat. Subjektiv ist das Ei ekliger. Bei der Vorwegnahme unangenehmer Folgen spielt die vernünftige Herangehensweise mal wieder eine Nebenrolle.

Propheten unter sich

Freilich verhält es sich mit der realistischen Einschätzung der negativen Spätfolgen gar nicht so einfach. Vielleicht stellt sie für uns eine so große Herausforderung dar, weil dieses Einschätzen etwas von Hellsehen hat: Was wird wirklich passieren, wenn ich 15 Jahre rauche? Was wird passieren, wenn ich jetzt *aufhöre* zu rauchen? Es geht allerdings nicht immer nur um Gewohnheiten. Bisweilen versuchen wir noch viel komplexere Zusammenhänge zu prognostizieren. Wie bereits besprochen sind Spätfolgen nicht in ihrer Gänze vorhersehbar. Woher nehmen wir also unser „Wissen"?

Eine beliebte Methode ist das Verallgemeinern. Wir *generalisieren* beeindruckende Erfahrungen aus der Vergangenheit, einfach weil es so unwiderstehlich praktisch ist. Wer einmal vom Hund gebissen wurde, wer sich einmal im asiatischen Restaurant den Magen verdorben hat, überträgt gern die Erfahrung auf weitere chinesische Hunde. Wie komme ich auf den Hund? Weil auch diese Übertragung wieder ein Phänomen ist, das auf dem Rücken russischer Hunde wissenschaftlich belegt wurde. Fast möchte man generalisieren: Als russischer Hund hat man auch kein schönes Leben. Nicht nur, dass es in Russland meistens so kalt ist, dass man keinen Hund vor die Tür jagen sollte. Als Hund wird man durchaus auch ins All geschossen oder nonstop mit Glöckchen und Lämpchen belästigt.

Zeugenschutzprogramm

Das Phänomen „chinesisches Restaurant meiden" ist bekannt und nachvollziehbar. Zugegeben ist es genauso bekannt wie uninteressant. Viel

reizvoller ist es, sich andere Fälle von Generalisierungen anzugucken. Die Fälle nämlich, die wir auch täglich erleben, die aber viel unterhaltsamer sind:

> „Ich hatte zwei unglückliche Beziehungen. Meine Partnerinnen haben mich verlassen bzw. betrogen. Nie wieder lass ich mich mit Frauen ein!" (N=2)[1]

Hört sich unglaublich an? Wer macht denn so was? Welcher vernünftige Mensch würde nach zwei Erfahrungen auf 3 Mrd. potentielle Erfahrungen rückschließen? Lassen wir das „vernünftig" ruhig beiseite. Denn bei den Verallgemeinerungen von Erfahrungen der Vergangenheit spielt die Vernunft wie immer eine untergeordnete Rolle. Die wenigsten Menschen beauftragen einen Statistiker mit der Errechnung von tatsächlichen Wahrscheinlichkeiten. Wie gehen sie stattdessen vor?

Die erlebte „Bestrafung" wird bewertet:

▶ War sie schmerzlich? Sicher.
▶ Will man diese Erfahrung von Schmerz und Trauer wiederholen? Auf keinen Fall.
▶ Bedeutet sie automatisch, dass diese Folge immer wieder eintreten wird, wenn ich mich mit Frauen einlasse? Wahrscheinlich nicht.

Logisch betrachtet macht diese Verallgemeinerung keinen Sinn. Vor allem nicht, wenn man intellektuell ein wenig über einem russischen Laborhund steht oder älter als fünf Jahre ist. Unlogisch betrachtet ist diese Verallgemeinerung absolut sinnvoll. Wenn ich mich vor allen Frauen schütze, dann bin ich doch unverwundbar, oder? Ein Fünfjähriger, der einmal gebissen wurde und danach Angst vor Hunden hat, argumentiert schließlich ganz genauso: „Böser Hund!"

Es geht bei diesen Verallgemeinerungen nicht in erster Linie um Frauen. Es geht um den, der die Aussage macht: „Frauen sind alle gleich." Denn er weiß – vielleicht nicht im Wachbewusstsein –, dass eigentlich nur einer der Beteiligten gleich bleibt: er selbst. Es ist ungefähr so, als würde im Hinter-

---

[1] N bezeichnet in der Statistik die Zahl der Versuchspersonen, auf die sich die Erhebung bezieht.

kopf dieses Mannes jemand sitzen, der Informationen verarbeitet. Jede eingehende Erfahrung und Information wird betrachtet und sortiert. Dieser Informationsmanager könnte zu dem Schluss kommen:

„Es könnte doch sein, dass immer, wenn er mit einer Frau zusammen ist, ER die Beziehung zum Scheitern bringt. Was, wenn er die Ursache ist? Die Erkenntnis, dass er eine der Ursachen ist, tut aber weh. Ziemlich unangenehm. Hm, die lassen wir lieber hier unten in einer Schublade verschwinden. Wir sagen einfach, die Frauen sind schuld, und zwar alle. So ist sicher, dass er nicht noch mal gekränkt wird. Das hebt auch gleich unser Selbstbewusstsein! Wenn die nämlich schuld sind, können wir keine schlechten Kerle sein."

Diese Form von Verallgemeinerung entlastet und entspannt. Endlich wieder Zeit für die wichtigen Dinge im Leben! Wo war noch mal meine Playstation?

Von Fischen und Nüssen

Noch sonderbarer wird es bei der Vorwegnahme negativer Folgen, die ich auch als „Sorgenmachen" bezeichnen kann. Auch hier spielt das Vorsortieren und Verallgemeinern von Informationen eine große Rolle.

Ein Mann, der auf ein paar schlechte Erfahrungen mit Partnerinnen zurückblickt, wird vielleicht Partnerschaften meiden. Er wird aber keine Angst beim bloßen Anblick von Frauen oder in der Nähe von Frauen empfinden.

Nehmen wir zur Erklärung zunächst wieder ein simples Beispiel: Es gibt Menschen, die beim Baden im Meer große Angst vor Haien haben. Manchmal ist die Angst so groß, dass sie gar nicht erst baden gehen. Da wird eine Erfahrung, die andere Leute in einem Film gemacht haben, generalisiert und beeinflusst unser Verhalten. (Danke noch mal, Herr Spielberg). Vielleicht löst allein das Wissen die Angst aus, was ein Hai ist, wie er lebt, was er tut und wovon er sich ernährt. Möglicherweise spielt sein unsympathisches Aussehen auch eine Rolle. Ist diese Angst berechtigt? Im Jahr werden weltweit schätzungsweise zehn Menschen durch Haie getötet.

Dieselben Menschen, die den Horizont nach auftauchenden Flossen absuchen, schlendern oft ganz gemütlich am Strand entlang und erfreuen sich an den schönen Kokospalmen. Beim Anblick einer Kokosnuss am Baum reagieren sie weder mit Panik, noch unternehmen sie Ausweichversuche.

Und das, obwohl weltweit ca. 150 Menschen jedes Jahr durch herabfallende Kokosnüsse erschlagen werden. Wenn man also berechtigterweise bei seinem Urlaub vor irgendetwas Angst haben wollte, dann doch vor den Kokosnüssen. Nun ist die Kokosnuss als solche aber viel sympathischer und harmloser, wenn man sie aus der Nähe betrachtet. Sie schmeckt süß, man kann sie fröhlich mit Rauschmitteln füllen oder Weihnachtsdekorationen aus ihr basteln. Alles Kriterien, die auf den Hai als solchen nicht zutreffen.

Trotzdem: Im Kontext tropischer Strand ist die Kokosnuss die größere Bedrohung als der Hai. Die Wahrscheinlichkeit spielt für unser Gefühl, für unsere Sorge, also für die Vorwegnahme unangenehmer Folgen, hier keine Rolle.

Vier Sorten Beeren gegen 40 Fernsehsender

Was uns eigentlich schützen soll, mutiert in bestimmten Fällen zum Leichtsinn und zur mangelnden Vorsicht. Unsere Welt ist eben deutlich komplexer als vier Sorten Beeren und ein Säbelzahntiger. Es reicht nicht mehr, rote Beeren zu meiden und die richtigen Spuren lesen zu können, um zu überleben. Unsere größte Bedrohung in der Zivilisation ist ja auch nicht das Überleben in der Wildnis. Je höher, besser und sicherer unser Lebensstandard wird, desto mehr scheinen die Ängste zuzunehmen und die Schutzfunktion hat Anpassungsschwierigkeiten. Was ursprünglich sehr sinnvoll war, führt jetzt dazu, dass einige Menschen sich in den Weiten dieses Universums verlieren.

Es scheint mir, dass zwei Gruppen besonders unglücklich in diesem „System" gefangen sind:

Die eine ignoriert eine wahrscheinliche negative Spätfolge.

Die andere fokussiert sich auf eine mögliche, aber unwahrscheinliche negative Spätfolge. Man kann es aber natürlich auch kreativ kombinieren:

> Eine Ärztin für Inneres erzählte folgende Anekdote:
> Sie ging am Kiosk neben dem Krankenhaus vorbei und sah an einem Stehtisch zwei ihrer Patienten mit schwerer Leberzirrhose stehen, die gerade zu ihrer Zigarette einen „Verdauungsschnaps" tranken. Dabei schnappte sie folgenden Gesprächsfetzen auf:
> „… genauso eine Sauerei wie mit dem Rinderwahnsinn. Ich ess' sowieso kein Rindfleisch mehr. Die wollen uns doch alle umbringen mit dem Zeug!"

Es ist doch immer wieder schön, wenn die wahre Bedrohung von außen kommt, wir nichts daran ändern können und wir endlich einen guten Grund haben, unsere wirklich bedenklichen Gewohnheiten weiterhin praktizieren zu können. Warum ist dieses Verhalten so beliebt? Weil es sich gut anfühlt. Selbst Verantwortung zu übernehmen, ist anstrengend und mühselig. Es kostet Zeit und Kraft. Andere anzuklagen hat etwas so berauschend Aufbauendes, befreiend Selbstgerechtes, weil es uns aufwertet. Kurz: weil es belohnend ist.

Unsere Neigung, ungeprüft Informationen zu verallgemeinern und uns vor Spätfolgen zu ängstigen, die unrealistisch sind, findet eine wunderbare Ergänzung. Wir konstruieren Theorien, welche Aspekte zu welchen Folgen führen. Dementsprechend führen manche Menschen zu gern „magische" Handlungen aus, um eine „Bestrafung" abzuwenden.

Unvergessen bleibt die Frau aus einem Seminar, die voller Verzweiflung von ihrer Migräne berichtete:

„Ich würde alles tun, um meine Migräne loszuwerden, wirklich alles. Ich war auch schon drei Mal beim Astrologen und habe da über 200 Euro bezahlt, aber es hat alles noch nichts gebracht."

Stutzig geworden? Ich auch. Ich wäre nicht weniger stutzig gewesen, wenn sie gesagt hätte: „Ich habe schon drei Mal ein Marmeladenglas aus dem Fenster geworfen, und es hat nichts geholfen."

Ich muss gestehen, dass ich auch dazu neige überzugeneralisieren. Sobald jemand sagt: „Ich bin bereit, alles zu tun!", möchte ich ergänzen: „Alles, nur das nicht, was Sinn macht!" Erfahrungsgemäß tendieren solche Menschen dazu, bestimmte Vorschläge weit von sich zu weisen. Lieber werden rituelle Handlungen an unschuldigen Räucherstäbchen durchgeführt, als z. B. eine Psychotherapie zu beginnen. Aber auch das ist natürlich eine Verallgemeinerung. Meine Vorurteile sind allerdings nicht so interessant wie die hinter diesen Aussagen versteckte Theorie:

Etwas Mysteriöses führt dazu, dass ich Migräne bekomme.

In einer astrologischen Beratung habe ich versucht herauszufinden, was diese „Bestrafung" verursacht und dafür viel Geld bezahlt.

Dieser Zusammenhang ist vielleicht nicht unmöglich, jedoch hochgradig unwahrscheinlich und lässt darüber hinaus wenig Reaktionsspielraum, denn

ein Saturn-Transit ist ein Saturn-Transit. Selbst wenn die Astrologie mir ein erfreuliches Erklärungsmodell für meine Migräne liefert, so setzt sie vermutlich keine Heilung in Gang, sondern hält mich u. U. davon ab, mich mit anderen Lösungsmöglichkeiten zu befassen.

Irgendwer hat gesagt, die Definition von Verrücktheit sei: Immer wieder das Gleiche tun, aber ein anderes Ergebnis erwarten.

Verhalten X ⟶ **Folge** ⟶ **Spätfolge A erwarten**	
Verhalten X ⟶ **Folge** ⟶ **Spätfolge B erwarten**	
Verhalten X ⟶ **Folge** ⟶ **Spätfolge C erwarten**	

Gnadenlos immer wieder das Gleiche tun und sich wundern, dass immer wieder das gleiche Ergebnis erzielt wird.

Sie sind verwirrt? Ich auch. Es scheint also alles gar nicht so einfach zu sein, wenn wir versuchen, uns mit dem Thema Spätfolgen zu beschäftigen. Vor allem, wenn wir aktiv Spätfolgen nutzen wollen, um unser eigenes Verhalten zu beeinflussen.

> Überlegen Sie kurz:
> Was müsste jemand tun, der das gleiche Problem, die gleiche Gewohnheit hat wie Sie, um sich davon trennen zu können?

Diskussion über die Evolution

Vielleicht war Ihre Antwort auf diese Frage in Richtung: „Jemand, der so viel raucht wie ich, sollte sich einfach zusammenreißen und von heute auf morgen aufhören. Man braucht nur genügend Selbstdisziplin."

„Jemand, der solche finanziellen Schwierigkeiten hat wie ich, sollte mehr arbeiten und verdienen."

„Jemand, der so viel wiegt wie ich, sollte seine Ernährung umstellen auf Salat und Obst und alles Frittierte meiden."

Die Schwierigkeit besteht darin, dass wir einerseits Theorien zu unserem Problem bilden und andererseits gleichzeitig versuchen müssten, uns zu fragen, ob diese Theorien funktionieren. Die „böse" Frage lautet also: „Glauben Sie sich eigentlich wirklich alles selbst, was Sie so den ganzen Tag denken?"

„Wieso denn nicht? Selbstdisziplin, ein höheres Einkommen und Obst sind doch gute Ideen!" Vielleicht ja. Aber irgendwo scheint noch ein Haken zu sein.

> **Aus der Fernsehserie *Friends***
>
> *Ross ist Paläontologe und hat über Evolutionstheorien promoviert, Phoebe ist eine Masseuse, die sich primär für esoterischen Firlefanz begeistert. Eines Tages geraten die beiden Freunde in eine Grundsatzdiskussion über die Evolutionstheorie:*
>
> Ross   Was soll das heißen, du *glaubst* nicht an die Evolution?

Phoebe   Ich weiß auch nicht, aber irgendwie … Affen, Darwin … das ist ja eine ganz nette Geschichte, aber irgendwie ist das alles zu simpel.

Ross   Zu SIMPEL? Die Idee, dass jedes Lebewesen auf diesem Planeten sich über Millionen von Jahren aus einzelligen Organismen zu dem entwickelt hat, was es heute ist, ist dir zu simpel?

Phoebe   Also, das kauf ich niemandem ab.

Ross   Die Evolution ist nicht zum Abkaufen. Evolution ist ein wissenschaftlicher Fakt, wie, wie, wie die Luft, die wir atmen oder die Erdanziehung.

Phoebe   Jetzt komm mir nicht mit der Erdanziehung!

Ross   Du glaubst nicht an Erdanziehung?

Phoebe   Nicht, dass ich nicht dran glaube. Ich fühl mich in letzter Zeit irgendwie weniger von unten angezogen als von oben gedrückt.

(…)

Phoebe   Machen wir's doch einfach so: Du glaubst an etwas und ich nicht.

Ross   Nein, das können wir nicht so machen. (…)

Phoebe   Okay, Ross. Dann überleg doch mal einen Moment. Gab es da nicht eine Zeit, in der die Schlausten der Schlauen dachten, die Erde sei eine Scheibe? Und war's nicht bis vor 50 Jahren so, dass die Leute dachten, das Atom sei das kleinste Teilchen, das man nicht mehr teilen könne, und dann haben es sie geteilt und jede Menge Müll kam raus? Und jetzt willst du so überheblich sein und nicht zugeben, dass es vielleicht eine klitzekleine Möglichkeit gibt, dass du dich einfach irrst?

Pause

Ross   Es könnte eine klitzekleine Möglichkeit geben …

Bei all unseren Ideen und Theorien, die wir selbst über das Leben, über unser Verhalten und seine Spätfolgen haben: Welche stimmt? Welche hilft uns wirklich weiter? Brauchen wir überhaupt eine? Woher kommt unsere Theorie? Gibt es eine bessere?

All diese Fragen stellen wir uns im wirklichen Leben nicht. In der Tiefe unseres Herzens sind wir überzeugt, dass das, was wir so denken, 1:1 „der Wahrheit" entspricht. Stellen Sie sich auch den Stress vor, wenn Sie bei jedem Gedanken überlegen würden, ob er stimmt. Um Gottes willen! Das ist ein direkter Weg in eine geschlossene Anstalt. Der Abwasch bleibt übrigens auch dabei liegen.

Der passende Filter

Wir überprüfen also nicht jeden Gedanken auf seine Richtigkeit. Wir gehen der Einfachheit halber davon aus, dass unsere Gedanken sich auf die Realität beziehen und sie abbilden. Wenn jetzt noch jemand wüsste, was diese Realität eigentlich ist, dann wären wir alle fein raus.

Tatsächlich ist es so, dass wir das, was wir an Informationen aufnehmen, mit unseren Gedanken „filtern". „Der Pfarrer sieht nur Kirchen", sagt der Volksmund. Wer „in Erwartung" ist, sieht nur noch Schwangere, sage ich.

Noam Chomsky (1957) hat sich ziemlich ausführlich mit dem Thema beschäftigt und verkündet, dass wir unsere Wahrnehmung primär mit drei Methoden filtern: Wir generalisieren (schöne Grüße vom Textabschnitt weiter oben), wir tilgen und wir verzerren Informationen.

Tilgen bedeutet, dass wir bestimmte Informationen aus unserer Wahrnehmung direkt wieder rausschmeißen. Brauch ich nicht, weg damit.

Das *Verzerren* ist für unser Thema wesentlich interessanter. Verzerren bedeutet: Das, was wir wahrnehmen, wird durch unsere Erfahrungen, Überzeugungen, Wertvorstellungen und Metaprogramme[2] neu aufgekocht und sortiert.

Beispiel:

Junger Mann sagt am Strand zu seiner Freundin:
„Wow, toller Bikini!"
Sie antwortet:
„Ja, ich weiß, ich bin zu fett."

---

[2] Metaprogramme ist ein Begriff, der dem NLP (Neurolinguistisches Programmieren) entstammt und sich auf das Sortieren von Informationen nach bestimmten, individuell verschiedenen Mustern bezieht.

Das mit dem Denken ist so eine Sache. Manchmal produziert es uns Probleme, die keine sein müssen. Insofern bleibt die Frage:

> ► Was machen wir denn nun mit den Spätfolgen?
> ► Welche filtern wir aus?
> ► Welche sind reell?
> ► Welche sind wahrscheinlich?
> ► Welche sind absolut unwahrscheinlich?

Die Prozesse, in denen wir Informationen verarbeiten, haben den Nachteil, dass wir vielleicht Dinge übersehen oder falsch interpretieren. Sie haben allerdings den Vorteil, dass wir einige Gedanken steuern können. Denn wir sind unseren Gedanken nicht hilflos ausgeliefert. Damit beschäftigen wir uns später noch intensiver. Lehnen wir uns für einen Moment zurück und fragen uns, welche Theorien wir über unsere Gewohnheit haben:

> 1. Wie fand die Gewohnheit ihren Weg in mein Leben?
> 2. Wie war die Zeit VOR der Gewohnheit? Gab es eine? Was war gut? Was war weniger gut?
> 3. Wer ist eigentlich schuld?
> 4. Nicht: Man sollte oder ich müsste, sondern: Wie funktioniert die Gewohnheit eigentlich?

Marians magische Muster

In den 50er-Jahren des 20. Jahrhunderts gab es in den USA eine Sekte, die überraschenderweise den Weltuntergang zu einem genauen Zeitpunkt in naher Zukunft erwartete. Guru der Sekte war Marian Keech. Sie prophezeite: Alle Menschen werden von einer Flut ertränkt, nur die Sektenmitglieder würden von Außerirdischen gerettet werden. Die Flut kam nicht. Wie reagierten nun Marians Anhänger? Beschwerden? Klagen? Proteste? Nein, nichts von alledem. Ganz offensichtlich hatten wohl ihre Gebete geholfen, die Katastrophe abzuwenden. Nun fingen sie erst richtig an, alle „Nicht-Gläubigen" bekehren zu wollen.

Leon Festinger (1978) soll auf Basis dieser Geschichte seine Theorie der kognitiven Dissonanz entwickelt haben: Wenn die eigenen Einstellungen und die Erfahrungen der Wirklichkeit knallhart aufeinanderprallen, entsteht in uns ein massiver Konflikt. Um diese Dissonanz in meinem Denken wieder zu glätten, muss ich also entweder meine Gedanken revidieren oder versuchen die Meinung aller anderen Leute anzupassen, um so die Schmach der Realität auszugleichen.

Für unser Thema stellt kognitive Dissonanz sich folgendermaßen dar:

Es ist ein wenig so, als hätten wir in unserem Kopf drei verschiedene Gedanken, die wie Billardkugeln gegeneinanderschlagen. Nehmen wir ruhig die Themen Rauchen und Geld:

Gedanke 1: Ich will rauchen.
Gedanke 2: Ich will gesund sein.
Gedanke 3: Rauchen macht krank.

Gedanke 1: Ich möchte schuldenfrei sein.
Gedanke 2: Ich möchte mir alles kaufen, wozu ich Lust habe.
Gedanke 3: Monatliche Ausgaben über xxx Euro schaffen mir Schulden.

Bevor Sie weiterlesen, versuchen Sie bitte, die kognitive Dissonanz Ihres Themas zu formulieren:

Gedanke 1: _____
Gedanke 2: _____
Gedanke 3: _____

Wenn Sie Ihre Dissonanzsätze formuliert haben, überlegen Sie im nächsten Schritt, welchen der drei Sätze Sie einfach streichen können. Streichen heißt: im wirklich Leben auch die Streichung umsetzen. Das bedeutet: Die anderen beiden Sätze dürfen in Ihrem Leben weiter existieren und sich manifestieren, der dritte fliegt raus.

Zurück zu unserem Beispiel! Streichen wir Satz 1: „Hören wir doch einfach auf zu rauchen! Los doch!" Okay, ich sehe da ein gewisses Zögern.

Dann streichen wir den zweiten Satz: „Wozu gesund sein? Dann rauchen wir eben und nehmen billigend in Kauf, dass wir krank werden. Das ist es uns wert. Gesundheit ist nicht so wichtig."

Auch hier: Das werden wir nicht rausstreichen. Die Wahrheit ist: Wir wollen genau diese beiden miteinander unvereinbaren Sachen: Wir wollen rauchen, so viel es uns gefällt, und wir wollen gesund bleiben.

Bleibt also nur noch eine Lösung – wir streichen den dritten Satz: „Rauchen macht krank."

Wie das gehen soll? Den Satz kann man doch nicht einfach streichen! Jetzt wird es interessant: Wir alle haben nämlich jede Menge bewährter Techniken, diesen Satz, der uns alles verdirbt, rauszukeln. Wie wäre es mit: Fatalismus: „Wir müssen alle mal sterben." Oder Zynismus? „Es gibt nur einen Weg zur Lunge, und der muss geteert werden!"

Suchen wir doch nach Einzelfällen, die das Gegenteil beweisen: „Der Helmut Schmidt ist doch auch starker Raucher und ist sogar über neunzig geworden!"

Wir können eine coole Opferrolle einnehmen: „Der Staat macht Rauchen erst legal, das wird überall beworben und der verdient auch noch dran! Die wollen doch gar nicht, dass wir aufhören!"

Wir können die Quelle anzweifeln oder disqualifizieren, die diesen blöden dritten Satz produziert hat: „Ach, der Arzt hat doch keine Ahnung, der wiegt ja selber mindestens 30 Kilo zu viel und der will andern was über Gesundheit erzählen."

Die hohe Kunst besteht nun darin, dass wir jetzt und heute, vielleicht erstmalig, die drei Sätze nebeneinander stehen lassen, ohne in die Trickkiste zu greifen und einen verschwinden zu lassen.

Übung

Nehmen wir an, Sie könnten die unerwünschte Spätfolge einfach so loswerden. Von jetzt auf gleich. Ohne Aufwand, ohne Arbeit, einmal „Schnipp!" und Kleidergröße 34 ist da. Das Konto ist ausgeglichen. Die Zigaretten aus dem Leben verbannt. Der Keller aufgeräumt. Versetzen Sie sich für ein, zwei Momente in eine Art Wunschzustand:

> ▶ Wie sieht das aus?
> ▶ Wie fühle ich mich?
> ▶ Wie gefällt es mir?
> ▶ Was fällt mir auf?

> ▶ Wer bin ich, wenn plötzlich „alles in Ordnung" ist?
> ▶ Was würde sich im Anschluss an das erreichte Ziel noch verändern?
> ▶ Wie würde meine Umwelt auf mich reagieren?

Master of Desaster

Einige von Ihnen werden vielleicht mit erfülltem Lächeln dasitzen, wenn Sie sich den Zustand vorstellen. Andere haben Dackelfalten auf der Stirn.

Das kann an zwei Aspekten liegen: Für manche Menschen ist der *Prozess* etwas zu erreichen unverzichtbar. Es geht nicht unbedingt nur um den Zielzustand, es geht auch um die einzelnen Schritte dahin. Solange ich mein Ziel noch nicht erreicht habe, habe ich eine Aufgabe und eine Existenzberechtigung. Ich werde noch gebraucht. Ich bin noch nicht fertig.

Ein anderer Aspekt, den wir keinesfalls vernachlässigen dürfen, ist: Ich kenne die Spielregeln meines Desasters. Ich weiß, wie es funktioniert. Ich weiß, was mir in meinem Leben schon mal nicht gefällt. Ich weiß wenigstens, was ich *nicht* will. Ich weiß, was mich stresst. Ich kenne die Spielregeln meines Unglücks, auch wenn sie mir nicht gefallen. Wer weiß, was ich bekomme, wenn ich das Bekannte gegen das Unbekannte eintausche?

Nicht zu vergessen: Wir wissen meist, wer „schuld" ist. Das ist prima. Wenn das „Problem" weg ist, ist dann wirklich alles in Ordnung? Was ist, wenn ich plötzlich schlank und sportlich bin, aber immer noch keinen Partner finde? Wenn mein erträumter „Halo-Effekt" nicht eintritt?

Die Auseinandersetzung mit diesen Fragen ist nicht zu unterschätzen. Wenn einige Bestandteile meines erträumten Endzustandes für mich abschreckend oder enttäuschend sind – wozu dann der ganze Aufwand? Manchmal denken wir einen Gedanken nicht zu Ende. Und dann könnte da ein Ende mit Schrecken sein. Es mag auf den ersten Blick komisch klingen:

Wir verlieren vielleicht etwas Wertvolles, wenn wir eine Angst, ein Problem oder einen Konflikt loslassen.

Vorwegnahme unangenehmer Folgen

Ich weiß, dass wir hier an einem sensiblen Knackpunkt der Verhaltenstherapie sind. Viele Verhaltenstherapeuten (VTler) nutzen die Vorwegnahme

unangenehmer Folgen mit großer Begeisterung und freuen sich an ihr. Es ist die Intervention, der ich mit größtem Zweifel gegenüberstehe. Ich entsinne mich an eine Fortbildung vor ein paar Jahren. Da ich extrem experimentierfreudig bin und gern neue Techniken aus erster Hand lerne und am eigenen Leib erfahre, bot ich mich als Versuchskaninchen an. Ich befand mich in dieser Phase meines Lebens in einer Art Bewegungsboykott und dachte, ich müsste meine Sportlichkeit wiederfinden.

Im Rahmen der Intervention sammelte der Kollege sämtliche Befürchtungen, die in mir schlummerten, sollte ich diese Sportboykott-Phase *nicht* überwinden, um sie mich dann in einer Art Trancezustand genauesten visualisieren zu lassen: das massive Übergewicht, die Erkrankungen durch Bewegungsmangel, die Vereinsamung.

Der einzige positive Effekt, den diese Übung hatte, bestand darin, dass meine Kollegen, die als Teilnehmer der Fortbildung Zeugen des Experiments waren, mir Sportillustrierte mit halbnackten Männern zur Aufmunterung zukommen ließen.

Was meine sportlichen Aktivitäten angeht, muss ich hingegen sagen: Ich blieb genauso desinteressiert an Sport wie eh und je. Aber nach dieser Übung fühlte ich mich jedes Mal, wenn ich keinen Sport machte, deutlich schlechter. In mir tauchten immer, wenn ich wieder versagte, die Visualisierungen der möglichen negativen Spätfolgen auf. Früher hatte ich nur keinen Sport gemacht. Nach dem Experiment machte ich keinen Sport und fühlte mich schuldig.

Was hatte der Kollege versäumt? Er hatte weder die Stärke der positiven Verstärker (schwach) noch die subjektiv negativen Spätfolgen einer erreichten Sportlichkeit erfragt. Außerdem hatte er nicht nach den Lebenszusammenhängen gefragt: Zu diesem Zeitpunkt wäre eine weitere Veränderung oder Anstrengung für mich überfordernd gewesen. Er saß wie so viele dem Glaubenssatz auf, dass Sport in jedem Fall nur gut sein kann, und Sportlichkeit für jeden von uns erstrebenswert und positiv besetzt sein müsse. So etwas Feines KANN doch gar keine negativen Nebenwirkungen haben, oder?

Nun, deutlich später fand ich heraus, dass ich einerseits extreme Sportlichkeit mit Dummheit assoziierte, da einige meiner äußerst sportlichen Mitschüler nicht besonders intelligent waren, und dass ich andererseits solche Beispiele wie eine mit 50 unnatürlich durchtrainierte Madonna vor Augen hatte.

10 Umleitung oder: Wo es schon mal nicht langgeht

Nachdem wir jetzt wissen, dass die Spätfolgen nur eine mittelprächtige Hilfe darstellen und uns wahrscheinlich nicht weiterbringen, gehen wir doch mal anders an die Sache heran. Eine Belohnung verstärkt das Verhalten. Folglich müsste ohne Belohnung auch das Verhalten verschwinden?

Normalerweise ist das tatsächlich der Fall. Wenn die Belohnungen genauso regelmäßig, sofort und dem Individuum entsprechend bedeutsam wegfallen, wird das Verhalten erst seltener gezeigt und dann eingestellt. Der Fachausdruck dafür heißt „Löschen".

Das Problem ist nur, dass bei den meisten unserer Verhaltensweisen die Belohnung ins Verhalten eingebunden ist: Die Schokolade *schmeckt* lecker. Der Alkohol *wirkt* im Hirn. Ihre Belohnung besteht ja nicht darin, dass jemand Ihnen applaudiert, wenn Sie die Schokolade essen, oder dass Sie von Mutti fünf Euro in Ihr Spar-Schweinderl bekommen, wenn Sie eine rauchen. Bei vielen Gewohnheiten, die uns so richtig ans Herz gewachsen sind, ist die Belohnung inklusive. Wir selbst entscheiden über das Verhalten und darüber, ob wir uns die Belohnung zukommen lassen. Wir haben es an Seinfeld und die Kekse (Reisestation 6) studieren können. Genauso läuft es ab.

Gucken wir an einem Beispiel den Ablauf des sogenannten „Löschens" an:

Mrs. Pumphrey's Trickey Woo

Erinnern Sie sich an Mrs. Pumphrey? Sie war eine Figur aus den autobiographischen Erinnerungen des britischen Tierarztes James Herriot *Der Doktor und das liebe Vieh*. Eine ältere Dame aus Yorkshire, die ihren übergewichtigen Schoßhund Trickey Woo ständig mit Leckereien fütterte, bis er krank wurde und einen Tierarzt brauchte.

Sie entspricht dieser Variante der Hundebesitzer, die ihren Liebling füttern, bis der Bauch auf dem Boden hängt. Die meisten „normalen" Hundebesitzer haben den guten Vorsatz, dass Hundemahlzeiten gewissen Regeln folgen sollten. Dann naht der magische Moment: Eine duftende Mahlzeit, der Hund steht am Tisch und guckt mit herzzerreißendem Hundeblick. Ein Familienmitglied erkennt die Gelegenheit, übrige Essensreste loszuwerden und füttert. Der Hund lernt also: Wenn er bettelt, wird er erfolgreich sein.

Das Abgewöhnen müsste zu 100 % konsequent eingehalten werden: Von heute auf morgen wirklich NICHTS mehr bei Tisch dem Hund geben. Niemals. Das Betteln hält zunächst noch eine Weile an, wird dann seltener und schließlich endet es. In der Realität sieht es eher so aus: Irgendeiner am Tisch lässt sich nach ein paar Tagen erweichen und steckt dem Hund doch etwas zu. Und ein paar Tage später wieder.

Alles, was der Hund auf diese Weise lernt, ist: Wenn man *lange genug* bettelt, bekommt man irgendwann etwas. Also wird er seine Bemühungen intensivieren.

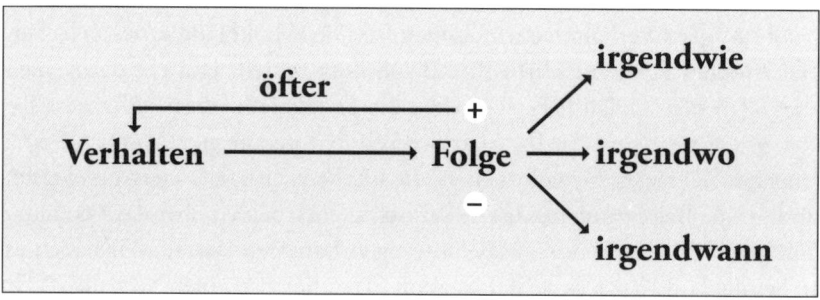

Das gleiche Prinzip funktioniert übrigens auch bei blonden Touristinnen und einheimischen Don Juans im Mittelmeerraum: Wenn man(n) nur genügend Blondinen plump genug anmacht, sagt irgendwann eine „Ja". Dieses Prinzip trägt – sowohl bei Laborratten, Hunden als auch bei Don Juans – den schönen Namen „intermittierende Verstärkung". Das Bedenkliche ist: Es festigt ein Verhalten besonders gut. Weil das Individuum nicht genau vorhersehen kann, welche Wiederholung des gewünschten Verhaltens verstärkt wird, zeigt es das Verhalten umso häufiger.

Auf unseren Hund bezogen hieße das: Je seltener er etwas bekommt, desto öfter bettelt er. Was bedeutet dieses Prinzip für uns?

Erstmal wenig, denn es funktioniert nur, wenn jemand *von außen* die Belohung steuert. Verhalten wird nur auf die traditionelle Weise „gelöscht", wenn die Belohnung konsequent gestrichen wird.

Unser Verhalten bietet die Belohnung in jedem Fall. Ich kann nicht Schokolade essen und die Wirkung auf meine Geschmacksnerven unterbinden. Auch die Wirkung von Alkohol im Gehirn hört nicht einfach auf – dafür müsste im Hirn die neuronale Basis entzogen werden.

Das Löschen können Sie demnach aktiv anwenden, wenn Sie für irgendwen oder irgendwas die Belohnungen kontrollieren können:
Ihr Kollege platzt ständig in Ihr Büro rein, erzählt Witze und stört Sie beim Arbeiten? Lachen Sie nicht mehr drüber. Er tratscht? Zeigen Sie Desinteresse.

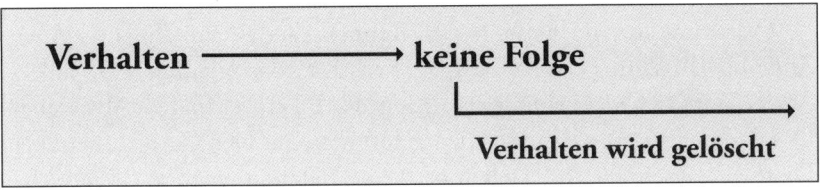

Für *Ihr* Verhalten gilt in der Regel: Die Belohnung folgt dem Verhalten garantiert. Sie selbst bestimmen, wann Sie es sich zufügen.

Ein Trickey Woo, der sowohl über eine Kreditkarte als auch über einen eigenen Kühlschrank verfügt und sich jederzeit seine Belohnungen selbst genehmigen kann, frisst sich dumm und dämlich. Das Löschen können wir für unsere Zwecke also nicht nutzen. Das macht aber nichts. Denn wahrscheinlich sind Menschen ohnehin ein wenig komplexer als ein verwöhnter, übergewichtiger Pekinese.

Von nichts kommt nichts

Was ist eigentlich mit Verhalten, das wir nicht ausüben? Wird das auch belohnt oder bestraft? Wenn wir etwas nicht tun, dann sollte doch alles im grünen Bereich sein, oder? Schön wär's.

Ihnen fallen sicher einige Dinge ein, die Sie tun sollten und die nicht getan werden: die 25 Liegestütze jeden Morgen nach dem Aufwachen. Fahrrad- statt Autofahren. Die Berichte schreiben, die Anrufe erledigen …

Den Dingen, die wir so gern unterlassen, ist eins gemeinsam: Sie haben eine negative Folge für uns wie unangenehme Gefühle, Anstrengung, Mühsal. Ein bestimmtes Verhalten scheint eine Bestrafung nach sich zu ziehen: Liegestütze? Anstrengung? Oma anrufen? Widersprechen? „Nein" sagen? Den unwirschen Vermieter auffordern, das Dach zu reparieren?

Dann doch lieber das Unangenehme einfach weglassen, nichts tun und die Bestrafung bleibt aus. Wann immer ein Handeln für uns mit leisem

oder nicht ganz so leisem Unbehagen zu tun hat, wird es gern vermieden, so es sich vermeiden lässt. Was ich verschieben kann auf morgen, muss ich heute nicht besorgen. Warum sollte ich mich einer auch noch so kleinen Unannehmlichkeit aussetzen, wenn ich nicht absolut muss? Wenn Mami nicht neben mir steht und Zeter und Mordio schreit, wieso sollte ich dann meine „Hausaufgaben" machen?

Es kommt aber noch viel besser. Kennen Sie das? Vor Ihnen liegt eine Aufgabe, die zum Davonlaufen ist. Ernsthaft davonlaufen wäre albern. Aber: Könnte ich nicht eine andere dringende Pflicht (er)finden? Abwaschen? Das Bad putzen? Das Fahrrad wieder flott machen? Den Garten umgraben? Diese „Ersatztätigkeiten" stellen oft keine Belohnungen dar. Wir suchen gezielt etwas, das auch ein wenig schlimm ist, aber lange nicht so schlimm wie das ganz Schlimme, was eigentlich erledigt werden müsste.

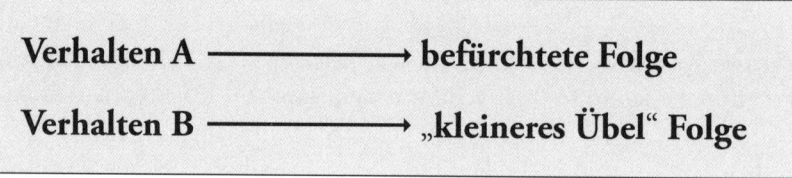

Ähnlich ist es mit unerfreulichen Mitteilungen oder Konflikten. Viele Menschen fürchten nichts mehr, als ihrem Gegenüber eine negative Mitteilung zu machen: „Ich will nicht mit dir nach Hamburg ziehen!", „Deine Familie finde ich unerträglich.", „Ihr Umgang mit Kunden ist unangemessen." Solche und ähnliche Sätze sind für den ein oder anderen nur schwierig bis gar nicht über die Lippen zu bringen. Sie nehmen lieber den x-ten Familienbesuch bei den ungeliebten Verwandten in Kauf, als ihr Ungemach zu bekunden.

Vielleicht liegt Ihre Gewohnheit eher im Vermeiden als im Handeln? Gehen Sie gewohnheitsmäßig Konflikten aus dem Weg? Weichen Sie systematisch bestimmten Alltagssituationen aus, in denen Sie sich massiv unwohl fühlen?

Welche Opfer nehmen Sie dafür in Kauf? Immer Treppen laufen statt Fahrstuhl fahren? Nie eine Zusammenarbeit eingehen mit schwierigen Kollegen?

Mich beeindruckt immer wieder, was Menschen alles auf sich nehmen, nur um etwas anderes zu vermeiden. Vielleicht sind viele große Taten le-

diglich vollbracht worden, weil es andere noch unangenehmere Sachen gab. Normalerweise erfährt man darüber nichts. Stellen Sie sich vor, Mutter Teresa hätte irgendwann von sich gegeben: „Ich bin in den Orden gegangen, weil der Mann, den ich eigentlich heiraten sollte, so unerträglich war, dass ich dachte: Alles ist besser als der!"[1]

Die Schwierigkeit ist: Wir geben uns nicht die Gelegenheit, positive Erfahrungen zu machen, wenn wir etwas systematisch meiden. Irgendwann setzt sich der Glaube fest, dass ein bestimmtes Verhalten „gefährlich", bedrohlich oder schmerzlich ist. Aber wie gesagt: Hier handelt sich um eine Glaubensfrage. Und nicht um Wissen, das auf Erfahrung basiert. Jetzt bietet sich eine Chance für großes Kopf-Kino: Das Verhalten, das wir vermeiden, wird besonders, wenn wir es lange nicht mehr ausprobiert haben, zu einem immer größeren Problem. Es bekommt eine Art Eigenleben, wie ein schwarzer Schatten, der über uns schwebt.

An typischen Vermeiderchen hängt häufig ein „Ich sollte":

Ich *sollte* meine Steuererklärung machen. Ich *sollte* den Bericht für meine Firma schreiben. Ich *sollte* bei Frau L. anrufen. Erinnern Sie sich an die nicht gemolkenen Kühe aus Kapitel 5? Je länger die „Ich-sollte"-Liste ist, desto mehr drückt sie auf unser Gemüt. Wenn Sie es noch nicht getan haben, so wäre jetzt die Gelegenheit, die Tabelle *Dringlichkeitsmessung* (auch in Kapitel 5) auszufüllen. Ausfüllen und überprüfen: Wie viel Perfektionismus steckt in ihr? Wie hoch sind Ihre Erwartungen an das, was Sie leisten müssten? David Burns (1990) weist darauf hin, dass dieses „sollte" an sich bereits rebellische Gedanken provozieren kann: „Ich sollte, und darum mache ich es erst recht nicht!" Gleichen Sie doch bitte Ihre „Ich-sollte"-Liste einmal mit der Realität ab:

Wenn die Dinge, die Sie tatsächlich täglich bewältigen, eine beträchtliche Liste ergeben, dann ist jeder weitere Punkt vielleicht eine Zumutung. Wer neben der Selbständigkeit seinen dementen Vater pflegt, Haus und Garten zu versorgen hat und selbst eine gesundheitliche Einschränkung hinnehmen muss, der hat vielleicht einfach nicht mehr die Kraft, sich mit anderen Themen auseinanderzusetzen.

Wenn die Liste überschaubar ist, Energie genug da wäre und Sie dennoch einige Dinge meiden wie der Teufel das Weihwasser, dann gilt es, in kleinen Schritten die Erfahrung zu machen, dass zum einen die Bestrafung lange

[1] Tatsächlich soll sie eines Tages entdeckt haben, dass sie einen „Hitler im Herzen trage". Wer weiß, ob nicht ein ähnliches Prinzip wirksam war?

nicht so groß ist wie befürchtet und zum anderen es eine immense Belohnung sein kann, dieses „Vermeiderchen" zu bewältigen.

11 (Wied)-Erholung

Wie heißt es im Deutschen so schön? „Vorsicht ist die Mutter der Porzellankiste." Im Englischen hingegen gibt es die für unser Thema viel schönere Redewendung: *"Repetition is the mother of skill."* Wiederholung ist die Mutter einer Fähigkeit.

Der Gedanke, dass eine Fähigkeit eine Mutter hat, erheitert mich. Er beschreibt sehr poetisch, dass eine Fähigkeit sowohl eines Zeugungsprozesses als auch einer Zeit der Reifung und des Wachstums bedarf.

Viele Menschen sind von einem solchen High-Speed-Perfektionismus befallen, dass sie vergessen, wie viel Zeit manche Entwicklung braucht. Es scheint, sie haben die Fantasie: „Ich entscheide mich heute zu einer Veränderung und schwuppdiwupp! ist sie da. Sonst knallt's nämlich." Nicht umsonst haben bestimmte Verfahren, die genau das suggerieren, oft beträchtlichen Erfolg. Angefangen von der plastischen Chirurgie, dem Fettabsaugen bis hin zum ersehnten Lottogewinn versprechen wir uns von solchen Dingen eine schnelle Wirkung mit möglichst wenig Eigenaufwand.

Um bei der mütterlichen Zeugungsmetapher zu bleiben, hieße das übersetzt: Eine Fähigkeit kann man sich auch durch In-vitro-Fertilisation kombiniert mit einem Schnellbrüter zulegen. Ich durfte inzwischen sowohl Menschen kennenlernen, die nach dem Fettabsaugen genauso schön wieder zunahmen, als auch solche, die ihre frisch gewonnene Million in einer Nacht am Spieltisch wieder verloren haben. Wenn man nicht grundsätzlich etwas umstellt, sind Veränderungen oft nur von kurzer Dauer.

Solche „Ratz-Fatz-Methoden" sprechen besonders Menschen an, die glauben, alles gleich schaffen zu müssen, keinen Fehler machen, sich keine Blöße geben zu dürfen. Menschen, denen häufig die Geduld und die Freude am Scheitern fehlen. Die braucht es aber. Freude am Scheitern ist im deutschen Kulturkreis ohnehin nicht so weit verbreitet. Gibt es das überhaupt? Die Freude daran, etwas gnadenlos in den Sand gesetzt zu haben? Nein, wahrscheinlich nicht. Scheitern wird als Bestrafung empfunden. Der Ausdruck „Freude am Scheitern" ist als ein „augeo ut explicem"[1] gemeint. Was es durchaus gibt, ist, seinen Frieden damit zu machen, dass Scheitern, Versagen und Misslingen zu einem Lern- und Entwicklungsprozess dazugehören. Wir übersehen in den Momenten, da wir von uns Perfektion erwarten, dass selbst sehr erfolgreiche Menschen immer wieder erfolglose

---

[1] „augeo ut explicem" ist Latein und bedeutet: „Ich übertreibe, um zu verdeutlichen."

Phasen in ihrer Karriere erleben. Der Sänger Marius Müller-Westernhagen sagte einmal in einem Interview:

> „In vierzig Jahren Karriere kannst du nicht immer nur auf dem Gipfel stehen und winken. Solche Phasen hat jeder Künstler, der lange da ist. Selbst Lennon und Dylan sind durch solche Täler gegangen. Die einzige Ausnahme ist Beckenbauer, wenn man Fußball als Kunst versteht."[2]

Auch in den Reihen der Psychologen, Coaches und Trainer finde ich bei einigen Kollegen eine Art Machbarkeitswahn: „Mit der richtigen Methode kriegt man alles weg!", „Der sollte mal eine Analyse machen." Im Prinzip schlummert dahinter die unausgesprochene Frage: „Das ist doch verrückt, warum hört der nicht endlich auf damit?" Als sei ein Problem oder eine problematische Struktur so etwas wie eine Warze, die man beim Hautarzt entfernen lässt.

Unser Erklärungsmodell zeigt ganz gut, dass vieles langwierig und mühevoll gelernt wurde und einiges davon leider ebenso viel Aufwand benötigt, wenn man umlernen will.

Erdbeben wirken

Woher kommt der Wunsch, Selbstveränderung möge schnell gehen? Weil es relativ schnell gehen kann, ein schweres Problem zu erzeugen. Man muss gar nicht jahrelang immer wieder schlimme Erfahrungen machen. Wenn eine Bestrafung besonders dramatisch oder radikal war – und vielleicht sogar nicht nachvollziehbar auf ein bestimmtes Verhalten hin –, dann kann eine Traumatisierung entstehen: das Erleben einer Naturkatastrophe, eines schweren Unfalls, eines Gewaltverbrechens o. Ä.

Was Therapeuten immer wieder beschäftigt, ist die Frage, wie lange es dauert, um genau diese Traumatisierung wieder aufzuheben. Einige Kollegen geben dem Jahre Zeit, mit hochfrequenten Arbeitssitzungen – andere behaupten, man müsste eigentlich genauso schnell ent-traumatisieren wie traumatisieren können; es sei schließlich unlogisch, dass das eine länger dauere als das andere.

---

[2] Tagesspiegel vom 19. Oktober 2009

Die Wahrheit könnte sein, dass sowohl das eine wie das andere zutrifft. Für uns ist nur interessant, wie viel Zeit *Sie* sich nehmen sollten. Es kann sein, dass Sie schlagartig durch eine Erkenntnis oder Begegnung das Interesse an Ihrer Gewohnheit verlieren. Es kann sein, dass Sie eines Morgens aufwachen und „geheilt sind". Es kann ebenso sein, dass Sie durch eine Phase des Experimentierens und Übens gehen.

Rein theoretisch können wir natürlich, wenn wir denn endlich den Auslöser dingfest gemacht haben, versuchen, das bisherige Verhalten inklusive Belohnung durch ein anderes, ebenbürtiges zu ersetzen: Immer wenn ich müde bin, ruhe ich mich kurz aus, anstatt etwas Süßes zu essen.

Das ist allerdings wirklich, wirklich eine große Herausforderung. Um nicht in der klassischen Suchtverlagerung zu landen („Seitdem ich nicht mehr trinke, geht es mir viel, viel besser. Ich nehme jetzt Tabletten."), erfordert es jedoch einiges, den idealen Ersatz zu finden, der mir nicht wieder einen Haufen von neuen Problemen beschert. Ich möchte an dieser Stelle nichts gegen Heroinabhängige sagen, die zu Endorphin-Junkies werden und ihr Leben dem Marathonlauf widmen. So ziemlich alles ist besser, als sich mit Drogen vollzupumpen, ohne Zweifel. Im Idealfall ermöglicht ihnen der Ersatz, ihr Leben weiterzuführen, ohne ihn zum Lebensmittelpunkt zu machen.

Im Normalfall wird die neue Belohnung oder das neue Verhalten nicht einfach von heute auf morgen austauschbar sein. Es wird eine Art Übungsphase geben. Denn das Entwickeln neuer Fähigkeiten benötigt eine Übungs- und Wachstumsphase, um die Zigaretten durch Knabbergemüse zu ersetzen. Auf Deutsch: Zeit und Wiederholungen.

Die Perfektionisten unter Ihnen werden jetzt unzufrieden sein. Viele Perfektionisten lieben Geschichten von Hochbegabung: „Es fiel ihm in den Schoß.", „Über Nacht konnte sie lesen.", „Mozart komponierte im Alter von fünf bereits sein erstes Disney-Musical."

Eine vollkommene Begabung, die einem einfach geschenkt wird, hört sich das nicht gut an? Die Realität sieht meist so aus, dass man viele Dinge erschreckend lange üben muss. Das gilt nicht nur für Fertigkeiten wie Klavierspielen, Kartenmischen und Koreanisch-Lernen. Es gilt auch und insbesondere für die Änderung von Gewohnheiten und Verhaltensweisen. Die Sache hat natürlich einen Haken, dessen Größe erstmal nur Sie selbst bestimmen können:

In der Übungsphase erfreut man sich und andere durch bewundernswerte Inkompetenz. Sich inkompetent zu fühlen, wird wiederum vom einen oder

anderen als erhebliche Bestrafung erlebt. An dieser Stelle kennen Sie sich selbst am besten. Sie wissen aus lebenslanger Erfahrung, wie experimentierfreudig Sie sind. Wie leicht Sie es ertragen können, keine gute Figur zu machen.

Ball oder Keule

Sie meinen, eine Erklärung sei ausreichend? Die *Erklärung*, warum ein bestimmtes Verhalten nicht gern gesehen ist, ist übrigens nicht nur bei kleinen Kindern optional. Kann man machen, spielt aber zunächst für das Lernen des Verhaltens keine Rolle.

Stellen Sie sich einfach vor, Sie sind motorisch mittelmäßig begabt und versuchen, Jonglieren zu lernen. Sie haben sich das Prinzip des Jonglierens ein Mal erklären lassen, schnappen sich sieben brennende Keulen und legen in Ihrem Wohnzimmer los.

„Nein, halt!", werden Sie jetzt denken, „sieben brennende Keulen, das macht doch kein vernünftiger Mensch! Wenn man anfängt, dann doch wohl eher mit drei kleinen weichen Bällen. Oder am besten mit zweien." Ein berechtigter Einwand. Sinnvoller ist es also, die Erklärung mehrmals anzuhören und zwischendurch fleißig immer wieder mit harmlosen Gegenständen die Bewegungsabläufe zu üben.

An dieser Stelle sei kurz die Frage gestattet, wie oft Sie selbst schon versucht haben, in einer ähnlich extremen Hauruck-Aktion eine Gewohnheit neu anzulegen: Seit zehn Jahren nicht mehr bewegt, und schwups, heute gleich zwei Stunden Joggen angesetzt? Jahrelang Kettenrauchen, und hui, von jetzt auf gleich die Zigaretten weglassen? Heilfasten von heute auf morgen bei einem BMI von 32?

Wie wahrscheinlich ist es, dass so etwas funktioniert? Unwahrscheinlich. Es sei denn, Sie haben – wie wir weiter unten sehen werden – einen dringlichen Grund, Ihr Verhalten zu ändern. Ein dringlicher Grund wäre eine Strafe, die so massiv ist, dass Sie bereit sind, „alles" in Kauf zu nehmen, um der Strafe zu entkommen.

Das macht auch verständlich, warum klassische Diäten so oft erfolglos sind: Für 14 Tage eine radikale Verhaltensänderung durchzuführen, kann durchaus klappen. Dauerhaft, langfristig, 365 Tage im Jahr bleibt die alte Gewohnheit stärker. Dieses „total anders" wurde ja nicht langfristig und kontinuierlich eingeübt. Wenn die Diät zu Ende geht und der Alltag wie-

derkommt, kehren mit ihm all die alten, ungesunden Gewohnheiten sehr schnell zurück. Das nennt man dann euphemistisch Jojo-Effekt.

Ich hab' dir schon 100-mal gesagt …!

Wie oft haben Sie von Eltern – vielleicht sogar von Ihren eigenen – den Satz gehört: „Ich hab' dir doch schon 100-mal gesagt, …". Wenn das Verhalten immer noch gezeigt wird, kann es sein, dass die Strafe bzw. die Belohnung für das richtige Verhalten nicht oft genug wiederholt wurde. Ich glaube, viele Menschen vergessen, wie oft man eine Belohnung oder Bestrafung

wirklich wiederholen muss, bis etwas gelernt wurde. Gehen Sie immer von einer Zahl aus, die in etwa zehnmal größer ist, als es Ihnen gefällt.

Erinnern Sie sich an das Kleinkind in seinem Hochstuhl mit dem Saft? Es reicht nicht, einem Kind ein Mal zu verbieten, den Apfelsaft auf den Teppich zu kippen. Die „Bestrafung" muss regelmäßig wiederholt werden – und häufig. Immer wieder, so lange, bis es das neue Verhalten gelernt hat.

> Hier nochmals für all jene, die wie mein großer Bruder auf den Begriff „Bestrafung" in Zusammenhang mit Kindern sensibel reagieren: Bestrafen heißt *nicht* schwarze Pädagogik oder Folter. Den Becher kommentarlos wegzunehmen, wäre aus Sicht des Kindes bereits eine Strafe. NICHT zu lächeln und deutlich „Nein" zu sagen, ist eine negative Sanktion, auf Deutsch: Strafe. Betrachten Sie die Reaktion Ihres Kleinkindes: Wenn es Missmut oder Enttäuschung äußert, fühlt es sich „bestraft". Wenn es sich freut, wurde es in unserer Terminologie „belohnt". Idealerweise erzieht man, indem man das erwünschte Verhalten konsequent belohnt, also lobt, streichelt, lächelt, applaudiert.

Je öfter wir etwas wiederholen, desto besser ist es in unserem Gehirn verankert. Es spielt eine ganz entscheidende Rolle im Lernprozess unseres Verhaltens, wie regelmäßig die Folge auftritt. Nehmen wir wieder ein „motorisches" Beispiel:

> Stellen Sie sich vor, Sie sind ein Mann und Sie besuchen einen Tanzkurs. Für orientalischen Tanz. Neben vielen anderen Fähigkeiten muss die Muskulatur ein ziemliches Maß an Kräftigung und an Dehnung erfahren, um die Bewegungsabläufe geschmeidig ausführen zu können. Nicht zuletzt müssen Sie sich als Mann überwinden, weiblich aussehen zu wollen.

Auf die Schnelle geschätzt, wie oft muss der Vorgang geübt werden? Ich denke, man kann ca. 1.500- bis 2.000-mal als realistisch einschätzen. 1.500-mal regelmäßige Belohnung, regelmäßiges: „Ja, jetzt fühlt es sich richtig an, jetzt sieht es aus wie Tanz." Die Belohnung wird nicht in der ersten Tanzstunde kommen. Sie werden die Bewegungen Dutzende Mal durchführen und sich bestraft fühlen: Sieht es nicht aus, als ob Sie eine grobmo-

torische Störung hätten? Lächelt die Lehrerin gequält? Fühlen Sie sich inkompetent?

All diese Beispiele zeigen, dass man einige Dinge nahezu unerträglich oft wiederholen muss, bis man sie verinnerlicht und gelernt hat. Einmal erklären reicht eben nicht. Sie zeigen aber auch, dass das gepflegte Scheitern dazugehört, damit man begreift, wie man etwas nicht tut.

Warum beschäftigen wir uns an diesem Punkt mit bauchtanzenden Männern? Um uns klarzumachen: Wenn wir anfangen, unsere übliche Belohnung durch eine „harmlosere" zu ersetzen, müssen wir uns Zeit geben. Viel Zeit. Wir müssen die Phase der Inkompetenz und des Nichtgelingens einfach aushalten, ohne in unserer Eitelkeit gekränkt zu sein. Ohne übertriebene Erwartungen an uns zu haben, was die Dauer der Veränderungsphase angeht.

Die gute Nachricht ist: Eine Gewohnheit zu ändern, ist viel leichter, als eine neue Sportart zu lernen. Aber es geht selten von heute auf morgen. Wir müssen geduldig mit uns sein und eine Phase der Umstellung erdulden. Ebenso wichtig ist die langsame Steigerung, die bei diesen Lernstadien eintritt. Es dauert, aber es wird auch kontinuierlich besser.

Das erfordert eine hohe Frustrationstoleranz: Immer wieder ertragen, dass man sich „zum Depp macht", dass etwas nicht funktioniert, dass man noch einmal von vorne beginnen muss. Beneidenswerterweise haben Kleinkinder, die Laufen üben, eine viel größere Frustrationstoleranz als die meisten Erwachsenen, die etwas Neues lernen.

Ab einem bestimmten Punkt tritt zur Erleichterung aller Umlernwilliger ein praktischer Effekt ein: Wir generalisieren. Wenn wir schon Schwedisch gelernt haben, dann können wir bestimmte grammatikalische Strukturen aufs Dänische übertragen. Wenn wir überhaupt Grammatik gelernt und verstanden haben, dann übertragen wir auch hier unser Wissen und unsere Erfahrung in andere Bereiche. Gerade viele motorische Leistungen lassen sich übertragen. Das obengenannte Bauchtanzbeispiel wird für einen Meister der asiatischem Kampfkunst Silat kein größeres Problem darstellen.

Wenn ich gelernt habe, nach den Mahlzeiten einen leckeren Tee zu trinken, anstatt Süßes zu essen, werde ich auch bei anderen Gelegenheiten leichter nach „Ersatz" gucken.

Ich weiß, dass in vielen Ratgebern radikale Schritte empfohlen werden und dass man immer wieder auf Menschen trifft, die behaupten, von heute auf morgen „einfach so" eine Gewohnheit geändert zu haben. Erfahrungsgemäß *stellen manche Menschen sich gern so dar*, als ob sie wie Superman aus

reiner Willenskraft plötzlich eine Gewohnheit geändert hätten. Gern hört man von ihnen auch solche Sätze wie: „Das ist wirklich nur eine Kopfsache!" Vielleicht war es so, und es sei all diesen Menschen von Herzen gegönnt. Wenn Sie allerdings zu den Glücklichen gehören, die über Nacht erleuchtet ohne jeden Anlass Ihr Verhalten komplett umstellen können, würden Sie vermutlich nicht dieses Buch lesen.

Ich halte diese radikale Schalterdrehung für eher unwahrscheinlich. Es sei denn, es kamen – außer dem plötzlichen Entschluss – noch weitere Aspekte dazu: Der Raucher hat z. B. plötzlich erfahren, dass er gewisse Folgeerkrankungen hat. Er hat plötzlich eine Partnerin, die das Rauchen nicht toleriert. Die Raucherin hat einen kostspieligen, kosmetischen Eingriff zum Geburtstag geschenkt bekommen, mit der Bedingung, dass sie das Rauchen sein lässt. Sie war schon lange genervt von ihrem Verhalten und erlebte es zunehmend als Bestrafung.

Wenn man detailliert nachfragt, stellt man fest: Es gibt keinen, der wirklich aus reinem Entschluss, weil er moralisch so ein hochentwickeltes Wesen ist, eine jahrelang bestehende Gewohnheit aufgeben konnte. Meist ist dem ein längerer Prozess, eine in Aussicht gestellte Belohnung oder eine Art Leidensgeschichte vorausgegangen. Typisch ist ein klassisches Schockerlebnis wie das eines Freundes:

> Jahrelang habe ich eigentlich nur gefressen und regelmäßig zugenommen. Das ging so, bis ich fast 40 war. Dann kam das Klassentreffen: 20 Jahre Abitur. Ich war mit Abstand der dickste von allen. Einige waren auch nicht mehr so schlank wie damals, aber so fett wie ich war keiner. Auch meine alten Fußballkumpels: kleiner Bierbauch hier und da, aber eher mollig als fett. Wie die mich angeguckt haben! Irgendwie habe ich da zum ersten Mal begriffen, wie ich aussehe. 14 Tage lang lief ich wie unter Schock durch die Gegend. Dann habe ich mich im Sportstudio angemeldet. Im ersten Jahr habe ich rund zwanzig Kilo abgenommen. Im zweiten Jahr „nur noch" zehn. Aber das ist okay, die Richtung stimmt.

Wenn Sie keine solche Strafe als Motivationshintergrund haben, dann kommen Sie um eine Übungsphase vermutlich nicht herum.

„Aber wir sind doch entwickelte Menschen! Die Erklärung muss doch reichen!" Die Erklärung ist einer der Klassiker, die wir gern anderen „über-

helfen", wenn sie sich ändern sollen, und auf die wir selbst so bewundernswert resistent reagieren.

Für die Beziehungen zwischen Menschen – also zwischen Eltern und Kindern, zwischen Angestellten und Vorgesetzten oder zwischen Liebespartnern – kann es sinnvoll sein, zur Belohnung oder Bestrafung eine Erklärung anzubieten: „Ich möchte nicht, dass du mit Saft panschst, weil wir ihn dann nicht mehr trinken können …". Die Erklärung allein wird jedoch häufig nicht ausreichen, um das Verhalten zu ändern. Vor allem Erklärungen, die Sie sich selbst geben, sind mit Vorsicht zu genießen: „Verzichte auf die Sahnetorte, Zucker und Fett verstopfen die Arterien und können zum Herzinfarkt führen.", „Alkohol ist ein Zellgift, damit desinfizieren andere einen Klodeckel, das sollte man nicht trinken."

… und schon gar keine "sex machine"

Dieser Aspekt ist besonders zu beachten, wenn es um die Konsequenz unseres neuen Verhaltens geht. Natürlich wäre es ganz hervorragend, wenn Sie zunächst konsequent und dauerhaft ständig das neue Verhalten einübten. Es ist allerdings unwahrscheinlich, dass Ihnen das nonstop und perfekt gelingen wird. Es sei denn, Sie sind eine Maschine. Bitte prüfen Sie an dieser Stelle, ob Sie eine Maschine sind, oder fragen Sie jemanden, dem Sie vertrauen können. Wenn Sie keine Maschine sind, dann machen Sie sich darauf gefasst, dass die Umgewöhnung an manchen Tagen besser klappen wird als an anderen.

Es spielt eine entscheidende Rolle, wie Sie in dieser Phase mit sich selbst umgehen: Wenn Sie sich dauernd beschimpfen und sich Vorwürfe machen, werfen Sie einfach dieses Buch in die Ecke und melden sich bei den US-Marines an. Denken Sie daran, Schimpfen ist Strafe. Strafe wird vermieden und bringt uns keinen Zentimeter weiter. Die US-Marines und die britische SAS sehen das fundamental anders als ich. Armee und Bestrafen liegen thematisch als Begriffe ziemlich dicht beieinander. Wenn Sie sich nicht zu einer Killermaschine entwickeln wollen, dann sollte Selbstbeschimpfung nicht die Methode Ihrer Wahl sein.

Früher oder später kann der Moment des Rückfalls kommen. Es geschieht der Moment des „Ausrutschers", in dem Sie auf Ihr altes Verhalten zurückgreifen. Das ist nicht weiter schlimm, das ist völlig normal. Wenn er ausbleibt – schön für Sie. Wenn er passiert: kein Drama.

Hier gabelt sich der Weg bedauerlicherweise in zwei Richtungen: Sehr viele Menschen werfen enttäuscht das Handtuch, wenn sie feststellen, dass sie die guten und hehren Vorsätze nicht nonstop einhalten können. Selbstredend passiert das besonders gern bei radikalen und überfordernd großen Schritten der Änderung. Aus der fettreichen Ernährung des stark Übergewichtigen von heute auf morgen alle Fette und alle süßen Sachen gegen zwei Diätshakes und drei Knäckebrote einzutauschen – da lauert der Rückfall in der nächsten Eisdiele um die Ecke. Aber auch die mit den kleinen Schritten weichen manchmal vom Weg ab und bemerken dann schuldbewusst, dass sie ein Riesenstück Schokotorte verdrückt haben. Behalten Sie im Kopf, dass Sie für die Umstellung Zeit einplanen müssen. Zeit, in der Sie sich an manchen Tagen schneller nach vorn bewegen, an anderen Tagen dagegen wieder einen Schritt zurückmachen.

Was ist die wesentliche Erkenntnis zum Thema Wiederholung? Dass jemand, der sich etwas abgewöhnen bzw. etwas anders angewöhnen muss, unter Umständen viele Wiederholungen einplanen sollte.

Vielleicht sind sie nicht nötig, vielleicht geht auch alles ganz anders. Vorbeugend sollten wir uns auf eine Übungsphase- oder Übergangsphase von mindestens vier Monaten einstellen. An dieser Stelle sei schon einmal festgehalten: Geben Sie sich Zeit und seien Sie geduldig mit sich selbst!

12 Individualtourismus

Erinnern Sie sich noch an unseren Reiseanfang? Im Kapitel 2 über die *„Wellness Lounge"* hatte ich behauptet:

„Natürlich ist es gemütlicher, unter einer weichen warmen Decke mit ein paar fettigen Knabbereien und einem üppigen alkoholischen Getränk vor dem Fernseher zu kuscheln, als draußen im Regen joggen zu gehen."

Einige von Ihnen haben wahrscheinlich an dieser Stelle heftig mit dem Kopf geschüttelt. Meine Kollegin Imke hatte sogar laut protestiert. Natürlich gibt es Menschen, die tausend Mal lieber im Regen joggen, als sich vor dem Fernseher alkoholische Getränke zuzuführen.

Die einfachste und banalste Antwort ist: „Menschen sind unterschiedlich!" oder „Was dem einen sein Fernseher ist, sind dem anderen seine Joggingschuhe!"

Was uns wirklich beschäftigen sollte, ist die Frage nach dem „Warum?". Woher kommen diese Unterschiede? Warum sind für den einen Chips und warmer Kuschelsessel verführerischer als die Joggingrunde im Park und warum bekommt der andere allein beim Gedanken ans Laufen leuchtende Augen und blickt verächtlich auf den Fernseher?

So weit, wie wir mit unseren Erkenntnissen bisher gelangt sind, könnten wir annehmen, dass der Kuscheltyp eben besonders oft fürs Essen und Kuscheln belohnt wurde und dass der Sportliche viel Zuwendung und Anerkennung fürs Herumspringen bekam.

Das wäre allerdings ein wenig kurz gegriffen und wird der Komplexität menschlicher Persönlichkeit nicht gerecht. Wir wollen auch keine allgemeinen Theorien über Hinz und Kunz aufstellen. Betrachten wir lieber das Individuum, um das es hier geht: Sie!

Ohren spitzen!

Greifen wir nochmals zurück: Welche Erzählungen aus Ihrer Kindheit sind charakteristisch für Sie? Was tun Sie auf Ihren Kindheitsfotos? An welche idyllischen Momente Ihrer Kindheit erinnern Sie sich?

Gab es mehr die Geschichten der Art:

„Jana ist so schnell auf Möbel geklettert, dass man kaum gucken konnte. Immer kletterte sie irgendwo drauf oder sprang von etwas herunter. Vor ihr war nichts sicher!"

Oder: „Mark saß immer mit seinem Puzzle in der Ecke und wollte nicht gestört werden!"

Folgende Fragen helfen bei der persönlichen Spurensuche:

> ▶ Gibt es einen klar erkennbaren Schwerpunkt in meinen Präferenzen?
> ▶ Welches Beisammensein war in meiner Familie besonders idyllisch? Saßen wir gern um den gedeckten Tisch oder war es das wöchentliche Schwimmengehen mit den Eltern?
> ▶ Welche familiären Gewohnheiten habe ich als Kind überhaupt nicht gemocht?
> ▶ Welche Menschen, Begegnungen oder Situationen waren mir zuwider oder haben mich geängstigt?

Es kann aber auch sein, dass Ihnen Geschichten wie die folgende erzählt wurden:

„Philipp war so ein anstrengendes Kind, immer wollte er herumrennen und schreien und toben. Das Einzige, was half, war eine große Schüssel Pudding. Da war er wenigstens mal für 20 Minuten ruhig und saß still."

Es verwundert niemanden, dass solche Kinder im erwachsenen Alter sich mehr dem Essen als dem Toben hingeben.

Das Schöne, aber auch das Grausame an diesen Erzählungen ist: Sie existieren. Eltern und Verwandte geben diese Erzählungen gern, oft und meist ungefragt zum Besten. So sehr sie uns früher genervt haben oder uns peinlich waren: Jetzt ist der Moment da nachzufragen oder sich zu erinnern. Anekdoten von sehr bedenklichem pädagogischen Verhalten werden gern in Gegenwart junger Mütter aufgetischt. Setzen Sie sich darum bei der nächsten Familienfeier mit gespitzten Ohren zwischen einer frischgebackenen und Ihrer eigenen Mutter und lauschen Sie!

> Meine Mutter gibt gern zum Besten, dass sie nach der Geburt ihres ersten Kindes von einer entfernten Verwandten (Geburtsjahr 1890) folgenden Tipp bekam: „Wenn der Junge nicht schläft, einfach abends einen Schuss Schnaps ins Fläschchen. Dann hat man Ruhe! Das hab ich bei meinem Jungen auch immer gemacht." Rückblickend wundert es keinen, dass dieser Junge im heranwachsenden Alter erhebliche Entwicklungsdefizite gehabt haben soll. Ob er sie je hätte aufholen

können, lässt sich nicht mehr klären, da ihn der Zweite Weltkrieg aus dem Leben riss. Erfreulicherweise war meine Mutter so eigenständig, diesen Ratschlag ihrer Verwandten nicht zu befolgen.

Gewohnheiten können nicht nur in der Kindheit „angezüchtet" werden. Manche entstehen erst im Erwachsenenalter. Die Kombination aus dem, was vielleicht eine Art angeborener Mentalität oder Persönlichkeit darstellte, und dem, wie Ihre Umwelt mit Ihnen umging, gibt tatsächlich viele Erklärungen und Hinweise.

Ebenso wichtig sind bestimmte Familienrituale und Abläufe. So berichtete eine Bekannte:

„Mein Mann und ich haben noch zu DDR-Zeiten sehr jung geheiratet. Wir waren sehr verliebt und eigentlich sehr glücklich. Wenn nicht meine Familie aus Volkspolizisten und SED-Mitgliedern bestanden hätte und seine aus evangelischen „Systemfeinden". Jeder Kindergeburtstag war bei uns ein Albtraum, wenn die Großeltern aufeinandertrafen. Ohne Alkohol war das nicht zum Aushalten. Erst, wenn wirklich alle hackedicht waren, saßen beide Großväter auf dem Sofa und wurden sich einig, dass in der DDR gar nicht alles so schlecht bzw. doch einiges wirklich nicht in Ordnung war."

Mir fallen spontan drei Familien ein, bei denen es üblich ist oder war, alle Geburtstage oder Feiertage im kompletten Set zu verbringen: alle Schwiegermütter, Schwäger, Tanten, Neffen etc. Egal, ob man sich mochte oder nicht. Weil man das so macht. Nun kann man sich auch mit wenig Phantasie vorstellen, dass diese Starrheit eine äußerst unangenehme Atmosphäre hervorbringt. Diese Feiern waren überraschenderweise dafür bekannt, dass der eine Teil der Gäste sich nonstop mit Essen vollstopfte, während der andere Teil dem Alkohol in großen Mengen zusprach. Beides bewährte Trösterchen. Wer den Mund voll hat, sagt Tante Gisela nicht, dass sie eine „blöde Kuh" ist. Wer das behauptet, nachdem er eine halbe Flasche Korn intus hat, darf beim nächsten Mal gern wiederkommen; ihm sieht man alles nach, weil er ja nicht weiß, was er sagt. Praktisch.

Auf dem Weg durch unsere Entwicklungsgeschichte formen sich Eigenschaften, Stärken und Ängste. Es entstehen Gewohnheiten, die das Gefühl

von Vertrautheit vermitteln. All das schafft unsere einzigartige Besonderheit. Diese Formung macht uns immun gegen bestimmte Auslöser und verführbar für andere. In Bezug auf die Auslöser ist unser Leben so etwas wie eine individuelle Konditionierungsgeschichte.

internal

Auslöser ⟶ **Individuum** ⟶ **Verhalten** ⟶ **Folge** ⟶ **Spätfolge**

external

Es gibt noch andere Wege, um zu verstehen, warum einige Auslöser für uns beeindruckender ausfallen als andere. Denn nicht jeder von uns ist gleich begeistert, wenn ihm in Aussicht gestellt wird, sich mit seiner Vergangenheit zu befassen. Wir wollen die Seiten unserer Individualität kennenlernen, die beim Aufrechterhalten unseres Verhaltens eine Rolle spielen. Dafür muss man nicht in Kindheiten abtauchen. Es kann sein, dass der eine vermehrt isst, wenn er übermüdet ist, und der andere, wenn er sich einsam fühlt. Ansonsten gilt das Wort meines ehemaligen Psychiatrie-Professors: „Man kann Flöhe *und* Läuse haben." Der Dritte isst vielleicht mehr, sowohl wenn er müde ist als auch, wenn er sich einsam fühlt.

Gehen wir in die Begegnung mit unserem Verhalten „X":

> ▶ Welches meiner Gefühle verändert sich mit X?
> ▶ Wenn Sie das nicht bewusst benennen können, lassen Sie X weg und beobachten, was passiert: Was passiert OHNE X?
> ▶ Was passiert MIT X? Tröstet es? Beruhigt es? Lenkt es ab? Erheitert es? Bringt es mir Abstand? Bringt es mehr Nähe?
> ▶ Welche Gefühle tauchen im Zusammenhang mit meinem Verhalten auf?
> ▶ Wo oder wie nehme ich sie wahr?
> ▶ Welche körperlichen Empfindungen spüre ich? (Gefühl von Enge im Hals, Muskelanspannung, Kälte)
> ▶ Welches Gefühl müsste ich bei vollem Bewusstsein aushalten können, um X's Charme nicht zu erliegen?

> ▶ Welche Gedanken begleiten mein Verhalten?
> ▶ Welche gehen ihm voraus?
> ▶ Welche Eigenschaft oder Fähigkeit müsste ich haben, um nicht für X verführbar zu sein?

Ja, es ist ein wenig aufwendig, sich all diese Frage zu stellen. Aber es ist die Sache wert.

Vom Wert des Selbst

Es gibt einen weiteren Aspekt, in dem Individuen sich massiv unterscheiden: ihre Haltung zu sich selbst und den „Wert", den sie sich selbst zuschreiben. Die Frage nach dem Wert ist eine durchaus interessante. Was ist ein Selbstwert? Wie viel muss man wert sein, um einen zu haben? In was bemisst man den Selbstwert?

Wenn wir von der negativen Seite an die Frage herangehen, wird es eher klar: Schwierig wird es für uns, wenn wir glauben, nichts oder nur wenig wert zu sein.

Viele psychologische Ansätze bemühen sich, den Selbstwert zu stärken. Sie teilen die Auffassung, dass ein geringer Selbstwert nichts mit Bescheidenheit zu tun hat, sondern ein defizitäres Bewusstsein darstelle. Bescheiden kann nur sein, wer weiß, welche Qualitäten er seinem Gegenüber *nicht* beständig unter die Nase hält.

In „unserer" Begriffswelt hieße ein geringes Selbstwertgefühl: sich attraktive Belohnungen zu wünschen, während man sich gleichzeitig einredet, dass man keine Strategien beherrscht oder Qualitäten besitzt, um sie jemals zu erhalten. Dabei werden die negativen Konsequenzen, die einem begegnen, nicht auf das tatsächlich vorausgehende Verhalten bezogen, sondern verallgemeinert: „So etwas passiert immer nur mir!" Als besonderes Schmankerl setzt man irgendwelche Missgeschicke dann noch in Bezug auf die eigene Identität: „Ich bin immer so ein Pechvogel."

Die negativen Folgen, die mir begegnen, geben also Rückschlüsse darauf, wie ich grundsätzlich bin. Zweite Strategie, um den Selbstwert schön niedrig zu halten, ist das Tilgen oder Löschen von positiven Folgen aus der Wahrnehmung. Menschen mit geringem Selbstwert ignorieren oft ihre Erfolge. Sie nehmen sie schlicht und ergreifend verzerrt oder gar nicht wahr.

Das erklärt, warum ein geringes Selbstwertgefühl zwar bisweilen ein Antriebsmotor ist, große Erfolge zu produzieren, aber es nie zulässt, sie zu genießen. Zahlreiche Prominente mit dramatischen Drogenproblemen liefern uns wöchentlich in der Regenbogenpresse den lebenden Beweis dafür.

Dagegen wäre es deutlich angenehmer, sich zu fragen:

▶ Welches Verhalten beherrsche ich bereits?
▶ Welche Folgen erhalte ich dafür?
▶ Welches Verhalten kann ich darüber hinaus lernen, das interessantere Folgen verspricht?
▶ Würdige ich die Belohnungen, die mir regelmäßig zugehen, entsprechend?
▶ Oder bin ich gegen sie abgestumpft?

Was die Qualitäten angeht, kann es fürs Erste helfen, sich von Generalisierungen zu lösen. Anstatt zu denken: „Ich bin hässlich!", kann man sich fragen: „Welche Personen reagieren positiv auf mein Aussehen?" Oder auch: „Woran erkenne ich, wie mein Aussehen auf meine Mitmenschen wirkt?" Also: Wie erleben andere Menschen mich mit dieser Qualität/Eigenschaft? oder „In welchen Situationen fühle ich mich mit mir/meinem Aussehen wohl?", was bedeutet: „In welchen Momenten löst die Qualität positive Gefühle bei mir aus?"

Sätze wie „Ich bin …", denen eine generelle Aussage folgt, sind Gift für Menschen mit einem geringen Selbstwertgefühl. Einem Kind, das beim Spielen eine Vase kaputt macht, sollte man auch nicht sagen: „Du zerstörst aber auch alles!" und ihn in einen Topf mit Rabauken werfen. Es ist sinnvoller, nur das Verhalten zu kommentieren: „Bitte laufe langsamer durchs Wohnzimmer!" Leider fällt es Eltern oft schwer, in ihren Kommentaren verhaltensbezogen zu sein – Paaren übrigens auch. Generell geht vielen von uns ihrem Liebsten gegenüber der Satz: „Du bist doch wirklich so was von dämlich!" leichter über die Lippen als: „Wenn du mit so hoher Geschwindigkeit den anderen Wagen überholst, habe ich Angst, dass etwas Unvorhergesehenes passiert und du nicht mehr reagieren kannst. Ich habe Angst, dass ein Unfall passieren könnte, und das belastet mich, weil ich mir wünsche, dass wir beide und das Auto sicher und unversehrt zu Hause ankommen."[1]

---

[1] Frei nach der gewaltfreien Kommunikation von M. B. Rosenberg (2001).

Differenzierte Aussagen, oder? Und auch ein wenig anstrengend. Sehr, sehr gewöhnungsbedürftig. Es bedarf schon ein Weilchen der Übung, bis man gewillt ist, sich Bewertungen zu verkneifen, die die eigene schlechte Laune so bezaubernd auf den Punkt bringen.

Das ist einer der Gründe, warum Menschen nicht nur mit anderen, sondern auch mit sich selbst eher in unfreundlichen Generalisierungen sprechen: „Ich bin ja so ein Idiot!" Um das zu vermeiden, findet man in den „Positiv-Denken!"-Büchern die Empfehlung, sich selbst den ganzen Tag Lob- und Liebeserklärungen zu machen: „Ich bin ein wunderbarer Mensch, ich verdiene nur das Beste im Leben ..."

Ich will Sie nicht hindern, Ihr Selbstwertgefühl zu verbessern, aber wenn Sie mit einem generalisierten Konzept an die Sache herangehen, brauchen Sie eine Menge Zeit.

Von der sehr allgemeinen Äußerung „Ich bin ein Idiot" zu „Ich bin ein kleiner Sonnenschein" zu kommen, ist ein Riesenschritt. Das Gefühl zur eigenen Identität nur über positive Aussagen verändern zu wollen, ist ein mutiges Unterfangen.

Es ist einfacher, nach einzelnen *Verhaltensweisen* zu suchen, die Ihnen ganz zufriedenstellende Ergebnisse liefern. Oder – jetzt wird es ganz wild – öffnen Sie Ihre Augen und suchen Sie nach positivem Feedback (Belohnungen!), das Sie bereits erhalten haben.

Überlegen Sie zunächst, auf welche Ihrer Qualitäten oder Verhaltensweisen sich dieses Feedback bezog. So ein Feedback kann z. B. sein: „Dein Bericht war wirklich gut formuliert." Oder „Hey, schöne Schuhe!" Das eine Feedback bezieht sich auf Ihre Fähigkeit zu schreiben, das andere auf Ihren Schuhgeschmack.

In einem zweiten Schritt werden Sie feststellen, dass jemand anderes den Bericht weniger gut fand und Ihre Schuhe bedenklich. Früher oder später werden Sie feststellen: Es gibt Fähigkeiten oder Eigenschaften, die bei den einen beliebt sind und bei den anderen unbeliebt. Und manche werden bei einer großen Mehrheit beliebt oder unbeliebt sein.

Wenn Ihr Gesang wirklich von niemandem mit Komplimenten bedacht wird und Sie das belastet, dann lassen Sie ihn los und konzentrieren sich auf die Tätigkeiten, die mehr Zuspruch finden. Als Ausweichmöglichkeit singen Sie nur noch im Auto und freuen sich umso mehr an Ihrem Gesang. Was auch immer Sie damit tun: Singen oder nicht singen zu können, stellt lediglich eine Fähigkeit dar. Es ist kein Grund, einen niedrigen Selbstwert zu haben. Die beste Nachricht ist aber die folgende:

Mit unseren Veränderungszielen hat das Aufmerksamwerden für Rückmeldungen nichts zu tun. Ich vertrete nicht die Ansicht, dass Veränderung erst kommen darf, wenn Sie vollständig „deneurotisiert" und ein ausgeglichenes Selbstwertgefühl haben. Wir fangen einfach an, das zu verändern, was sich in diesem Moment verändern lässt. Nicht mehr und nicht weniger.

Wenn wir uns auf unser Verhalten konzentrieren, auf die nächste Entscheidung bezüglich unseres Verhaltens, dann begeben wir uns auf ein Terrain, auf dem wir eine Chance haben, ändernd einzugreifen. Den nächsten kleinen Schritt, den nächsten Zentimeter Verhalten, den behalten wir im Blick. Einen Schritt nach dem anderen.

13 Denkmalpflege

Die Sache mit der Konradschen Ente

Bestimmt ist Ihnen die Geschichte von Konrad Lorenz und seinen Grau-
gänsen bekannt. In meiner Erinnerung mutieren sie immer zu Enten. (Im
Kühlregal fallen übrigens beide neuerdings unter „*Fettgeflügel*".)

> Der Verhaltensforscher Lorenz machte Experimente mit Federvieh und
> stellte fest, dass es bei neugeborenen Tieren eine Prägungsphase gibt:
> Was immer sie nach dem Schlüpfen aus dem Ei als Erstes sehen, halten
> sie für ihren Elternteil. Bewegt es sich und macht Geräusche? Dann ist
> es „Mutti".
> Einmal auf dieses Wesen geprägt, laufen die Gänse ihrer „Mutti" hin-
> terher. Mit dem Hinterherlaufen allein ist es nicht getan: Sobald sie in
> ein paarungsfähiges Alter kommen, suchen sie Wesen, die dem Typus
> ähneln, auf das sie geprägt sind. Wenn das eben ein Fußball war, dann su-
> chen sie nach runden Wesen mit einer glatten Oberfläche, die sie erfolglos
> anbalzen. Unglaublich? Für uns Menschen ist völlig klar, dass dieser Ball
> kein genetisch sinnvoller Paarungspartner ist. Die DNA passt garantiert
> nicht. Ganz egal, denn die Ente, Pardon, die Gans ist auf dieses Verhalten
> geprägt. Ihre eigene Genetik zwingt sie, dem Prägungsprozess zu vertrau-
> en und nicht etwa nach dem Schlüpfen den Fußball zu betrachten, um
> dann altklug den Zeigeflügel mit den Worten zu heben: „Ob das wirklich
> eine echte Mutti ist? Ich will das mal kritisch überprüfen!"[1]

Manche Verstärker (Belohnungen) treten nicht so offen zutage wie andere.
Einige sind nur schwer nachvollziehbar: Warum bleibt z. B. jemand in einer
Beziehung, die so wenig Belohnendes für ihn oder sie hat? Warum zieht es
jemand vor, an Minderwertigkeitsgefühlen festzuhalten?

Es gibt Gewohnheiten und Verhaltensweisen, die auf den Außenstehenden sehr befremdlich wirken, beispielsweise wenn man das „Familienerbe"
bewahren oder vermeiden muss. In einer idealen Welt mit idealen Voraus-

---

[1] Der Genauigkeit halber muss angemerkt werden, dass dieses Prägeverhalten vor allem für
Gänsemännchen gilt. Gänseweibchen haben ein angeborenes Wissen, mit welcher Spezies
Fortpflanzung erfolgreich sein wird.

setzungen entwickeln sich Kinder zu eigenständig denkenden und handeln-
den Menschen und ihre liebevollen Eltern schätzen die Eigenart ihrer
Kinder. In der wirklichen Welt sind Eltern-Kind-Beziehungen nur zu oft
konfliktbehaftet oder traumatisch.

Robert Dilts (1999), amerikanischer Autor und NLP-Trainer, bemüht
oben genanntes Gänsebeispiel, um hochgradig sonderbare Entscheidungen
bei Menschen zu erklären. Seine Argumentation ist ein wenig vereinfacht,
aber durchaus plausibel. Sind Sie schon auf Menschen getroffen, die in
auffallend unerfreulichen Lebenssituationen verharren? Unter Bedingungen
in Partnerschaften oder Jobs, die man als eine „Bestrafungsphase" bezeichnen könnte? Theoretisch könnten sich die Betroffenen durchaus daraus
befreien, tun es aber nicht. Sie beklagen sich dauernd und ständig, aber sie
ändern nichts. Der Traum eines jeden Therapeuten.

Wenn es für einen Außenstehenden keinen offensichtlichen Grund gibt,
warum diese Partnerschaft aufrechterhalten wird, lohnt es sich zu fragen:
Welche Erfahrungen im Umgang mit Männern oder Frauen haben ihn oder
sie als Kind geprägt? Welches Männer- oder Frauenbild entstand durch die
Beziehung zu Mutter und Vater? Ist ein Mann nur ein echter Mann, wenn
er hochgradig lieblos und desinteressiert ist? Ist eine Frau nur dann ein
anbalzbares Wesen, wenn sie beständig kritisiert und vereinnahmend ist?

Hier besteht die „Belohnung" darin, dass wir etwas wiedererkennen, das
uns von klein auf vertraut ist. Wir mögen es nicht, es macht uns nicht

glücklich, vielleicht hadern wir sogar mit unserem Schicksal, dass gerade wir immer an „solche Chefs", „solche Männer" geraten müssen. Doch wie das Gänsemännchen erkennen wir die anderen, alternativen Exemplare des Geschlechts gar nicht als das, was sie sind: potentielle Partner für erfolgreiche Fortpflanzung. Bedauerlicherweise ist es hochgradig unmoralisch, aber der Test würde garantiert funktionieren: Schicken Sie die erwachsene Tochter eines Alkoholikers auf eine Single-Party mit 500 Gästen, und sie wird mit an Sicherheit grenzender Wahrscheinlichkeit die Männer attraktiv finden, die entweder bereits ein Suchtproblem haben oder in naher Zukunft eins entwickeln. Die „normalen" wird sie entweder nicht attraktiv finden oder gar nicht wahrnehmen.

Trau keinem Fremden!

Aber kehren wir doch vor unserer eigenen Tür! Wann immer Sie bei sich selbst auf ein fragwürdiges Verhalten treffen, das auch bei näherem Betrachten nicht belohnend ist – weder kurzfristig, noch irgendwann langfristig –, sondern eines, das im Gegenteil eine kontinuierliche Bestrafung darstellt, dann fragen Sie sich: Begegnet mir hier Vertrautes aus der Vergangenheit? Frei nach dem Motto: „Alles, was ich kenne, kann schon mal nicht verkehrt sein, auch wenn es unangenehm ist." Der Faktor „Sicherheit" spielt dabei eine große Rolle. Unsicherheit wirkt auf die meisten Menschen beängstigend. Vertrautes und Gewohntes beruhigt. Die Spielregeln eines Systems zu kennen, auch wenn sie das System hassen, wird von vielen als Vorteil erlebt.

Ich empfehle für solche Fälle das Gespräch mit einem niedergelassenen Psychologen, weil gerade in diesem Bereich menschlichen Erlebens und Verhaltens sämtliche Abwehrprozesse aktiv sind, die Anna Freud (1936) sich an ihrem Schreibtisch in London nur vorstellen konnte.

Etwas anders gelagert, aber ähnlich ist das Festhalten an schmerzlichen Ideen und gedanklichen Konstrukten aus dem Familienerbe. Manchmal halten wir an Glaubenssätzen bzw. sogenannten kognitiven Konstrukten fest, die von einem nahestehenden Verwandten stammen, der in unserer Kindheit Schutz, Liebe, Zuwendung und Sicherheit repräsentierte. Es kann durchaus sein, dass diese Glaubenssätze ziemlicher Quatsch[2] sind und uns in unserer Entwicklung keinen Schritt weiterbringen: „Trau keinem Frem-

---

[2] Manchmal braucht es ein deutliches Wort.

den!", „Blut ist dicker als Wasser!", „Alle Männer sind Schweine!", „Wenn dich jemand kritisiert, ist er nur neidisch!", „Iss auf, dann wirst du groß und stark!" oder noch schlimmer: „Wenn du nicht aufisst, dann kann es morgen kein gutes Wetter geben!"

Das alles sind Sätze, die bei näherer Prüfung weder korrekt noch hilfreich sind. Man denke nur an all die norddeutschen Übergewichtigen, die vergeblich jeden Tag den ganzen Kühlschrank leeren, ohne dass das Wetter besser wird. Manchmal sind diese tief verinnerlichten Sätze die Ursache dafür, dass wir erstaunlich schlechte Entscheidungen treffen. Wenn Sie beginnen, diese Glaubenssätze in sich wahrzunehmen und kritisch zu hinterfragen, werden Abwehrprozesse aktiv. Gerade wenn dieser Mensch, von dem wir diese Sätze gelernt haben, für uns ein wichtiger Bezugspartner war, neigen wir dazu, seine Handlungen und seine Worte ungeprüft zu übernehmen. Je mehr dieser Mensch für unseren Schutz garantierte, je mehr Liebe, Zuwendung und Verlässlichkeit er für uns bedeutete, desto bereitwilliger übernehmen wir seine Ideen über Gott und die Welt.

D. war gut über fünfzig, als ich ihn kennenlernte. Eigentlich machte er einen lieben, warmherzigen Eindruck. Nur sein Hang, Militärisches zu glorifizieren, irritierte mich. Ständig fielen Sätze wie: „Wenn von zehn Leuten, auf die geschossen wird, nur einer zurückschießt, ist das eine verdammt schlechte Bilanz." Oder: „Jeder Tropfen Schweiß, der in der Ausbildung vergossen wird, erspart Ströme von Blut im Gefecht." Er hatte viele Jahre beim Militär zugebracht. Von Anfang an war mir unklar, warum dieser Mann eine solche Freude beim Sprechen von Tod und Töten aufbringen konnte. Mit Leidenschaft sprach er von „Militärgrößen" des Dritten Reiches. Irgendwann berichtete er nebenbei, dass er grundsätzlich keinen Alkohol anfassen würde, weil er nicht werden wolle wie sein Vater, ein gewalttätiger Alkoholiker. Den Erzählungen zufolge war D.'s Vater jemand, der auch nüchtern keine Bereicherung für die Familie darstellte. Irgendwann ergriff D.'s Mutter die Flucht und kehrte zurück zu ihren Eltern: einer Hausfrau und einem ehemaligen Offizier. Opa liebte seinen Enkel herzlich und brachte Schutz, Zuneigung und Vorhersehbarkeit in sein Leben. Es lässt sich an drei Fingern abzählen, dass D. auf seiner Suche nach Anerkennung und Geborgenheit seinen Opa vergötterte und mit ihm alles, was er repräsentierte. Das Erbe der mütterlichen Familie rettete

ihm das Leben. Und darum *(„Hallo", sagt der Halo-Effekt)* war alles gut, was von Opa kam. Die Tatsache, dass dieser Opa für viele Menschen eine schlimmere Bedrohung verkörperte als sein Vater für ihn, entzog sich D.'s kindlichem Bewusstsein. Später blendete er es aus.

Unvergessen bleibt mir die nüchterne Sachlichkeit, mit der er mir erklärte, wie man einen anderen Menschen am besten umbringt: „Wenn man jemanden töten will, dann so schnell wie möglich. Wenn man länger als fünf Sekunden braucht, um den Angreifer zu töten, sinkt die eigene Überlebenswahrscheinlichkeit exponentiell ums Vierfache mit jeder Sekunde, die vergeht. Darum muss man den anderen am besten so schnell töten, dass der davon nicht mal was mitkriegt."

Nichts verdeutlicht unsere unterschiedlichen Sozialisationen besser als das, was mir damals zu dieser Erklärung als erste Assoziation einfiel: In Berlin-Kreuzberg nennen wir diesen Vorgang „helal"[3].

Im Rahmen einer „normalen" Entwicklung ermöglicht es die Pubertät, uns von den Sonderbarkeiten unserer Eltern kritisch abzugrenzen und uns selbst neu zu erfinden. Eine problematische Entwicklung, in der die Welt als Bedrohung erlebt wird, verstärkt die Neigung, den schützenden Familienmitgliedern gegenüber auch nach der Pubertät unkritisch zu bleiben. Glaubenssätze, Überzeugungen oder Werte aufzugeben, die unsere verlässlichsten Gefährten aus der Kindheit vertreten haben, kann zu massivem Unwohlsein führen. Es löst schlicht und ergreifend große Ängste aus. Selbst wenn diese Werte in unserem erwachsenen Leben permanent Probleme produzieren.

Der auch hier wieder durchscheinende Halo-Effekt strahlt natürlich in beide Richtungen: Ebenso wie wir unhinterfragt Sonderbarkeiten von den Erwachsenen übernehmen, die uns in der Kindheit beschützten, lehnen wir rigoros manche Gewohnheiten und Verhaltensweisen von Erwachsenen ab, die für uns bedrohlich waren. Einer meiner Patienten verzichtete im Gegensatz zum dem oben erwähnten D. auf jede noch so harmlose Form von Aggression und Durchsetzung. Er hatte sich geschworen, niemals so zu werden wie sein jähzorniger Vater.

---

[3] Helal oder halal bezeichnet das islamische Koscher-Sein (kann man politisch noch unkorrekter sein?) und bezieht sich u. a. auf das religiös-korrekte Schlachten von Tieren. Das Tier muss auf eine Art getötet werden, dass es möglichst wenig leidet. Nur geschächtete Tiere sind helal.

> ▸ Wer war in Ihrer Kindheit und Jugend ein Garant für Schutz und Zuneigung? Was glaubte er über das Leben? Über Menschen? Über Beziehungen? Über die Welt? Welche Eigenschaft verkörperte er oder sie?
>
> ▸ Wen haben Sie in Ihrer Kindheit als Bedrohung erlebt? Von wem haben Sie sich verlassen gefühlt? Welche Eigenschaften repräsentierte er/sie?

Dieses Ablehnen oder Verinnerlichen von Verhalten aus unserer Vergangenheit spielt eine ganz wesentliche Rolle bei den Gewohnheiten, für die wir uns entscheiden. Bei der Wahl unserer „Substanz" oder unseres Verhaltens finden sich zwei gut funktionierende Muster wieder: Wir greifen auf dem Weg durch unser Leben jene Gewohnheiten auf, die in irgendeiner Weise belohnend sind, und importieren sie in die Erwachsenenwelt. Entweder wir entdecken sie selbst oder wir beobachten sie bei unseren Vorbildern. Diese Vorbilder können geliebte Menschen sein, die unsere Kindheit versüßten, oder – ab der Pubertät – Gleichaltrige, zu deren Gruppe wir gehören wollen und die so unsere Vorbilder werden. Das heißt nicht automatisch, dass die Gewohnheit, zu der wir greifen, hochwertig ist.

Von Fertigsuppen aus Tüten und Saftcocktails mit Schirmchen

Manchmal wird einfach nur das als belohnend erlebt, was man bei seinen Lieben beobachtet hat. Man kennt es von klein auf. Selbst wenn es eigentlich suboptimal ist:

Meine heißgeliebte Großmutter konnte nicht kochen. Die Tatsache, dass ihre Kochkunst sehr begrenzt war, störte mich wenig: Die frühen 80er-Jahre boten ihr die Möglichkeit, auf eine breite Auswahl an Fertiggerichten zurückzugreifen. Zugegebenermaßen waren die Gerichte, die sie täglich auftischte, eine elegante Vorläuferversion der McDonald's Juniortüte: Tiefkühl-Fischstäbchen mit Kartoffelpüree aus der Tüte und Rotkohl aus dem Glas, hinterher Schokopudding aus dem Kühlregal. Weder geschmacklich noch vom Nährstoffgehalt ein Erlebnis. Aber das warme Essen stand immer pünktlich auf dem Tisch. Bis heute ist es so: Wenn ich Sehnsucht

nach meiner Großmutter habe, greife ich zu Fertigprodukten. Nicht weil es so gut schmeckt. Der Anblick der Fertigsuppentüte in meiner Speisekammer ist immer wie ein freundliches Winken aus meiner Kindheit.

> ▸ Welche schönen Erinnerungen an Ihre Kindheit sind verbunden mit dem Konsum von bestimmten Dingen?
> ▸ An welche Tätigkeiten, Beschäftigungen hatten Sie Freude?
> ▸ Welche Düfte, Geschmacksrichtungen, welche Tätigkeiten geben Ihnen bis heute ein Gefühl von Vertrautheit und Sicherheit?

Das Bedauerliche ist ja, dass so wenig Menschen positive Kindheitserinnerung an Brokkoli oder Spinataufläufe haben. „Wenn mein Vater und ich im Fernsehen ein Länderspiel zusammen schauten, dann machte er immer einen Teller mit frischen Gemüsewürfeln für uns zurecht.", „Bei Familienfeiern holte meine Oma immer die große Saftpresse raus und jeder von uns durfte sich aus dem großen Obstteller seine Lieblingssorten aussuchen, aus denen er dann einen frischen Saft gepresst bekam, im Cocktailglas mit Strohhalm und Schirmchen!" – solche Kindheitserinnerungen habe ich noch nie gehört. Eines Tages werden die Osho-Jünger[4] Enkelkinder haben, und wenn die erwachsen sind, wird vielleicht die Zeit für solche Aussagen reif sein.

Noch viel schwieriger – aber auch interessanter – wird es, wenn wir uns mit den Aspekten beschäftigen, die wir nicht bei vollem Bewusstsein erlebt haben, die sich aber trotzdem fest in der unbewussten Erinnerung einnisten: Ein Kind, das bei seinem rauchenden Vater auf dem Arm eingekuschelt sitzt und sich wohlfühlt, lernt beizeiten, den schwachen Geruch von Zigaretten, der einem Raucher nun einmal anhaftet, mit dem Gefühl von Geborgenheit zu assoziieren. Natürlich nur, wenn seine Beziehung zu diesem Menschen positiv erlebt wurde. Ich suche die Nähe zu dem Menschen, indem ich seine Gewohnheit imitiere. Das bedeutet für uns als Eltern natürlich, dass „Vorbild zu sein" eine ganz neue Komponente hat.

> ▸ Wem haben Sie als Kind am meisten vertraut? Wer hat Ihnen am meisten das Gefühl gegeben, geliebt und beschützt zu sein?

---

[4] Osho ist der spätere Name des indischen Gurus Bhagwan.

> ▶ Welche Überzeugungen hatte er oder sie? Welche Maßstäbe, Wert, Ideen? Was waren seine/ihre liebsten Beschäftigungen oder Themen?

Die gute Nachricht ist: Man kann dieses Lernen auch umlernen. Ein wenig mühselig vielleicht, aber nichtsdestotrotz sehr lohnend.

Auch wenn die Phase der Pubertät auf der Elternseite wenig Spaß macht, ist sie doch für den Heranwachsenden unverzichtbar. Denn wenn diese Auseinandersetzung nicht stattfindet, übernehmen wir auch die Werte, die vielleicht für uns nicht sinnvoll sind. Wir sind nicht bereit, elterliches Verhalten, das schmerzhaft für uns war, kritisch zu betrachten und „es selbst später einmal besser zu machen".

Es gibt Umstände, in denen Kinder sich eine Pubertät nicht erlauben können, weil z. B. die Verlustängste zu groß sind. Erlebbar ist das u. a. nach Trennung oder Scheidung der Eltern, wenn das Kind befürchtet, die Liebe der Eltern zu verlieren, wenn es sich kritisch von ihnen abgrenzt. Wer in einer Welt aufwächst, die für ihn oder sie bedrohlich ist, denkt bisweilen, er kann sich nicht erlauben, sich von den schützenden Familienmitgliedern kritisch zu distanzieren oder sie zu hinterfragen.

14 Wunsch nach Sicherheit: der Airbag

Eine Reise ist eine feine Sache. Man kann viel erleben. Um optimal vorbereitet zu sein, lesen manche Menschen Reisebücher, gucken DVDs oder informieren sich über Bekannte, die schon mal „da" waren. So erfährt man, welche Sehenswürdigkeiten man unbedingt besuchen sollte, welche man getrost vernachlässigen kann und wo man die beste Pizza bekommt.

In jeder guten Reisebeschreibung finden sich auch Warnhinweise auf Taschendiebe, verschmutztes Trinkwasser, Malariagebiete und Ähnliches.

Manchmal kommt es mir so vor, als ob viele Bücher und Kurse zur Persönlichkeitsentwicklung sich sträuben, solche Warnhinweise auszusprechen. Als ob es bei dem Thema einen „Höher!-Besser!-Weiter!"-Wettbewerb gäbe: reicher, schlanker, forever young. Es werden ausschließlich die Erfreulichkeiten einer Entwicklung beschrieben. Der Weg zum Erfolg (und zwar schnell). Es scheint mir, dass durch die Vielzahl der „erfolgreichen" Techniken leider eine Art Machbarkeitswahn entstanden ist. Fast nach dem Motto: „Wenn du den Ferrari nur lange genug visualisierst, dann steht er irgendwann vor deiner Tür". Wer *Krankheit als Weg* (Dethlefsen & Dahlke, 1990) gelesen hat, sollte eigentlich nach abgeschlossener Psychoanalyse einen verbrieften Anspruch darauf haben, fortan niemals an Krebs zu erkranken. Ganz so einfach und vor allem so linear ist es nicht: Positive Gedanken retten einen möglicherweise vor der *Angst* vor dem Altern. Die einzig echte Variante zum Altwerden ist aber nach wie vor das Jungsterben. Wir verdrängen bisweilen, dass auch Verfall, Krankheit und Tod zu unserem Leben gehören. Dass wir mit Erlebnissen konfrontiert werden, die uns überfordern. Und zwar selbst dann, wenn wir fleißig an unserer Persönlichkeitsentwicklung arbeiten.

Leider ist es im Leben nicht grundsätzlich so, dass „braves" Verhalten belohnt und „böses" Verhalten bestraft wird. Genauso wenig wie Vegetarier grundsätzlich die besseren Menschen sind, auch wenn sich einige von ihnen dafür halten mögen. Das Leben hat einige „Fallstricke" parat, sprich: Ereignisse, die uns nicht gefallen. Diese Fallstricke können ungerecht verteilt sein. Aufgrund der Konstruktion und Organisation menschlichen Lebens können Sie mit folgenden Dingen rechnen:

▶ Krankheit und Tod zu einem Zeitpunkt, der Ihnen nicht passt
▶ Sterben an Krankheiten trotz medizinischer Behandlung

- Sterben *durch* medizinische Behandlung
- Unfälle
- Verschulden von Unfällen
- Verlust von geliebten Menschen durch Konflikt, Krankheit oder Tod
- Ungewollte Kinderlosigkeit
- Probleme mit Kindern
- Pubertät und Wechseljahre
- Geistige Unzurechnungsfähigkeit
- Suchterkrankungen
- Finanzielle Schwierigkeiten
- Persönliche Konflikte
- Identitätskrisen
- Zwischenmenschliche Konflikte
- Krieg
- Terrorismus
- Verlust von materiellen Werten durch Armut, Naturkatastrophe, Unglück (Feuer, Flut, Hurrikane)
- Opfer von Kriminalität werden
- Keine Vergeltung oder Entschuldigung für an Ihnen begangenes Unrecht zu erhalten
- Den Eindruck zu gewinnen, dass Verbrechen sich lohnt
- Gelegenheiten nutzen, um selbst kriminell zu werden
- Die schmerzliche Erfahrung zu machen, dass Verbrechen sich doch nicht lohnt
- Und neben allem anderen: Die Tatsache, dass der eine oder andere in Ihrem Umfeld oder Sie selbst mit diesen Herausforderungen absolut überfordert ist und unangemessen reagiert

Diese Auflistung umfasst bestimmt nicht alles, aber ich glaube, sie reicht, um die grundsätzliche Idee klarzumachen: Diese Ereignisse können uns mit unterschiedlich hoher Wahrscheinlichkeit treffen. Wir sind zwar bestrebt, ihr Auftreten im Rahmen des Fortschritts zu verringern. Das gelingt aber nur begrenzt. Wir versuchen einen doppelten Boden einzurichten "for the unlikely event of a loss of cabin pressure" (die Sauerstoffmasken im Flugzeug für den „unwahrscheinlichen Fall, dass der Kabinendruck abfällt"). Wie der Airbag im Auto sollen Vorsichtsmaßnahmen, Vorsorgeuntersuchungen, gute Schulen und das morgendliche Müsli uns vor etwaigen privaten Tsunamis beschützen.

Die Nancy-Kerrigan-Frage

Kein noch so guter Airbag kann 100%ig verhindern, dass Sie bei einem Autounfall ums Leben kommen. In gewisser Weise müssen wir uns einfach darauf einstellen, dass unser Leben über die Zeit hinweg eine nicht vorhersehbare Anzahl an solchen Unerfreulichkeiten bereithält. Auch wenn wir glauben, alles richtig zu machen: Glück, Liebe und Gesundheit können nicht eingefordert werden und sind nicht gerecht verteilt. Reichtum und Schönheit übrigens auch nicht. Die Wahrscheinlichkeit, diverse Male Unwegsamkeiten zu begegnen, bleibt.

Wieso? Weshalb? Warum?

Was einen in diesen kritischen Momenten übrigens gar nicht weiterbringt, sind die Fragen nach dem „Warum? Warum ich? Warum jetzt?".

Diese Frage ist übrigens auch bekannt als Nancy-Kerrigan-Frage: Die Eiskunstläuferin Nancy Kerrigan wurde am 6. Januar 1994 Opfer eines Attentats: Der Ehemann ihrer ärgsten Kontrahentin Tonya Harding beauftragte einen Handlanger, der Kerrigan während des Trainings zu den US-Meisterschaften mit einer Eisenstange am Knie verletzte. Da das Training gefilmt wurde, gibt es ein inzwischen legendäres Video, das zeigt, wie sie verletzt und unter Schmerzen schreit: „Warum? Warum ich? Warum jetzt?"

Die Fragen seien doch verständlich, meinen Sie? Vielleicht. Aber hilft uns die Antwort darauf wirklich weiter? Stellen wir uns einmal vor, jemand hätte sich im Rettungswagen gemütlich neben der verzweifelten Eiskunstläuferin gesetzt und gesagt: „Nun, liebe Miss Kerrigan, zunächst mal zur Frage nach dem ‚Warum?': Es gibt keinen anderen Weg, Sie sportlich zu schlagen. Zur Frage ‚Warum ich?': Sie sind die Favoritin in dieser Meisterschaft. Zur Frage nach dem ‚Warum jetzt?': Der nächste Wettkampf steht ins Haus. Wenn nicht jetzt, wann dann?"

Die Antworten wären zwar richtig gewesen, hätten aber sicher wenig Trost oder Licht in die Sache gebracht. Ich wage zu bezweifeln, dass Miss Kerrigan sich später wirklich besser fühlte, als in dem Gerichtsverfahren gegen Familie Harding alle „Warums" detailliert beantwortet wurden.

Dennoch ist es menschlich zu erwarten, dass die guten Zeiten einfach länger anhalten sollen als die schlechten. Wenn man sich die Wahrschein-

lichkeiten von Unglücksfällen anguckt, ist eigentlich die Frage viel nahe-liegender, warum wir so lange und so oft gesund bleiben. Das nehmen wir aber als gegeben. Ich habe noch nie jemanden getroffen, der auf die Frage „Wie geht's so?" geantwortet hat: „Ja, weißt du, ich verstehe es ja auch nicht, aber ich bin tatsächlich gesund! Keine Ahnung wieso. Dabei habe ich gestern erst wieder ein Schächtelchen Zigaretten geraucht. Ganz erstaunlich, diese Lunge!" Die Abwesenheit von Bestrafungen wird eben nicht als belohnend erlebt.

Es wundert sich auch kaum jemand, warum die Erde sich immer noch dreht und es immer noch menschliche Existenz im Universum gibt. Einige Astrophysiker, die sich mit der Frage beschäftigen, warum Dunkle Energie und Dunkle Materie sich gerade so die Waage halten, dass unser Universum in seiner jetzigen Form existieren kann, bezeichnen übrigens *diese* Frage ironisch als „Nancy-Kerrigan-Frage".[1]

Ein Erste-Hilfe-Kästchen

Zurück zum Thema: Das Wesen der menschlichen Existenz ist, dass sie Ihnen früher oder später Probleme bereiten wird. Auf einige können Sie sich vorbereiten – auf andere nur insoweit einstellen, als dass Sie sich klar-machen: Sie sind möglich und realistisch. Da viele dieser Probleme allerdings genauso alt sind wie die Menschheit, verfügen wir eigentlich über die ge-netische Ausstattung, mit ihnen fertig zu werden (außer sie sind tödlich). Seit Menschengedenken müssen sich Mütter damit auseinandersetzen, dass es Kindersterblichkeit gibt. Offensichtlich haben wir im Laufe unserer Entwicklungsgeschichte Strategien entwickelt, um Schicksalsschläge und Krisen zu überleben.

So weit die Theorie.

In der Praxis ist vielen Menschen nicht klar, wie eine Bewältigung geht: Wie überlebt man einen Schicksalsschlag? Wie verwindet man ein Problem? Diese Phase der Ungewissheit, der Inkompetenz, in der wir nicht wissen, wie wir dem Problem begegnen können, wird als ungemein bestrafend und frustrierend erlebt.

---

[1] Tonya Harding übrigens nahm, trotzdem ihr Verbindungen zum Attentat nachgewiesen werden konnten, an den darauffolgenden Olympischen Spielen teil. Viel interessanter jedoch scheint mir, dass sie seit 2002 Profiboxerin sein soll.

Die Ironie an der Sache liegt darin, dass ein Überstehen leichter wird, je mehr Frustrationen wir bereits erfolgreich überwunden haben. Das Verarbeiten wird dadurch nicht lustiger oder angenehmer. Die Fähigkeit, Frustrationen zu ertragen, muss geübt werden. Erinnern Sie sich an die Sache mit den harten Kontaktlinsen aus Kapitel 7? So in etwa. Je mehr Frustrationen wir erduldet haben, desto mehr härten wir ab.

Allerdings haben viele von uns einen absolut unausgereiften Trainingsplan: Wir erleben zu früh im Leben zu große Frustrationen. Wir haben zu wenig Vorbilder, die uns erfolgreiche Bewältigungsstrategien aufzeigen. Oder unsere Eltern halten zu viele Frustrationen von uns fern, weil sie uns schützen wollen, so dass wir, wenn die ersten unvermeidlichen kommen, nicht trainiert sind und an ihnen scheitern.

Dabei ist gerade das angemessene Heranführen an Frustrationen für unsere Entwicklung in der Kindheit so wichtig. Die Fähigkeit auf eine Belohnung warten zu können, sollte in der Kindheit erworben werden. Ganz egal, ob es sich um das Lernen eines Instrumentes, einer Sprache oder die Berufsausbildung handelt: Je „abgehärteter" ich gegen bestimmte Frustrationen bin, desto weniger verführbar bin ich für leicht verfügbare „Betäuberchen". Was zunächst nach sofortiger Bestrafung aussieht (Vokabeln lernen), erweist sich als Belohnung in der Spätfolge (ich kann mich verständlich machen).

Viele Aspekte unseres Lebens haben also die typische Kombination:

Sofortige Bestrafung, Spätfolge: Belohnung

Warum halte ich mich so lange mit diesem Thema auf? Weil es wichtig ist, dass Sie sich eine Haltung zulegen, wie Sie Lebenskrisen und Schicksalsschlägen begegnen wollen. Eine Art emotionaler Airbag oder ein emotionales Erste-Hilfe-Kästchen.

Was unserer Kultur derzeit ein wenig fehlt, sind tragfähige Rituale und Verhaltensweisen, mit bestimmten schmerzhaften Prozessen umzugehen. Was glauben Sie, wie schwer es ist, in Eberswalde ein paar Klageweiber aufzutreiben, die sich Asche aufs Haupt streuen und ihre Kleider zerreißen, wenn man welche braucht! Welches Verhalten hilft beispielsweise wirklich, wenn die Freundin einen betrogen hat? Wo ist das Regelwerk, wie man sich verhält und mit Gefühlen umgeht, wenn man ein Kind verliert? Wenn Sie nicht einer Familie entstammen, die klare Rituale für schmerzhafte Situa-

tionen praktiziert hat, dann wird es Zeit, selbst tätig zu werden. Jetzt ist der
Moment dafür gekommen.

Aufgabe:

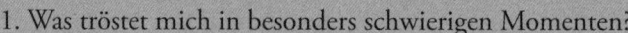

1. Was tröstet mich in besonders schwierigen Momenten?
2. Was beruhigt mich, wenn ich außer mir gerate?
3. Was stimmt mich hoffnungsfroh, wenn ich verzweifelt bin?
4. Was gibt mir das Gefühl von Verbundenheit?
5. Welche Handlungen, Rituale gefallen mir?

Vielleicht haben Sie Lust, Ihre Antworten dazu schriftlich zu machen. Es
dauert vermutlich eine Weile, bis Sie alles beisammenhaben. Einiges fällt
Ihnen vielleicht erst „unterwegs" auf: dieses Buch von X, das Bild von Y,
die Musik von Z, ein Gespräch mit W. Mit dem Hund rausgehen, im Wald
sein, mit Freunden spielen etc. Erfahrungsgemäß stabilisieren Hobbys, die

man lange pflegt, und handwerkliche Tätigkeiten: das Basteln, die Tanzgruppe, das Singen im Chor.

Einige Voraussetzungen sollte das Erste-Hilfe-Kästchen erfüllen: Es sollte drogenfrei sein und weder Sie noch andere schädigen. Es sollte leicht verfügbar und preiswert sein. Falls Sie den Eindruck haben, eine Situation nicht ohne pharmakologische Unterstützung bewältigen zu können, sprechen Sie mit Ihrem Arzt, „verschreiben" Sie sich nicht selbst etwas.

Darüber hinaus kann es helfen, sich bewusst selbst zu coachen: Erinnern Sie sich selbst daran, was Sie schon alles überlebt haben. Welche Schwierigkeiten Sie bereits überwunden haben. Erinnern Sie sich daran, dass das, was Sie im Moment fühlen, kein dauerhafter Zustand ist. Sagen Sie sich das, was Sie tröstet. Bitten Sie gute Freunde, Ihnen genau das zu sagen, was Sie in Ihrer Situation stabilisiert.

Gelegenheit für Schnappschüsse

Auch wenn Sie sich in der Krisensituation elend fühlen, behalten Sie etwas im Auge: Wenn Sie es tatsächlich schaffen, einer Sache, einem Thema oder einer Person gegenüber 24 Stunden am Tag und sieben Tage die Woche die gleichen Gefühle entgegenzubringen, dann würde ich mich an Ihrer Stelle fragen, ob ich psychisch krank bin. Es ist das Wesen von Gefühlen, dass sie sich über die Zeit verändern – auch über den Verlauf eines einzigen Tages.

Dazu ein Beispiel:
Nehmen wir an, Sie sind eine glückliche, junge Mutter. Selbst dann bringen Sie Ihrem Nachwuchs nicht dauerhaft die gleichen Gefühle entgegen. Ihr Empfinden kann von Liebe zu Fürsorge, von schlechtem Gewissen zu Ungeduld wechseln und sich dann weiter in Momenten von Enttäuschung, Müdigkeit und reiner Glückseligkeit äußern. Mit den „schwarzen" Gefühlen ist es ähnlich: Wenn Sie in tiefer Trauer sind, weil Sie einen geliebten Menschen verloren haben, wird es Momente am Tag geben, an denen Sie mehr Leere als Trauer empfinden. Dann wieder sind Sie vielleicht ganz anders gestimmt und empfinden dem Verstorbenen gegenüber sogar etwas wie Ärger, Dankbarkeit, Verzweiflung oder Heiterkeit.

Gefühle sind nicht dauerhaft. Beobachten Sie das einmal, wenn Sie ganz intensiv ein Gefühl empfinden, versuchen Sie dabei, alle Qualitäten wahr-

zunehmen. Danach sprechen Sie mit einer Person über Ihr Gefühl. Hören Sie während des Sprechens in sich hinein, ob die Gefühle gleich bleiben oder ob sie sich in Quantität oder Intensität verändern. Häufig bewirkt allein die Aktivierung des Sprachzentrums schon eine kleine Veränderung.

Wenn man sich klarmacht, welches Eigenleben Gefühle während des Schlafes im Traum führen, dann wird die Inkonsistenz sehr deutlich.

Auf der Ebene des Denkens spiegelt sich die Inkonsistenz in bestimmten Grenzverschiebungen wider, die in unseren Gedanken stattfinden. Nehmen wir an, Ihre Partnerin hätte Sie betrogen. Und weil Sie kein buddhistischer Mönch sind, reagieren Sie stark emotional und ungehalten und haben eine sehr ausführliche Meinung zu diesem Thema.[2] An welcher Stelle hören Ihre Einstellungen zu dem Thema auf und an welcher Stelle fängt das Sich-Reinsteigern an? Schwierig zu benennen, oder?

Es gibt ihn, den magischen Punkt, an dem wir entscheiden, ob wir etwas verdrängen, angemessen behandeln oder uns hysterisch in dem Thema verlieren. Zugegeben: Es erfordert ein gewisses Maß an Übung. Aber wir können bis zu einem gewissen Grad lernen, unsere Gedanken zu lenken. Zu entscheiden, wie weit wir uns der Verzweiflung hingeben wollen. Oder ob wir sie komplett ausblenden. Die meisten von uns haben in ihrer Kindheit nur das eine oder das andere Extrem gelernt. Dabei gilt Gefühle aus-zublenden als typisch männlich; sie zu zelebrieren als eher weiblich. Die Extreme sind selten hilfreich.

Noch etwas: Wir trennen nicht mehr zwischen existenziellen Schwie-rigkeiten, die wirklich unsere Existenz bedrohen (woher kommt die nächste Mahlzeit, wo kriege ich sauberes Trinkwasser?), und Ereignissen, die eine Flut von unangenehmen Gefühlen auslösen (warum tut meine Freundin mir das an?). Oft ist uns auch unklar, ob gerade unsere Grundwerte verletzt werden oder nur unsere Eitelkeit gekränkt ist.

Noch schwieriger, aber auch deutlich vielschichtiger wird es, wenn wir dazu neigen, uns selbst immer wieder in Situationen zu bringen, die mit großer Wahrscheinlichkeit schmerzlich enden. Wer sich entscheidet, je-manden mit einem Suchtproblem zu heiraten, programmiert gewisse Er-lebnisse vor: Grenzverletzungen im großen Stil sind zu erwarten. Das empört die Betroffenen zwar ein wenig, aber zieht ansonsten keine große Verände-

---

[2] Wir wollen nicht vergessen, dass der buddhistische Mönch unter Umständen auch des-wegen so gelassen ist, weil er gar keine Partnerin hat, die ihn betrügen könnte. Da stellt sich doch die Frage nach dem Huhn und dem Ei

rung nach sich, weil sie gar nicht wissen, dass sie ein Recht auf Grenzen haben, oder nie gelernt haben, ihre Einhaltung einzufordern. So kann es kommen, dass sie sich häufig in Situationen wiederfinden, die sie erneut mit ihrem Drama konfrontieren.

Was wir finden wollen, ist die haarfeine Linie zwischen dem Vulkan auf unserer Insel, der eben manchmal Katastrophen produziert, den Sie nicht kontrollieren können, und der Neigung, unnötigerweise eine Villa genau neben dem Vulkan zu bauen.

Wenn Sie einen „Schnappschuss" Ihrer Probleme betrachten könnten:
Handelt es sich um Schicksalsschläge?
Oder handelt es sich um Probleme „eigener Herstellung"?

15 Ankunft

"Brace for impact!" lautet der Befehl auf der Enterprise[1], wenn ein feindlicher Angriff erwartet wird. Ich nehme an, der Ausdruck wird nicht nur in Sciencefiction-Weltraum-Serien gebraucht.
"to brace oneself for something" heißt: sich auf etwas gefasst machen
"impact" bedeutet: Einschlag, Wirkung
Was die Selbstveränderung angeht, gibt es keinen Raumschiffskapitän, der einen entsprechend vorwarnt, wenn Gefahren von unerwarteten Seiten auftauchen. Darum müssen Sie das übernehmen! Also: Brace for impact!

Überlegen wir kurz, was alles passieren kann, wenn wir beginnen, uns zu verändern: Ja, wir erleben viele Wandlungen, auf die wir hofften; aber mit ihnen tauchen auch Begleiterscheinungen auf, mit denen wir nicht gerechnet hatten – die negativen Spätfolgen.

Wenn Sie Ihr Gewicht reduzieren, kann es passieren, dass im Gesicht und Körper plötzlich Falten sichtbar werden, die vorher mit Fett unterlegt waren. Nicht jede Frau über 30 freut sich über schwindendes Fettgewebe aus dem Busen und die entsprechende Formänderung. Es kann Phasen geben, in denen Ihnen die Ernährungsumstellung gehörig auf den Wecker gehen wird: Wenn Sie tatsächlich Nicht-Raucher werden, haben Sie plötzlich deutlich weniger Pausen. Bekanntermaßen kann es bei manchen in der Übergangsphase zu Gewichtszunahme und Verdauungsschwierigkeiten kommen. Darüber hinaus fühlen Sie sich vielleicht von Ihren rauchenden Freunden abgeschnitten. Den gleichen Effekt werden Sie bei Alkoholabstinenz spüren.

Wer seine Geldprobleme in den Griff bekommt, wird mit Sicherheit weniger Anschaffungen machen und auf manches verzichten müssen: ständiges Ausgehen mit Freunden, die aktuelle neue Mode usw.

Wenn Sie die Gewohnheit aufgeben, Beziehungen zu trinkenden Partnern zu suchen, kann nach der Trennung erstmal eine Phase der Einsamkeit eintreten.

---

[1] Star Trek: *Enterprise* (2001–2005) war eine Fernsehserie, die im Star-Trek-Universum spielt. Dieses wurde von dem amerikanischen Sciencefiction-Autor Gene Roddenberry geschaffen.

Wenn Sie Ihre Vermeidungshaltungen überwinden und aussprechen, was Sie bisher hinunterschluckten, kann es zu vermehrten Konflikten mit Ihrem Umfeld kommen. An manchen Tagen werden Sie sich vielleicht einsam und unzufrieden fühlen. Das ist eine Übergangszeit. Die gilt es zu überwinden. Der wichtigste Schritt ist zu realisieren, dass dieser Zustand eine Phase darstellt. Stellen Sie sich vor, Sie kippen eine unaufgeräumte Schublade aus, um aufzuräumen: Dann ist zunächst das Chaos größer und Sie wünschten sich vielleicht: „Hätte ich das bloß nicht gemacht!" Das ist eine Phase. Sie braucht Zeit und geht vorbei. Manch einer neigt dazu, die zeitliche Begrenzung von Schwierigkeiten zu vergessen, wenn er in ihnen steckt. Entwicklung benötigt aber Zeit. Und Geduld. Wenn die Schublade ausgekippt ist, muss erst einmal in Ruhe alles durchsortiert und geguckt werden, was in ihr verborgen war. Machen Sie eine Standortüberprüfung!

Wenn Sie sich gerade erfolgreich auf dem Weg der Veränderung befinden:
▶ Was widerfährt Ihnen?
▶ Mit welchen „Nebenwirkungen" hatten Sie nicht gerechnet?
▶ Wie geht es Ihnen damit?

Im Jammertal

Auch wenn Sie selbst mit den Veränderungen ganz zufrieden sind, kann es passieren, dass die Menschen in Ihrem Umfeld sich nicht mitfreuen oder Ihnen gratulieren.

Es lassen sich weit mehr Dinge in Belohnungen und Bestrafungen im Sinne des Verhaltenlernens interpretieren als nur Essen, Drogen und Schmerz. Wir erinnern uns: Belohnend ist zusammengefasst alles, was bewirken kann, dass ein Verhalten weiter oder mehr produziert wird. Ist Ihnen schon aufgefallen, wie viel Verstärkung man bekommt, wenn man jammert?

A: „Na, wie geht's denn so?"
B: Ach naja, gar nicht gut! Das furchtbare Übergewicht drückt auf meine Knie, und eigentlich sollte ich mit Rauchen aufhören, aber ich schaff's einfach nicht. Viel zu viel Stress!"
A: (warmherzig) „Och, das tut mir ja leid!"

Das Faszinierende daran ist, dass A unter Umständen sein Mitgefühl nicht mal ernst meint. Vielleicht äußert er sich nur aus Gewohnheit mitfühlend. Weil es einfach grob unhöflich wäre, keine Anteilnahme zu zeigen oder klar zu sagen: „Wissen Sie, das interessiert mich eigentlich gar nicht." Aber selbst wenn die Anteilnahme nur oberflächlich stattfindet, wird B, so verstärkt, noch weiter ausholen und noch mehr jammern. Und mehr Mitgefühl, also Verstärkung, dafür bekommen. Diese Verstärkung bekommt er von A, später noch von C, D und E. Wenn dann F zu ihm trocken sagt: „Hm. Ich hab' jetzt leider keine Zeit. Wir sprechen ein anderes Mal darüber.", dann gilt automatisch F als kalt und hartherzig.

In unserem Kulturkreis ist es ausgeprägt, auf die Frage nach dem „Wie geht's?" tatsächlich erschöpfend zu antworten. Während im englischen Sprachraum die Frage: „Wie geht's?" gern mit „Wie geht's?" (how-do-you-do's-Dialoge) beantwortet wird. Ein weiteres Problem ist, dass es in Deutschland fast ein wenig verpönt ist, auf diese Frage mit einem strahlenden: „Hervorragend! Blendend! Ging mir nie besser!" zu antworten.

Stellen Sie sich einmal vor, Ihre Bemühungen schlagen an: Sie nehmen erfolgreich ab. Das Rauchen wird weniger. Sie sprechen mutig Ihre Konflikte an. Ihr Schuldenberg wird kleiner. Glauben Sie, man wird Ihnen nur zujubeln und Sie beglückwünschen?

Mit großer Wahrscheinlichkeit gibt es einige Menschen in Ihrem Umfeld, die abwertende Kommentare machen werden. Ob sie das aus plötzlichem Neid oder angeborener Missgunst tun, sei einmal dahingestellt. Wie heißt es so schön? Neid muss man sich verdienen, Mitleid bekommt man geschenkt.

Abgesehen davon, dass viele glauben, man dürfe sich nicht zu früh freuen, gibt es keine ausgeprägte Kultur des Mitfreuens. Oder haben Sie schon den Satz gehört: „Mensch, guck mal, die Meiers haben sich jetzt einen noch größeren Mercedes gekauft! Toll. Da freu ich mich aber für die!" –?

Wir praktizieren also oft das kollektive Honorieren des Jammerns und Klagens und leiden an einem Mitfreu-Defizit. Daher werden die Reaktionen auf Ihre Erfolge vielleicht gewöhnungsbedürftig sein.

Gewöhnen Sie sich selbst vom ersten Tag Ihrer Umstellung an, sich bei anderen für deren kleine und große Erfolge mitzufreuen. Es kann helfen, wenn man sich aufrichtig mitfreut. Wenn jemand beim Scheitern anderer Schadenfreude verspürt oder sich selbst gern dadurch aufwertet, indem er überprüft, wie schlecht es dem anderen geht, dem wird es auch schwerfallen, die eigenen Erfolge zu honorieren. Es geht hier keinesfalls um Moral. Niemand will aus Ihnen einen besseren Menschen machen. Es geht um etwas ganz anderes:

Wenn Sie sich an den positiven Entwicklungen anderer nur schwer mitfreuen können, welche Reaktionen erwarten dann Sie von Ihrem Umfeld? Fangen Sie doch einfach jetzt schon an, sich an und mit Dingen und Menschen zu freuen, die das verkörpern, was Sie anstreben. Es übt ungemein und hilft Ihnen, „Selbstfreude", gar Selbstliebe zu entwickeln.

Was passiert, wenn es Ihnen gelingt, sich so zu verändern, wie Sie es sich wünschen? Wie werden Ihre Freunde und Verwandten reagieren? Mit Begeisterung?

Ich erinnere mich an eine Freundin, die ca. 50 Kilo Übergewicht ihr Eigen nannte und die mit viel Fleiß drastisch abgenommen hatte. Nach den ersten 25 Kilo fuhr sie zu einem Jahrestreffen mit Kollegen. Von mehreren ebenfalls „molligen" Kolleginnen wurde sie mit strengem Gesicht getadelt, jetzt sei aber genug, mehr müsse nicht sein, sie würde ja nun bald zu dünn. Zur Erinnerung: Sie hatte zu diesem Zeitpunkt immer noch 25 Kilo Übergewicht. Die Bewunderung und die Unterstützung hielten sich in Grenzen. Im Gegenteil versuchten einige ihr besonders kalorienreiche Lebensmittel anzubieten.

Das bedeutet: Wenn Sie Ihr Ziel erreichen, wenn Sie es wirklich geschafft haben, sich zu verändern, wird nicht überall ein Umfeld voller Begeisterung auf Sie warten. Gerade Menschen, die noch mit dem Problem kämpfen, das Sie bereits gelöst haben, werden kaum andächtig zu Ihren Füßen sitzen und bewundernd zu Ihnen aufschauen. Wie wird das für Sie sein?

Gehen Sie einmal gedanklich Ihr Umfeld durch:

▶ Wer wird wie reagieren?
▶ Welche Reaktionen wünschen Sie sich?
▶ Welche sind realistisch?
▶ Wie viel bedeutet Ihnen die Bestätigung Ihrer Mitmenschen?
▶ Im Vergleich dazu: Wie viel bedeutet Ihnen die erfolgreiche Änderung?

16 Andere auf die Reise schicken

Jetzt aber raus mit der Sprache: Haben Sie jemals versucht, einem anderen Menschen etwas an- oder abzugewöhnen? Vielleicht einem Partner, einem Mitbewohner oder den eigenen Eltern? Die Kinder lassen wir hier einmal beiseite. Denn Kindern etwas an- oder abzugewöhnen, bezeichnet man auch als Erziehung. Bei der Erziehung spielt die Besonderheit der Eltern-Kind-Beziehung eine große Rolle. Die Beziehungsstruktur ist von Abhängigkeit geprägt. Ohne Anpassung an die Eltern kann das Kind nicht überleben. Zumindest in den ersten Jahren vor der Pubertät stellen die Eltern eine klare Referenzgröße dar. Der Nachwuchs muss ohnehin alles neu lernen und wird durch seine Erfahrungen mit uns geprägt. Ums Erziehen kommen Sie als Mutter oder Vater nicht herum. Ums Erzogenwerden kommen die Kinder nicht herum. Darum lassen wir diese Konstellation hier außen vor.

Der Versuch, einen Menschen zu ändern, der der Prägungsphase entwachsen ist und nicht von Ihnen abhängig ist, gestaltet sich viel, viel spannender für unser Thema. Ehe wir in uns auf die Theorie stürzen: Kleines Experiment gefällig?

> **!**
> Probieren Sie für vier Wochen gezielt „erwünschtes" Verhalten zu belohnen! Wann immer Ihre Partnerin oder Ihr Partner etwas „richtig" macht, ohne dass Sie ihn oder sie vorher dazu aufgefordert haben, honorieren Sie dieses Verhalten mit einer Belohnung, die für ihn oder sie bedeutsam ist. Dafür müssen Sie natürlich vorher überlegen, ob er bzw. sie eher auditiv (Lob, Koseworte), visuell (dankbar anlächeln etc.) oder haptisch (streicheln) veranlagt ist.

Dieses spielerische Experiment sollten Sie nur für so kleine Verhaltensweisen wie „Handtuch wieder an den Haken gehängt" oder „Teller in den Geschirrspüler eingeräumt" benutzen. Nicht die großen, komplexen Themen des Universums mit ins Spiel bringen. Nur etwas, das so klein und unbedeutend ist, dass Sie beide damit klarkommen, wenn es nicht funktioniert. Wichtig ist, dass Ihr Belohnen unkommentiert geschieht. Kündigen Sie also nicht an: „Ich versuche jetzt, dich zu dressieren.", sondern führen Sie es einfach durch.

Das kommt Ihnen unmoralisch vor? Man dressiert doch keinen Partner? Schon gar nicht ohne vorherige Information! Prinzipiell eine wunderbare

Einstellung. Denken Sie das nächste Mal daran, wenn Sie unkontrolliert an ihm oder ihr rumnörgeln, meckern und sich beleidigt zurückziehen, direkt im Anschluss an eine Situation, in der er oder sie nicht macht, was Sie wollen. Stellen Sie sich einfach vor, wie ich direkt hinter Ihnen stehe, mit dem Finger auf Sie zeige und „Aha, ertappt!" rufe.

Als ob das nicht gang und gäbe wäre: Wir versuchen andauernd, den anderen zu „dressieren". Normalerweise mit den kulturell üblichen Bestrafungen: nörgeln, schmollen, schweigen. Keine Sorge: Denn im Gegenzug werden wir ebenfalls dressiert. Es sei denn, Sie leben mit dem bereits zitierten buddhistischen Zen-Mönch zusammen (obwohl: das Schweigen bliebe auch hier, aber das Nörgeln und Schmollen fielen bestimmt weg). Meist „dressieren" wir den anderen unbewusst und zu oft endet es im Eklat.

Wir stecken im System drin, wir sind ständig in Prozesse von Belohnung und Bestrafung involviert. Die aufschlussreiche Frage kann nur heißen: Was passiert, wenn wir von den Bestrafungen unerwünschten Verhaltens ablassen und nur noch gezielt das Erwünschte belohnen?

Gerade in Partnerschaften entwickelt sich irgendwann die Erwartung, der andere müsse einen belohnen und fertig! Und zwar einfach so, weil man da ist. Wie war das noch? „Sag doch mal was Liebes." Wenn beide diese Einstellung haben, ist das Elend natürlich vorprogrammiert. Jeder sitzt in seiner Ecke und erwartet vom anderen Zuwendung, Anerkennung und „Belohnerchen", ohne dafür ein bestimmtes Verhalten zu zeigen. Auf der anderen Seite zögert man nicht, dem Partner oder der Partnerin eine heftige Reaktion um die Ohren zu hauen, wenn er/sie nicht tadellos „funktioniert".

Was heißt „heftige Reaktion"? Kleines Cliché: Frauen nörgeln, Männer schweigen. Aber es gibt natürlich noch 1000 andere Varianten, wie man seinem Partner das Leben zur Hölle machen kann, wenn der nicht macht, was wir wollen.

Alles, was ich Ihnen als Experiment vorschlagen möchte, ist: Probieren Sie es mit Verstärkung, Belohnung und Lob für das richtige Verhalten. Oft. Denken Sie daran: Wiederholung ist die Mutter einer Fähigkeit. Regelmäßig. So schnell wie möglich direkt nach dem richtigen Verhalten. Beobachten Sie, welchen Effekt das hat. Wenn Ihre Beziehung nicht völlig den Bach runter ist und Sie beide bereits im Zustand einer gemäßigten Feindschaft leben, würde ich generell empfehlen, den anderen so oft wie möglich und auch unmotiviert zu belohnen. Also, ohne dass er oder sie dafür etwas „leisten" muss. Sie selbst, Ihre Anwesenheit sollte als Belohnung erlebt werden.

Vom Kehren vor fremden Türen

Wenn wir ein tieferes Verständnis des Veränderungsmechanismus gewinnen wollen, dann betrachten wir am besten im Detail, was passiert, wenn wir versuchen, auf die traditionelle Art und Weise unseren Partner zu verändern. Wie viele Menschen wünschen sich, dass ihre Partnerin, ihr Partner sich in irgendeiner Weise ändert? Reichlich! Wie viele Frauen versuchen ihre Männer dazu zu bewegen, mehr im Haushalt zu helfen, sich sportlich zu betätigen und weniger Fußball zu gucken? Wie viele Männer begegnen Kommunikationsangeboten ihrer Partnerinnen mit den Worten: „Muss das sein?" Dass die Zahl erstaunlich groß ist, können wir uns schon denken. Das Erstaunliche ist jedoch, wie gern und mit wie viel Leidenschaft Menschen ihre Energie daran setzen, den anderen zu verändern und damit für ihn Verantwortung zu übernehmen. Sie sind bereit, für jeden anderen unter der Sonne Verantwortung zu übernehmen. Aber nicht für sich.

Ein Freund von mir beklagt sich gern über seinen Bruder: „Er ist zwar ganz erfolgreich, aber lange nicht so, wie er erfolgreich sein könnte." Natürlich bemüht mein Freund sich auch darum, seinem einzigen Bruder diese Einsicht zu vermitteln. Unnötig zu erwähnen, dass so ziemlich jeder, der ihm über den Weg läuft, noch erfolgreicher sein könnte, außer dem Papst vielleicht. Aber anstatt sich darum zu kümmern, den eigenen Erfolg zu mehren, verbringt er lieber Zeit damit, andere Menschen zu „motivieren", sich zu ändern.

Theoretisch, bei sehr nüchterner Betrachtung sollte man annehmen, dass jeder erwachsene Mensch für sich selbst verantwortlich ist. Eigentlich könnte es naheliegen, dass jeder sich um seinen *eigenen* Erfolg bemüht. Um seine eigenen Probleme. Um seine eigenen Angelegenheiten. Es gibt im Leben von uns erwachsenen Menschen so viele Dinge, für die wir wirklich verantwortlich sind: wie wir uns ernähren, was wir in unsere Lunge lassen, wie wir uns bewegen, wie wir mit unserem Geld, unserer Zeit und unseren Aufgaben umgehen. Das alles liegt in unserer erwachsenen Verantwortung. Man sollte meinen, dass damit der Tag voll ist.

Beim Blick in die Praxis entsteht aber der Eindruck: Diverse Menschen übernehmen lieber Verantwortung für andere als für sich selbst. Lieber rechnet man dem Partner seine Zigaretten vor, als selbst von der Couch aufzustehen und joggen zu gehen. Nicht nur, dass wir nörgeln, meckern oder kritisch gucken. Wir geben auch Erklärungen ab, in der Hoffnung, unser Gegenüber würde dann verstehen, warum er nicht mehr tun soll, was

er oder sie will, sondern was wir wollen. Die Erklärung ist einer der Klassiker, die wir nur zu gern anderen „überhelfen", wenn die sich ändern sollen. Die Erklärung ist auch der Klassiker, auf den wir selbst so bewundernswert resistent reagieren, wenn wir ihr ausgesetzt sind.

In meiner Badewanne bin ich Kapitän

Warum reicht es nicht, dem Partner einmal deutlich zu erklären, was er/sie alles falsch macht? Weil der andere es vielleicht gar nicht falsch findet. Weil der Partner vielleicht selbst entscheiden möchte, wie er sich verhält. Was bei vielen von uns ziemlich ausgeprägt ist, ist der Wunsch nach Selbstbestimmung. Bis auf diejenigen, die irgendeinem „Guru" hörig sind, entscheiden viele Menschen gern für sich, ob sie etwas wollen oder nicht wollen. Diejenigen, die einem Guru hörig sind, legen oft Wert auf die Feststellung, dass sie sich diesen Guru zumindest selbst ausgesucht haben, und damit auf einen Teil ihrer Selbstbestimmung.

Nun sind es aber gerade meist die „Autonomsten der Autonomen", die anderen zu gern Vorschriften machen, was sie zu tun oder zu lassen haben. Ach was: Fast alle von uns erklären gern anderen die Welt oder wissen ziemlich genau, was für Kläuschen richtig ist und für Klaus absolut notwendig. Was Susi tun müsste, um einen Job zu finden, und Sabine unterlassen müsste, damit ihr Mann nicht wegläuft. Wir wissen, ob Gabi nicht doch dringend 20 Kilo abnehmen müsste, während Gunter 10 Kilo plus gut stehen würden. Wenn wir besonders gut drauf sind und Susi, Gabi, Klaus und Gunter unsere Partner sind, dann lassen wir sie unsere Erkenntnisse auch immer wieder wissen. Mal kurz überlegen, sagen die dann: „Oh, danke, dass du mir das endlich sagst? Genauso werde ich das tun!" Selten. Sehr, sehr selten.

Kommt jemand auf *uns* zu und erklärt *uns*, was wir tun oder lassen müssten, sieht die Welt doch nicht viel anders aus. Wir sagen auch nicht „Danke". Wir machen sofort dicht. Ihre Partnerin will wieder irgendwas von Ihnen? Sie merkt an, dass Sie ja schon wieder mit der Steuererklärung getrödelt haben? Er fragt, warum Sie immer noch jeden Tag die Schokokekse essen, obwohl Sie 20 Kilo zu viel wiegen? Sie sollten irgendwas tun oder haben etwas nicht getan? Mein Gott, muss der sich immer so aufregen!

Wir reagieren meist nicht mit Freude und Heiterkeit, sondern mit Ärger und Ablehnung auf Kritik. Je öfter jemand von außen uns einredet, wir

sollten abnehmen, desto widerwilliger werden wir. Na gut, er hat vielleicht Recht, aber ich mache nicht, was er sagt: „Du bist nicht meine Mutter!"

Wer sagte so passend: „Was du nicht willst, das man dir tu, das füg' auch keinem andern zu."? Das lässt uns genau zwei Möglichkeiten: Entweder Sie bedanken sich ab sofort bei jedem, der Ihnen Rat-Schläge erteilt. Oder Sie teilen selbst keine Schläge mehr aus. Rat, Kritik, Hinweise und Kommentare hinzunehmen, die wir als unangenehm, also bestrafend, erleben, ist unvergleichlich schwierig. Selbst wenn der andere Recht hat. Gerade, wenn der andere Recht hat.

Das Dilemma besteht also darin, dass „andere auf die Reise zu schicken" für uns so belohnend ist, für den anderen und damit für die Beziehung dagegen belastend. Warum ist diese Art der Reiseplanung für uns selbst honorierend? Abgesehen davon, dass wir uns von überschüssigen Aggressionen befreien, ist es deshalb so eine feine Sache, weil wir im Recht sind: Der andere macht was falsch. Wir haben es gesehen! Wir wissen es besser! Wir haben gewonnen! Hach! Aber es wird noch schöner: Vielleicht können wir den anderen „retten"! Dann sind wir die „Guten"! Nochmal: großes Hach! Märchenhaft! Was für eine Belohnung!

Für Sie nicht? Freuen Sie sich. Blättern Sie einfach weiter.

Wenn Sie sich jedoch wiedererkannt haben, dann ist jetzt der Moment, innezuhalten. Gerade Menschen, die mit der Selbstveränderung hadern, sie vor sich herschieben und sich auch gern mal um sie herumdrücken, sind engagiert und schnell bei der Sache, wenn es darum geht, anderen zu erklären, wie sie ihr Leben führen sollen. Das ist kein Zufall, das hat System. Wie war das noch mal mit dem Balken, dem Auge und dem Splitter? Hier und da finden sich bei ein bisschen Stöbern beeindruckend schlaue Sätze in der Bibel.

Um sehr frei aus der Bergpredigt zu zitieren: „Denkt nicht schlecht über andere Menschen, nur weil sie anders sind als ihr oder hin und wieder etwas falsch machen. Euch fällt nur auf, wenn jemand einen kleinen Splitter im Auge hat. Aber ist euch noch nie die Idee gekommen, dass ihr selbst manchmal ein riesiges Brett vorm Kopf habt? Schaut erstmal, wie ihr eure eigenen Fehler loswerden könnt, dann erst könnt ihr anderen helfen, ihre loszuwerden!"

Dracheneier sammeln

Ich gehe sogar einen Schritt weiter: Wer ein besonders großes Brett vorm Kopf hat, geht manchmal los und sucht geradezu nach Menschen, die

irgendetwas in ihrem Auge habe. Wir reden hier über Menschen, die an keinem Drachenei vorbeigehen können, ohne es mit nach Hause zu nehmen.

Für alle, die nicht Harry-Potter-Fans sind:

In den Romanen um Harry Potter von J. K. Rowling gibt es einen sehr großen, kräftigen Wildhüter, Hagrid, der eine ausgeprägte Schwäche für gefährliche Tiere hat und der solche Bücher liest wie: „Wenn Männer Drachen zu sehr lieben“. Im ersten Band bekommt er ein Drachenei geschenkt, das er heimlich in seiner Hütte aufzieht. Heimlich, denn aus nachvollziehbarem Grund ist in der Welt des postmodernen Zauberlehrlings die private Drachenhaltung illegal. Es kommt, wie es kommen muss: Aus dem Ei schlüpft ein kleiner Drache, der sich schon benimmt wie ein großer. Er wächst und wächst und wird zu einer Gefahr für Leib und Leben des Besitzers, weil er alles in Brand setzt. Schließlich erreicht er eine Größe, in der man ihn unmöglich in geschlossenen Räumen halten kann, und muss außer Landes geschmuggelt werden.

Was hat das mit uns zu tun? Überlegen Sie kurz, ob es vielleicht in Ihnen die winzigkleine Neigung gibt, Dracheneier zu sammeln. Sind Ihre Freunde wirklich Freunde – oder Fälle? Es geht hier nicht darum, Ihnen nahezulegen, sich nur noch mit den Reichen, Schönen und Gesunden anzufreunden. Die Frage ist: Wenn Ihre Freunde oder Ihre Partner von heute auf morgen nicht mehr schwierig sind, sondern plötzlich reich und gesund und glücklich wären – sind Sie dann noch an der Freundschaft interessiert? Oder erblüht Ihr Interesse umso mehr, wenn im Leben Ihrer Liebsten eine „Bombe“ nach der anderen hochgeht? Haben Sie in Ihrem Freundeskreis immer den intensivsten Kontakt zu den Menschen, die gerade eine Krebsdiagnose erhalten haben oder betrogen worden sind? Fühlen Sie sich angezogen von verletzlichen Frauen, die eine schwere Kindheit hatten? Oder von abweisenden, kalten Männern, die ein kleines Suchtproblem ihr Eigen nennen? Dann sammeln Sie Dracheneier. Mit diesem komplexen Problem sollten Sie sich an einen niedergelassenen Psychologen wenden.

Wenn dem nicht so ist und Sie immer noch überlegen, wie Sie Ihren Partner ändern könnten, hier des Rätsels Lösung:

Beantworten Sie sich diese drei Fragen:

1. **Wer ist das Problem? Ich oder der andere?** Wenn Sie Dracheneier sammeln, dann brauchen Sie die Hilfe eines/r niedergelassenen Kollegen/in. Denn solange diese Neigung bei Ihnen besteht, würden Sie sich das nächste Drachenei suchen, sobald Ihr Partner sich wirklich geändert hat.

2. **Kann ich mich damit arrangieren, wenn die Situation sich nicht ändert?** Nehmen wir an, es wird sich niemals was ändern: Kann ich damit leben? Kann ich mich damit arrangieren, ohne daran zu zerbrechen? Gilt „amor vincit omnia!" – „Die Liebe besiegt alles!"? Nur wenn Sie diese Frage mit „Ja" beantworten, lohnt sich ein hausgemachter Änderungsversuch. Beantworten Sie diese Frage mit „Nein", bedeutet das: Die Gewohnheit Ihres Partners ist ein potentielles Trennungskriterium. Sprechen Sie das aus. Überlegen Sie gemeinsam, ob Sie als Paar professionelle Hilfe in Anspruch nehmen wollen. Vereinbaren Sie eine Frist. Seine Socken überall in der Wohnung fallen zu lassen, hat eine andere Qualität als Spielsucht. Letzteres zu ändern ist eine enorm komplexe Herausforderung, die Sie Fachleuten überlassen sollten.

3. **Bin ich bereit, eine Trainingsphase mit meinem Partner durchzuführen?** Ist die Gewohnheit irrelevant und klein, aber lästig, dann gilt: konsequent das richtige Verhalten belohnen. Sie kennen Ihren Partner: Wenn er sich „richtig verhält", dann nehmen Sie das nicht nur zur Kenntnis, sondern belohnen Sie es gezielt. Geben Sie zum Ausdruck, wie sehr Sie sich freuen, wie dankbar Sie sind, wie glücklich Sie sind, wie sehr sein Verhalten Ihre Bereitschaft fördert, ihm wiederum eine Freude zu machen.

Für Ihre Partnerschaft sollte reichen, dass Sie miteinander darüber ins Gespräch kommen, was in Ihren Ursprungsfamilien sanktioniert wurde, was nicht und welchen Mittelweg Sie für Ihr gemeinsames Leben finden wollen.

Eines Tages, meine vier Geschwister und ich waren alle gut über die Mitte dreißig hinweg, stellten wir fest, dass alle von uns ihre Kaffee- oder Teetassen nur zur Hälfte austranken und dann stehen ließen. Wir hatten alle Partner, die nicht verstehen konnten, warum man die Tasse nicht einfach bis zum letzten Rest austrinkt. Dieses war anscheinend in meiner Ursprungsfamilie ein unsanktioniertes Verhalten. Mit Erstaunen registrierte ich, was alles in anderen Familien nicht nur thema-

tisiert, sondern offensichtlich auch sanktioniert wurde. Während ich mir davor nicht mal bewusst war, dass in meinen Teetassen ein Rest zurückblieb, und ich mich ernsthaft fragte, welche sonderbaren Dinge meinem Mann auffallen, behauptete mein großer Bruder offensiv: „Das ist bei unserer Familie wie im Orient: Ein Rest in der Tasse signalisiert Überfluss und Reichtum. Es zeigt, dass man noch etwas trinken könnte, aber es nicht trinken muss, weil man genug hat."[1]

Wenn zwei erwachsene Menschen zusammenziehen, die mit einem Gros ihrer Lernprozesse, was alltägliche Dinge angeht, bereits abgeschlossen haben, kann man sich leicht vorstellen, dass da „Welten aufeinanderprallen". Idealerweise sollte es natürlich reichen, den anderen zu bitten: „Mich nervt es, wenn du deine halb ausgetrunkene Kaffeetasse im Bad stehen lässt, bitte räum' sie in den Spüler." Im Großen und Ganzen gilt allerdings die logischste aller Varianten: Ändern Sie nur sich selbst. Diese Herausforderung sollte groß genug sein.

---

[1] Anzumerken bliebe lediglich, dass das Östlichste, was unsere Familie an Hintergrund zu bieten hat, polnisch ist, und das ist schon über drei Generationen her.

17 Blick auf die Landkarte

Was bleibt jetzt nach all diesen Erkenntnissen? Belohnen, bestrafen, sofort, ein bisschen später, viel später, auf Auslöser reagieren … Haben wir überhaupt eine Chance, aus diesem Hamsterrad herauszukommen? Oder sind wir nur „Dulder" dieses von wem auch immer ausgedachten Konzeptes?

Fassen wir am besten als Übersicht zusammen, an welchen Stellen des Systems man wie einhaken kann. Nach all dem, was wir bisher an Betrachtungen zum Thema Veränderung angestellt haben, lässt sich festhalten, dass es einige Strategien gibt, die ausprobiert werden können:

---

internal

Auslöser ⟶ Individuum ⟶ Verhalten ⟶ Sofortfolge ⟶ Spätfolge

external

Strategien zum Abschreck-Check

1. **Abschreck-Check, die Erste**: Vorwegnahme unangenehmer Folgen. Finde ich etwas in den möglichen Spätfolgen meines Verhaltens, das mich schreckt oder beeindruckt? Das mich so sehr schreckt, dass ich die Finger davon lasse?
2. **Abschreck-Check, die Zweite**: die „angeblich positiven" und wirklichen Spätfolgen meines neuen Verhaltens kritisch überprüfen. Gibt es etwas, das mich so abschreckt, dass ich die Veränderung lieber bleiben lasse?
3. **Abschreck-Check, die Dritte**: Verlustangst. Ich prüfe, wie es sich anfühlt, welche Assoziationen ich habe, wenn ich mir vorstelle, X nicht mehr zu tun. Auf was verzichte ich? Was werde ich vermissen? Kann ich diesen Verlust ertragen?
4. **Testphase, Theorie**: Kann ich mein Verhalten durch ein anderes ersetzen?
5. **Knöpfchendrücken, die Erste**: internale Auslöser erkennen und prüfen.
6. **Knöpfchendrücken, die Zweite**: externale Auslöser erkennen und prüfen.

7. **Testphase, Praxis**: Ich experimentiere mit unterschiedlichen Belohnungen und Verhaltensweisen entsprechend der Auslöser.
8. **Black-Box-Check:** Ich setze mich mit den Aspekten meiner Individualität auseinander, die ein Anspringen auf die bekannten Auslöser ermöglichen.
9. **Prüfen**: Was wäre, wenn ich mein „Ziel" mit einem Fingerschnippen erreichen könnte?
10. **Stell dich ein**: Ich kann meine Einstellung zur Belohnung ändern.

Zur Erläuterung:

Ad 1 Abschreck-Check, die Erste:

Die Vorwegnahme unangenehmer Folgen ist ein wenig knifflig. Zunächst muss ich recherchieren, welche negativen Folgen mein Verhalten realistischerweise haben kann. In einem Kurs für Problemtrinker erfuhr einer meiner Klienten, dass Alkohol in der Leber u. a. zu Formaldehyd und Acetaldehyd umgebaut wird. Letzteres sei im Prinzip nichts anderes als Nagellackentferner. Die Vorstellung nach dem Genuss einiger Cuba Libres Nagellackentferner im Blut zu haben, fand er so abstoßend, dass er seinen Alkoholkonsum für eine Zeit lang extrem reduzierte. Achtung: An diesem Punkt kann die Abwehr querschießen, wenn wir nicht kühlen Kopfes an das Thema herangehen.

Ad 2 Abschreck-Check, die Zweite:

Die Frage heißt: Wer bin ich, wenn ich statt X in Zukunft Y tue? Wie wird mein Leben sein, wenn ich X nicht mehr praktiziere?

Visualisieren Sie den erwünschten Endzustand: Ihre Finanzen sind in Ordnung, Sie haben Ihr Idealgewicht, Sie leben ohne Zigaretten.

Wie sieht mein „neues" Leben aus:
▶ Was gefällt mir?
▶ Was finde ich vielleicht erstaunlich oder sonderbar?
▶ Was befremdet mich?
▶ Wer bin ich ohne meine Gewohnheit?
▶ Habe ich Vorurteile über Menschen, die haben, was ich mir wünsche?
▶ Habe ich überhaupt eine Vorstellung, wie ich „ohne" sein werde?
Bsp.: Ich will nicht so dick sein – was stattdessen? Schlank sein? Kann ich mein Ziel positiv formulieren?

▶ Ist das Bild, das am Ende meiner Träume steht, realistischerweise erreichbar? Nicht jeder, der aufhört zu rauchen, ist deswegen kerngesund. Nicht jeder, der seine Finanzen in Ordnung hat, ist deswegen glücklich. Schlank und schön wachsen nicht unbedingt auf demselben Ast.
▶ Was kann ich wirklich erreichen?
▶ Welchen Preis bin ich bereit für das alte bzw. neue Verhalten in Kauf zu nehmen?

Ad 3 Abschreck-Check, die Dritte:
Verlustangst. Prüfen Sie, wie es sich anfühlt, welche Assoziationen Sie haben, wenn Sie sich vorstellen, X nicht mehr zu tun:

▶ Auf was verzichte ich?
▶ Was werde ich vermissen?
▶ Welchen Veränderungen sehe ich entgegen?

Hier müssen wir experimentieren und damit rechnen, dass es eine Übergangsphase geben wird, in der wir Frustrationen erleiden, weil uns die Umstellung schwerfällt.

Ad 4 Testphase, Theorie:
Einfach mal überlegen, ob es eine attraktive Alternative zu der Gewohnheit gibt. Vielleicht nicht unbedingt eine, die das Ursprüngliche perfekt ersetzt, aber eine, die beschäftigt, ablenkt und auch eine Funktion erfüllt.

▶ Durch welches Verhalten könnte ich mein ursprüngliches ersetzen?
▶ Was suche ich in meinem Verhalten?
▶ Was gefällt mir daran gut?
▶ Welchen Luxus bietet es mir?
▶ Welchen Kick gibt es mir?
▶ Welche Substanz, welches Verhalten würde gut an seine Stelle passen?

Ad 5/6 Knöpfchendrücken:
Internale und externale Auslöser erkennen und prüfen.

Gezielt beobachten und am besten aufschreiben:
▶ Was geht meinem Verhalten/meinem Konsum voraus?
▶ Welche Gedanken, welche Gefühle, welche Befindlichkeiten?
▶ Welche „Erscheinungen" gehen ihm voraus? Welche Personen, Orte, Zeiten, Informationen lösen den Wunsch nach X aus?
▶ In welchen Situationen bin ich hochgradig verführbar für X?

Kleiner **Hinweis** an dieser Stelle: Gerade bezogen auf Übergewicht/Essen und Alkohol ist die Arbeit mit Auslösern so wichtig, weil wir in einer Welt leben, die vollgestopft ist mit „Triggern". Zunächst sind da überall Rolltreppen, Fahrstühle und Autos. Verfügbarkeit allein kann schon ein Auslöser sein: Es gibt überall und ständig griff- und verzehrbereites Essen oder Alkohol für wenig Geld.

Wie wäre es, sich dem entgegenzustellen? Keine dramatischen Maßnahmen, einfach nur testen: Was passiert, wenn ich mir meine Gewohnheit nicht sofort genehmige, wenn ein Auslöser auftaucht, sondern abwarte oder für den Moment innehalte? Welche Gefühle entstehen? Der erste und wichtigste Schritt wird bleiben: abwarten und sich zu befragen. Wir haben oft jahrelang trainiert, all diese Abläufe und Prozesse zu automatisieren und nicht mehr bewusst zu bemerken. Die Bewusstmachung allein bedeutet schon eine große Veränderung.

Ad 7 Testphase, Praxis:

Mit unterschiedlichen Belohnungen und Verhalten entsprechend der Auslöser experimentieren. Was funktioniert wirklich? Es kommt darauf an, möglichst spielerisch und experimentierfreudig Verschiedenes auszuprobieren. Den Auslöser erkennen und bewusst *nicht* oder anders auf ihn reagieren. Möglicherweise bewusst aussprechen: „Das wäre früher ein Moment gewesen, in dem ich … jetzt tue ich statt dessen …". Im Vordergrund steht in dieser Phase die nüchterne Selbstbeobachtung: Was funktioniert? Was nicht?

Ad 8 Black-Box-Check:

Die Herangehensweise über den biographischen Hintergrund mag für den ein oder anderen hilfreich sein. Sie unterteilt sich in zwei Aspekte:

Warum wirkt dieser Auslöser bei mir, wenn andere gar nicht oder ganz anders auf ihn reagieren? Was repräsentiert er? Wofür steht er? Gibt es Ähnlichkeiten mit Ereignissen in meiner Vergangenheit?

Der zweite Punkt heißt: Warum bin ich eigentlich für X verführbar? Was ist vielleicht kulturell bedingt? Was hat mit meinem Aufwachsen, mit meiner Familie zu tun? Welche Subkulturen, die mir eine Identität geben, spielen eine Rolle? Welchen Lebensstil repräsentiert meine Gewohnheit? Kann ich noch Teil der Community Kochsendungen-guckender-Rotweinfans sein, wenn ich abnehmen möchte? Wenden sich die peace-no-war-musikhörenden-Cannabis-Pfadfinder von mir ab, wenn ich den Konsum aufgebe? Habe ich das Gefühl, mein gesamtes Umfeld hinter mir lassen zu müssen, wenn ich meine Gewohnheit aufgebe? Gibt mir diese Gewohnheit eine Art Identität?

Ad 9 Prüfen:
Wenn ich die Veränderung von heute auf morgen erreichen könnte, was würde sich noch verändern? Spielen der Prozess und die Entwicklung der Veränderung eine Rolle für mich, weil ich mich schrittweise umgewöhnen möchte? Oder hindern genau die Zeit und die Mühe mich, weil ich gern von einem Zustand in den andern gezaubert werden möchte?

Ad 10 Stell dich ein:
Wie ist Ihre Einstellung zur Belohnung? Ist sie vielleicht chronisch überbewertet? Haben Sie ein realistisches Verhältnis zu ihr oder wird sie mit einem Lebensstil oder einer Art Grundrecht idealisiert? Ist es vielleicht genauso möglich sich einzureden, dass die Belohnung Ihnen nichts bedeutet? Das dauert ein wenig, kann aber ganz gut funktionieren. Warum auch nicht, früher haben Sie sich auch aktiv eingeredet, dass Sie die Belohnung brauchen. Erinnern Sie sich bewusst daran, dass es ein Leben gab, bevor die Belohnung ihren Weg zu Ihnen gefunden hat. Haben Sie sie wirklich vorher herbeigesehnt? Haben Sie wirklich Ihre ganze Kindheit lang sehnsüchtig auf den Moment gewartet, da Sie endlich rauchen dürfen?

18 Zu neuen Ufern

> „Ich habe keine besondere Begabung, sondern bin nur leidenschaftlich neugierig."
>
> *Albert Einstein in einem Brief an Carl Seelig, 1952*

Einen wesentlichen Faktor habe ich bisher verschwiegen: Der Mensch ist neugierig! Neugier ist eine *der* großen Triebfedern unseres Verhaltens. Neugier hat uns einen ganzen Planeten besiedeln und den Weltraum erforschen lassen.

„Gut", sagen Sie nun vielleicht, „aber ich war nicht dabei! Ich habe außerdem gar keine Lust zum Auswandern! Wenn es nach mir gegangen wäre, würden wir heute noch gemütlich in der allerersten Höhle sitzen und es warm und bequem haben!"

Das mag sein. Vielleicht hätten Sie bei *diesem* Trupp nicht mitgemacht. Vielleicht jagt Sie nicht die Frage aus dem Bett oder Felllager, was auf der anderen Seite des großen blauen Wassers ist. Lassen Sie uns überlegen: Was erregt Ihre Neugier? Was möchten Sie gern erfahren? Bei welchen Geschichten fragen Sie nach? Wann war das letzte Mal, dass Sie etwas ganz Neues ausprobiert haben?

Experimente

Wenn wir unsere Gewohnheiten ändern möchten, kann es helfen, mit neuen Verhaltensweisen zu experimentieren, um herauszufinden, was vielleicht eine Änderung bewirkt: Statt der vertrauten, kalorienreichen Lebensmittel können wir mit Vollkornkost, asiatischem Essen oder dem Verzicht auf einzelne „Verführer" experimentieren. Statt des Feierabendbiers können wir Entspannungsübungen auf CD hören oder meditieren. Die Betonung liegt auf: *können.* Die meisten Betroffenen reagieren auf solche Vorschläge damit, dass sie versuchen, den Satz: „Aber sonst hast du sie noch alle!" zu unterdrücken.

Vielleicht ist die Meditation als Bierersatz auch ein wenig gewagt. Die Idee, nach „Ersatzstoffen" zu suchen, die mir selbst gefallen, bleibt aber gut.

Ebenso kann es helfen, wenn wir *irgendetwas* in unserem Leben ändern. Irgendetwas, das vielleicht mit unserem Thema gerade nichts zu tun hat. Wenn wir uns in verschiedenen Bereichen einfach mal nach neuen Erfahrungen umschauen.

Das bedeutet: Die Beschäftigung mit unserer Gewohnheit beispielsweise für sechs Wochen an den Nagel hängen und gucken, was im Universum sonst noch so los ist. Manchmal muss man irgendwo in seinem Leben die Erfahrung von Veränderung machen. Eine neue Sportart, ein neues Hobby, eine neue Sprache, ein Besuch an einem Ort, den man normalerweise nicht auf die Liste seiner Leidenschaften setzt.

Warum? Weil neue, positive Erfahrungen inspirieren. Wenn wir durch Erfahrungen in anderen Bereichen lernen: „Man kann auch ab und zu etwas Neues machen", kann sich die Bereitschaft erhöhen, noch mehr zu verändern. Das gilt allerdings nur, wenn Sie generell jemand sind, dessen Leben von Gewohnheiten bestimmt wird. Wenn Sie darunter leiden, dass Ihr Leben von ständigen Veränderungen geprägt ist, dann ergänzen Sie Ihr Leben um „Kuschelrituale": Versuchen Sie kleine Gleichförmigkeiten in Ihr Leben zu bringen, so wie vielleicht die Gewohnheit eine Art rituelle Gleichförmigkeit in Ihr Leben bringt.

Wie wird man neugierig, wenn man es nicht ist? Wenn Sie nicht auf der Stuhlkante sitzen und sagen: „Neu? Anders? Wo? Wie? Wann? Ich kann es gar nicht erwarten, neugierig zu werden und endlich neue Sachen auszuprobieren!" Was, wenn Sie es viel mehr genießen, wenn alles schön seinen geordneten, gleichmäßigen Gang geht? Oder wenn Sie sich in einer Lebensphase befinden, in der Ihnen alles zu viel ist? Dann geht es eben ganz anders:

Akzeptanz

Zunächst: Niemand *muss* wild experimentieren, um sich zu verändern. Wie besprochen ist die Zahl der Möglichkeiten für Verhaltensänderungen nahezu unbegrenzt. Experimentieren ist nur eine von mehreren Möglichkeiten. Ein Anfang ist, zu akzeptieren, dass der Ist-Zustand heißt: „Es gibt da etwas, das ich gern los wäre." Wie? Was? Um sich zu verändern, soll man nichts machen?!

Ganz so ist es nicht. Den Ist-Zustand zu akzeptieren, heißt nicht, nichts zu tun. Ich weiß nicht, ob Ihre Gedanken manchmal mit Ihnen durchgehen und Ihnen z. B. solche Worte durch den Kopf geistern:

„Mist! Ich hab die Nase voll! Ich seh' aus wie ein fettes Monster! Wenn ich mich schon im Spiegel seh'!" Oder so etwas wie: „Gut, dass keiner in mein Arbeitszimmer gucken kann und weiß, wie unordentlich ich wirklich bin. Muss ja auch keiner wissen. Ich würd' mich ja in Grund und Boden schämen." Oder: „Mein Gott, ich bin so ein Versager, ich hab' einfach keine Willensstärke! Ich bin doch einfach nur ein Loser."

Immer wenn Sie mit sich grollen, sich grämen oder sich für Ihr Problem bemitleiden, akzeptieren Sie es nicht. Sie hadern damit. Sie wollen es loswerden. Vielleicht hassen Sie es oder verachten sich dafür. Vielleicht stehen Sie inzwischen auf dem Stuhl und rufen: „Natürlich will ich das Problem loswerden! Darum lese ich doch dieses Buch! Ja, soll ich mich etwa *loben* für meine 20 Kilo Übergewicht? Soll ich mir gratulieren zu 14 % Dispokredit-Zinsen?" Niemand sagt, dass Sie sich für ein Verhalten, das Sie unglücklich macht, feiern sollen. Ich sage lediglich, dass die Selbstbeschimpfungen Ihnen nicht helfen.

Ich muss nicht mehr erwähnen, wie das oben beschriebene Zitat bei Ihnen und mir heißt, oder? Wer sich beschimpft, praktiziert Bestrafungen, ständige Selbstbestrafungen. Direkt bei sich, in seinem Kopf. Ständige Bestrafungen sind wenig sinnvoll, weil sie uneffektiv sind. Ja gut, man kann eine Menge Aggressionen dabei loswerden, aber die Aggressionen sind gegen Sie selbst gerichtet.

Überlegen Sie kurz und ernsthaft, ob Sie in einem Gefühlszustand von Selbstbestrafung tatsächlich einen entspannten Weg finden können, sich von Ihrer Gewohnheit zu trennen. Unwahrscheinlich. Wir klammern uns verzweifelt an den paar Theorien und Ideen fest, die wir über uns und unsere Gewohnheit haben: „Dir fehlt einfach nur die Disziplin. Mensch, reiß dich doch mal zusammen, du Niete!" heißt übersetzt: „Wer dick ist, hat keine Selbstdisziplin." „Rauchen ist eine Kopfsache" bedeutet: „Du bist zu blöd dazu!" „Geld erbt man oder man klaut es" sagt eigentlich: „Sieh zu, dass du nie welches hast, sonst halten dich alle für kriminell oder faul!"

Die Theorien und Ideen, die wir selbst über unsere Verhaltensweisen haben, sagen eine Menge aus. Sammeln Sie doch mal die schlimmsten und absurdesten Vorurteile, die Sie über Ihre Gewohnheiten haben.

> Was für ein Mensch ist jemand, der …?
> Was sagt die Gewohnheit schlimmstenfalls über mich aus: …
> Dass ich mein Schokoladenkonsum nicht im Griff habe, bedeutet …

> Wer täglich ein Päckchen Zigaretten raucht, ist doch …
> Wer sein Konto ständig überzogen hat, der …

Vielleicht haben Sie ein paar Sätze gefunden, die Sie für ebenso wahr halten, wie sie schmerzhaft sind. Birgt die Akzeptanz nicht die Gefahr, sich komplett gehenzulassen? Ist jemand noch bereit sich zu ändern, der seinen Zustand akzeptiert? Welche mögliche Motivation sollte ich noch haben, mein Verhalten zu ändern, wenn ich es akzeptiere? Alle Möglichkeiten der Welt natürlich! Kleiner Denkfehler-Alarm: Akzeptanz bedeutet nicht völlige Unterwerfung und Hingabe an den Schokoladengott. Akzeptanz bedeutet, dass ich sachlich hinnehme, dass dieses Verhalten existiert und derzeit Teil meines Lebens ist:

„Ich bin Raucher."
„Ich nehme deutlich mehr Kalorien zu mir, als ich brauche."
„Ich gebe immer mehr Geld aus, als ich besitze."
„Ich meide Konflikte."
Punkt.

Meist sind wir so damit beschäftigt, unsere Gewohnheit abzulehnen, uns zu belügen, sie zu hassen oder wahlweise alle anderen zu belügen, dass wir gar nicht wissen, wie Akzeptanz aussieht oder sich anfühlt. Häufig tun wir so, als wäre das „Problem" von außen in unser Leben katapultiert worden. Wir sind daran völlig unbeteiligt: „Wir haben eben nicht so viel Geld!" oder „Mein Vater war auch immer dick!"

Akzeptanz bedeutet nicht, seine Persönlichkeit auf diese eine Gewohnheit zu reduzieren. Es ist ja nicht so, dass Sie 24 Stunden am Tag großzügiger mit Ihrem Geld umgehen, als Sie es sich leisten können. Akzeptanz bedeutet, die Komplexität zu betrachten und hinzunehmen, dass zu einer Persönlichkeit verschiedene Aspekte, verschiedene Rollen, einige Stärken und ein paar Schwächen gehören. Kein Mensch kann sich vernünftig und effektiv mit einem Thema auseinandersetzen, mit dem er hadert und das eine Strafe für ihn darstellt. Jeder Versuch, sich dem bisweilen schmerzlichen Thema sachlich und neutral zu nähern, kann helfen. Wie macht man das? Kleiner Trick: Setzen Sie den Fokus auf die Zeit. Weil etwas heute so ist, heißt es keinesfalls, dass es auf ewig so bleiben wird. Im Gegenteil, es ist sogar hochgradig unwahrscheinlich, dass es auf ewig so bleiben wird. Wir gucken

nur den aktuellen Zustand an: „In dieser Phase meines Lebens fällt es mir schwer, mit Geld umzugehen."

Was bin ich?

Kennen Sie solche Szenen? *„Hallo, ich bin John, und ich bin Alkoholiker."* *„Hallo John!"*

In vielen amerikanischen Filmen wird diese Art Vorstellungsrunde bei Gruppentreffen von Anonymen Alkoholikern oder Was-auch-immer-Abhängigen dargestellt: Der Betroffene stellt sich vor und wird von den Anwesenden begrüßt. Wie stellt er sich vor? Nur mit dem Vornamen (Anonymität) und mit seinem Problem. In dem Animationsfilm *Findet Nemo* gibt es eine Szene, in der eine Hai-Selbsthilfegruppe (Fishoholiker) zu einem ihrer Treffen auch zwei „Futterfische" geschleppt hat:

> „Also schön, das Meeting ist hiermit offiziell eröffnet. Lasst uns unsren Eid leisten. *(alle zusammen)* Ich bin ein lieber Hai und keine hirnlose Fressmaschine. Wenn ich etwas an meinem schlechten Image ändern will, muss ich mich zuerst selber ändern. Fische sind Freunde, kein Futter!"
>
> „Außer den linken Delphinen!"
>
> „Delphine? Genau! Die meinen, die sind sooo süß."
>
> „Boah, krass, bin ich voll kluger Knutsch-Delphine."
>
> „Ich fang mal an: Mein Name ist Bruce!"
>
> *(alle)* „Hallo Bruce!"
>
> „Seit drei Wochen habe ich keinen Fisch mehr gegessen – Ehrenwort!"
>
> „Du bist eine Inspiration für uns alle!"
>
> „Super!"
>
> „Hallo, ich bin Dorie."
>
> „Hallo Dorie."
>
> „Und … äh, also … naja, ich glaub', ich hab' überhaupt noch nie einen Fisch gefressen."

(ns

„Respekt! Krasse Story."

„Herzlichen Glückwunsch."

„Puh, bin ich froh, dass ich das von der Seele hab'."

„Wie wär's jetzt mit dir, Kumpel?"

„Ich? Ich hab' kein Problem!"

alle: „Der Klassiker: Verdrängung!"

aus: *Findet Nemo*

Warum erfreut sich dieses so oft durch den Kakao gezogene Ritual so großer Beliebtheit? Weil es eine Funktion hat. Das eigene Problem als erste Tatsache zu erwähnen, die man anderen über sich erzählt, schafft nicht nur einen hohen Grad an Bewusstheit, es erfordert auch die absolute Akzeptanz dieses Problems: „Hallo, ich bin Markus, und *das* bin ich auch. *Das* gehört zu mir." Den Moment, in dem man erstmalig vor sich und anderen eingesteht, welches Problem man hat, beschreiben viele Betroffene als dramatisch. Meist haben sie sich bis zu dem Punkt bemüht, sich selbst und allen anderen vorzumachen, dass sie „das im Griff haben". Dieses Ritual hat allerdings ein weiteres Merkmal: Das „Bekenntnis" erfolgt vor einer Reihe von Menschen, die das gleiche Problem haben. Diese Menschen akzeptieren diese Schwierigkeit als Anteil ihrer Persönlichkeit. Der Neuling kann sich sicher sein, dass keiner der Anwesenden ihn für seine Aussage auslachen oder verachten wird. Es gibt also – um unsere Termini zu benutzen – keine Bestrafung von außen, sondern Akzeptanz. Das Gefühl, dass andere das Problem kennen und teilen, wirkt auf viele Menschen tröstend.

Warum sollte diese Herangehensweise aus dem Suchtbereich für jemanden mit Geldproblemen oder Prokrastination interessant sein? Weil es darum geht zu akzeptieren, dass da etwas zu unserer Persönlichkeit gehört, das uns unangenehm und wenig rühmlich ist. Das uns meist so peinlich ist, dass wir einen gehörigen Aufwand betreiben, um es zu verharmlosen, zu verheimlichen und zu verstecken.

Das heißt jetzt nicht, Sie sollen sich eine Gruppe Betroffener suchen, wöchentliche Treffen organisieren und Bekenntnisse üben. Für viele Menschen sind diese „Betroffenheitstechniken" in Gruppen so negativ assoziiert, dass sie sich nicht mit ihnen anfreunden können. Das ist auch gar nicht

nötig. Sie müssen nicht vor allen anderen irgendwas bekennen. Viel wichtiger ist es erst einmal, mit sich selbst etwas zu klären. Wir können das Prinzip nämlich in eine Art und Weise abwandeln, die zu uns passt. Ob Sie die Worte vor einem Spiegel sagen, ob Sie dabei Ihr Foto betrachten oder die Worte allein im Wald sprechen, ist unwesentlich. So wie Manager gern Visualisierungstechniken aus dem Hochleistungssport üben, können Sie eine Technik aus einem anderen Bereich abwandeln und für Ihre Zwecke nutzen.

Versuchen Sie einen Satz zu formulieren, der ausdrückt, dass Sie Ihr Problem akzeptieren.

„Ich bin Mara, und ich kann nicht mit Geld umgehen."

Ja, aber ist das nicht absolut albern? Natürlich ist das albern! Alberner geht es kaum noch. Es ist allerdings genauso albern, sich jahrelang einzureden, dass man „schwere Knochen" hat und „kaum was isst", dass der „Weg zur Lunge geteert" werden müsse und dass dieser Designer-Bürosessel um 400 Euro herabgesetzt ein „Schnäppchen" bedeutet. Der Zug für „albern" ist schon lange abgefahren. Wenn Sie immer noch Berührungsängste mit einer Technik aus dem „bösen" Suchtbereich haben, erfordert es vielleicht einen Schritt zurück:

Ich möchte Sie bitten, für einen Moment innezuhalten und sich zu überlegen, welche „albernen" Sachen Sie schon erzählt haben, um Ihr Verhalten vor sich und anderen zu rechtfertigen.

! Folgendes war albern:
1. _____
2. _____
3. _____

Was haben all diese „Ausreden", „Entschuldigungen" und „Erklärungen" gemeinsam? Sie bringen uns keinen Zentimeter weiter. Jedenfalls nicht, wenn wir etwas ändern wollen. Also können wir es auch erstmal mit Akzeptanz versuchen. Kostet nämlich nichts, könnte aber wertvoll sein.

Es *ist* wertvoll. Anstatt es anzunehmen, verachten die meisten Menschen sich für ihr Problem. Scham, Bedauern, Enttäuschung – wir wollen diese Gewohnheit loswerden, weil sie uns eben nicht mit Stolz erfüllt.

In Feindschaft mit einem Teil seiner Persönlichkeit zu leben, ist nie gut und fühlt sich nie gut an. Gefühle von Selbsthass, selbst wenn sie sich nur

auf einen Teil des Selbst beziehen, schaffen so negative Gefühle, dass auf der anderen Seite der Waage zwangsläufig ein Bedürfnis nach Zuwendung, Trost und – unserer Lieblingsbelohnung wächst.

Man kann Tiere mit Schlägen dressieren oder mit Belohnungen. Wenn ich eine vertrauensvolle Beziehung zu einem Wesen aufbauen will, dann wird Letzteres vermutlich effektiver sein. Für unsere Zwecke brauchen wir eine vertrauensvolle Beziehung. Die beginnt mit Akzeptanz.

Mein Freund Harvey[1]

Eine mögliche Methode eine vertrauensvolle Beziehung zu unserer Gewohnheit aufzubauen, ist die Personifizierung von Persönlichkeitsanteilen. In vielen therapeutischen Schulen von der Gestalttherapie bis zum Psychodrama betrachtet man den Menschen als eine Summe von Persönlichkeitsanteilen. Das viel zitierte „innere Kind" (Berne, 1967: Chamberlaine & Prince, 1992; Chopich, 2005; Dilts & McDonald, 1997; Hay, 1984) ist vermutlich die bekannteste Version dieser Methode.

Diese Methode regt so manches Gemüt zum Spott an. „Dein inneres Kind will meinem inneren Kind ein Spielzeug an den Kopf werfen!", sagt der weichgespülte Therapeut mit den kleinen chinesischen Schoßhunden in dem Film *Noch einmal mit Gefühl*. Es geht mir ähnlich wie diesen Drehbuchautoren, die hinter solchen Sätzen stecken: Gerede vom inneren Kind assoziiere ich meist mit einem bestimmten Teil der therapeutischen Szene. Schade eigentlich, denn die Idee dahinter, etwas Abstraktes zu personifizieren, um einen leichteren Zugang dazu zu finden, ist nämlich ziemlich gut.

In vielen Theorien versucht man, die Persönlichkeit des Menschen in unterschiedlich blumig betitelte Teile zu zerlegen: von der Psychoanalyse, die vom „Es" und dem „Über-Ich" ausgeht (Freud, S., 1972) über das Kind-Ich der Transaktionsanalyse von Eric Berne (1967) bis zum hawaiianischen Schamanismus (King, 1991, 2005), der ähnliche Teile des Selbst „Ku" (unbewusstes Kind-Selbst), „Lono" (bewusstes Selbst) und „Kane" („spirituelles Selbst) nennt. Oder dem eben erwähnten „inneren Kind".

Im Wesentlichen geht es bei der Methode der Unterteilung darum, ein Problem, ein Gefühl oder ein Gedankenkomplex zu personifizieren, in dem

---

[1] *Mein Freund Harvey* heißt ein Film mit James Stewart, in dem er einen Alkoholiker spielt, der einen überlebensgroßen Hasen halluziniert und mit ihm seinen Alltag verbringt.

man ihm in seiner Phantasie einen eigenen Charakter und ein eigenes Aussehen gibt. Genauso, wie manche Menschen ihrem Auto einen Namen geben und mit ihm reden, als ob es ein Mensch wäre. Warum macht man das? Weil wir soziale Wesen sind. Es fällt vielen von uns leichter, uns mit einem Gegenüber zu befassen, das Augen, Nase und Ohren hat wie wir. „Gott formte den Menschen nach seinem Ebenbild" ist die erste bekannte schriftliche Niederlegung dieses projektiven Verfahrens. Ob Gott den Menschen nach seinem Ebenbild formte, bleibt unbekannt; sicher ist aber, dass der Mensch, der diese Worte schrieb, genau diese Technik anwendete. Er „formte" und beschrieb Gott nach *seinem* Ebenbild. Die Vorstellung, mit einem Gegenüber zu kommunizieren, das in unserer Vorstellung existiert, sich seine Antworten und seine Reaktionen vorzustellen, erleben offensichtlich Millionen von Menschen als tröstlich und hilfreich. Wir sagen dazu auch: belohnend. Der „große grüne Schleim auf der anderen Seite des Universums" hätte einfach nicht den gleichen Effekt für uns. Stellen Sie sich vor, sie unterhalten sich mit einem blauen Nebel, einer grünen Schleimmasse, einer magnetischen Anziehung oder der Antimaterie: keine Mimik, keine Gestik, kein Lächeln. Zum Vergleich: Stellen Sie sich vor, Sie unterhalten sich mit einem kleinen rothaarigen Kobold, der nur sichtbar wird, wenn Sie mit ihm allein sind. Geht irgendwie leichter. Alles, was ein Gesicht hat, erleichtert uns die Kommunikation.

Warum ist das für uns interessant? Weil die meisten von uns mit abstrakten Dingen schlecht in Kontakt kommen. Unsere Gewohnheit ist eigentlich nur Zusammenspiel von kognitiven und emotionalen Prozessen. Das mag für einige von Ihnen ausreichen. Für die anderen braucht es die persönliche Ansprache. Wenn Sie zu den Einsteins und Dalai Lamas gehören, die mit Abstraktheit gut klarkommen, dann überspringen Sie die nächsten Seiten.

Wenn Sie gern einen Gegenüber haben, dann lesen Sie weiter:

Um die Anzahl unserer Möglichkeiten zu erhöhen, hilft es, so viele Strategien wie möglich auszuprobieren. Die „Personifizierung des Verhaltens" ist eine davon. Wir können es, wir tun es und es kann funktionieren. Diese Handhabung ermöglicht uns Erkenntnisse und Ideen, die der interne Monolog nicht bietet. Sie ermöglicht bisweilen einen Kontakt zu Informationen, die sich häufig vor unserem Wachbewusstsein „verstecken".

Und wie machen wir das nun? Ganz einfach.

! Stellen wir uns vor, das Verhalten, mit dem Sie hadern, würde eines Tages einen Repräsentanten benennen und Ihnen einen Botschafter ent-

senden. Wenn Ihnen danach ist, können Sie sich vorstellen, dass Sie sich in einem ansehnlichen Ambiente aufhalten. Es klopft an der Tür und Ihr persönlicher Assistent kündigt Ihnen den Besuch des Botschafters an. Die Tür geht auf:
Wie sieht er oder sie aus?
Was trägt er oder sie?
Stellen Sie sich vor, wie Sie ihm ein herzliches Willkommen ausdrücken.
Stellen Sie sich vor, ihn zu fragen:
„Hast du irgendwelche Wünsche?"
„Was brauchst du von mir?"
„Was kann ich für dich tun?"
Stellen Sie sich vor, wie Ihr Gegenüber Ihnen antwortet.
Bedanken Sie sich für die Antwort und die Mithilfe und verabschieden Sie sich von ihm.

Was immer Sie in diesem Phantasiegespräch ansprechen, beachten Sie: Vermeiden Sie Bestrafungen in der Kommunikation wie Beleidigungen, Beschimpfungen, Jammern. Bleiben Sie freundlich. Bemühen Sie sich um einen sachlichen Ton, wenn es Ihnen nicht gelingt, freundlich zu sein. Die Welt ist hart genug. Wir müssen nicht noch in unserem Kopf negative Gefühle produzieren, wenn wir uns mit uns selbst unterhalten.

Wenn Sie einen Zugang zu diese Methode finden, dann unterstützt vielleicht das Folgende:

Bisweilen sind diese Methoden leichter anwendbar, wenn sie von jemandem begleitet werden, der einen Entspannungs- oder Trancezustand aufrechterhält, damit man nicht zwischendrin immer wieder im Buch nachschauen muss: „Was soll ich den noch mal fragen?"

Eine elegante Variante dieser Techniken ist die Emotional-Körper-Therapie nach Lübcke & Söller (2009). Die Ärztin und die Physiotherapeutin haben eine Methode entwickelt, bei der sie sogenannte „Führungen" anbieten. Ähnlich wie in der Gestalttherapie oder im NLP wird das „Symptom" hier direkt und persönlich angesprochen. Bei Lübcke und Söller heißt die Frage: „Hallo mein Schmerz, was kann ich für dich tun?" Im NLP fragt man: „Was ist die positive Botschaft? Was ist das Geschenk, das du mir geben willst?"

Diese Vorgehensweisen haben eine Gemeinsamkeit: Anstatt das Symptom anzuklagen und sich zu beschweren, unterstellen wir, dass auch ein schmerz-

haftes Symptom uns weiterhelfen will. Für die Realität ist völlig irrelevant, ob das tatsächlich so ist oder nicht. Der Effekt, welche „Motivation" wir einem Symptom zuschreiben, könnte in seiner Unterschiedlichkeit kaum dramatischer sein. Stellen Sie sich zum Vergleich bitte einmal Folgendes vor:

Ihre Gewohnheit wäre Ihr ärgster Feind und käme wie ein Teufel direkt aus der Hölle, um Sie in Versuchung zu führen und Sie nach langer Qual schließlich in einen Abgrund zu stürzen, aus dem es kein Entrinnen gibt.

Hm. Unschön, oder?

Jetzt stellen Sie sich vor, ein kleiner Engel habe Ihnen diese Gewohnheit produziert. Einer von denen, die kleine runde Ärmchen mit Babyspeck und tiefblaue Augen haben. Der es grundsätzlich gut meint, der aber – weil er ja noch so klein ist – ein bisschen einfach gestrickt ist. Nun sieht er Sie mit Ihrem ganzen Leben vor sich und denkt: „Das gefällt mir gar nicht. Dieser ganze erwachsene Schnickschnack ist ja nicht zum Aushalten! Immer mit allem allein fertig werden zu müssen! So viel Kummer und Sorgen! Wir brauchen etwas Kuscheliges! Warm und weich soll es sein. Am besten eine dicke Fettschicht, die polstert gut. Ich hab' es! *(Bei diesem Gedanken fängt das Engelchen aufgeregt zu hopsen an.)* Wir essen gaaanz viel Süßigkeiten! Und Schokoladenpuddings! Und Kuchen!"

Goldig, oder? Mit wem würden Sie sich lieber auseinandersetzen? Wen könnten Sie eher überzeugen, die Gewohnheit gegen etwas anderes „Kuscheliges" einzutauschen?

Noch einmal zur Erinnerung: Wir wissen nicht, welche Prozesse im Einzelnen genau *Ihre* Gewohnheit produziert haben. Was wir aber wissen, ist, dass die eine Vorstellung darüber tröstlich und versöhnlich ist, während die andere hoffnungslos und ängstlich macht. Ich sag's gern noch einmal: Gefühle wie „Hoffnungslosigkeit" und „Angst" (Strafen) begünstigen unsere „schlechten" Gewohnheiten.

Die Frage nach der Botschaft „Was willst du mir geben?" schafft dagegen eine Art Versöhnung zwischen dem Symptom und dem Menschen. Ganz häufig kommen auf diese Frage Antworten, die etwas mit Schutz und Trost zu tun haben.

Wenn wir uns diese Frage in einem entspannten Zustand stellen, kann es sein, dass wir eine Art Antwort hören. Diese Antwort können wir oft besser annehmen als vieles, das „von außen" kommt. Aus der praktischen Erfahrung kann ich Ihnen sagen, dass eine Antwort nur kommen wird, wenn Sie sich auf das Gedankenexperiment einlassen.

Wenn Sie das ganze Konzept ablehnen, gibt es auch kein Ergebnis. Aber keine Sorge – viele Wege führen nach Rom.

Eigentlich sprachen wir über Akzeptanz, als wir zu Beginn des Kapitels zu neuen Ufern aufgebrochen sind. Warum ist Akzeptanz wichtig? Weil es Energien freischaltet. Die Energie, die wir nicht mehr zum Leugnen, Verdrängen und Verharmlosen brauchen, liegt brach und kann nun genutzt werden. Erstens. Zweitens: Wenn ich mein Verhalten sachlich annehme, dann bin ich auch geneigter, es aus der Nähe zu betrachten und mich zu fragen: Wie funktioniert das eigentlich? Im nächsten Schritt kann ich mir die Bausteine, aus denen sich die Gewohnheit zusammensetzt, einzeln angucken und mich fragen: Muss das so bleiben? Was passiert eigentlich, wenn man hier eine Kleinigkeit weglässt? Was passiert wirklich, wenn ich „mal" einen auslasse? Was kann schlimmstenfalls passieren, wenn ich, das, was ich sonst meide, nur ein Mal ausprobiere?

Einen hab' ich noch

Die Umgewöhnung fällt uns manchmal schwer, weil wir nach vorn blicken und vor uns eine große Anzahl von freudlosen Tagen ohne unseren kleinen Liebling sehen. Wenn Ihre Gewohnheit sich um den Konsum einer Substanz (Nikotin, Alkohol, kalorienreiche Nahrung) bezieht, kann abschließend eine kleine Technik interessant für Sie sein.

Wissen Sie, was bei den Anonymen Alkoholikern eine feste Grundregel ist? Immer nur den aktuellen Tag sehen. Ein Tag nach dem anderen. Den nächsten erst dann, wenn er da ist: „*Heute* bin ich nüchtern.", heißt es da. Warum dieser kurze Zeitraum? Um sich nicht hysterisch in einen Zustand reinzusteigern: „Ich darf nie wieder Alkohol trinken! Mein Leben lang! Nie wieder! Das kann ich nicht. Wer soll das schaffen?" Es hilft, einen Verzicht erträglich zu machen, also die Größenordnung der Bestrafung klein zu halten. Und es handelt sich um eine Bewusstmachung im Prozess: „Jetzt ist der Moment: Hier kommt der Auslöser. Aha! Ich reagiere aber nicht darauf. Ich lasse ihn vorbeigleiten. Denn heute bin ich nüchtern."

Was sind Sie heute?

19 Nachwort

Bücher über Probleme mit dem eigenen Selbst gibt es wahrlich genug. Es ist sogar für jedes „Tierchen" etwas dabei: Abnehmwillige, Partnerschaftsverzweifelte, Zigarettenliebhaber, Geldverschwender usw.

Warum also noch eins?

Weil in den mir bekannten Ratgebern – auch den guten! – meist nur einer dieser vier Aspekte ausreichend gewürdigt wird:

1. Der „Betroffenheitsstandpunkt"
2. Die Fachkenntnis
3. Die Komplexität des Themas
4. Die praktische Anwendbarkeit der Techniken

Entweder die Autoren verarbeiten als Betroffene ihre eigenen Erfahrungen. Sie beschreiben die Methode, die bei ihnen funktioniert hat. Sie haben eine hohe Glaubwürdigkeit und manchmal effektive Techniken. Ihnen fehlt jedoch meist ein Methodenüberblick und sie verfügen über wenig Fachkenntnis. Sie vermitteln mehr die Haltung: „An meinem Wesen soll der andere genesen!" Wenn man die gleiche Persönlichkeitsstruktur hat wie der Autor, dann funktioniert die Technik auch. Aber wie hoch ist diese Wahrscheinlichkeit?

Oder die Autoren sind Fachexperten zum Thema. Sie sprechen allerdings über Erfahrungen aus zweiter Hand: Sie beschreiben ein Problem diagnostisch gut, unter dem viele ihrer Patienten leiden. Ob sie eigene Erfahrung mit dem Problem haben oder warum sie gerade dieses Problem fasziniert, erfährt man nicht. Fachautoren beschreiben oft Techniken, die sie an ihren Klienten durchexerziert haben. Vielen dieser Techniken merkt man an, dass sie an anderen beobachtet, aber nicht vom Beschreibenden selbst ausprobiert wurden. Dadurch entstehen beim Lesen oft eine Distanz und das ungute Gefühl, es rede jemand wie ein Blinder von der Farbe.

Sowohl die Betroffenen als auch die Experten widmen sich meist nur einem Teilaspekt des Themas, ignorieren aber die Komplexität zugunsten einer von ihnen als „heilbringend" entdeckten Methode. Die Techniken dagegen sind dann häufig so komplex, dass es kaum möglich ist, sie ohne fachliche Begleitung anzuwenden. Komplexität also an falscher Stelle.

Nicht nur das: Es scheint bei gewissen Kollegen eine Lust daran zu geben, den Klienten zu beschäftigen. Sie lesen über eine Technik in einem Buch,

lernen sie auf einer Fortbildung näher kennen und jagen ihre Schutzbefoh-
lenen anschließend „auf Biegen und Brechen" da durch. Meist, ohne sich
selbst intensiv auf diese Technik eingelassen, getestet, erfühlt und schöpfe-
risch sich zu Eigen gemacht zu haben.

Für meine Arbeit gilt ein Satz, den ich in meinem Tätigkeitsbereich als
sehr sinnvoll erachte:

„Was du nicht willst, das man dir tu, das füg' auch keinem andern zu."

Es wird immer wieder gern behauptet, Menschen studierten Psychologie,
um sich selbst zu helfen. Ich stehe auf dem Standpunkt, dass man als Psy-
chologin definitiv in der Lage sein *sollte*, sich selbst zu helfen! Zumindest
bei kleineren Problemen.[1] Aber konnte ich mir selbst helfen, mit dem, was
ich im Studium lernte? Nein. Das Studium schuf Grundlagenwissen. Für
die praktische Selbsthilfe brachte es wenig. Wissendes Verständnis ist schön.
Um etwas zu ändern, erfordert es eine praktische Vorgehensweise. Die fand
ich erst viel später.

Die vorliegende Strategie entstand aus zwei Komponenten:

Einerseits aus meinen eigenen Erfahrungen mit diversen Gewohnheiten,
andererseits aus meiner Arbeit mit Menschen, die ein Verhalten ändern
wollten.

Zu meinen persönlichen Erfahrungen gehören Zeiten, in denen sich
mein Gewicht auf magische Weise meiner Kontrolle entzogen hatte. Dringend zu benennen wäre da z. B. ein längerer Romaufenthalt, der gewichtige
Eindrücke hinterließ. Ebenso, wie ich mir Sprache, Kultur und Kunst zu
Gemüte führte, aß ich mich auch quer durch die italienische Küche. Mit
Erfolg. Am Ende des Jahres sprach ich nicht nur fließend italienisch, ich
hatte auch alle Museen und Kirchen besichtigt und mein Gewicht um
beachtliche 17 Kilo erweitert. Die anschließenden Bemühungen, den Ur-
sprungszustand wieder herzustellen, kann jeder, der das Buch bis hierhin
gelesen hat, sich bildhaft vorstellen.

Noch schlimmer eingebrannt hat sich die Erfahrung, als mein Hausarzt
mir, einem echten „Espresso-Junkie", von heute auf morgen das Kaffeetrinken untersagte. Was ich als römische Gewohnheit auch nach dem Gewichtsverlust beibehalten hatte, war der exzessive Espressokonsum. Ich trank jeden
Tag von morgens bis abends, mit oder ohne Milch. Jedenfalls so lange, bis
mein Hausarzt ein abruptes Ende dem setzte. Ich erlebte diesen Verlust als

---

[1] Mindestens genauso wichtig ist es übrigens zu wissen, bei welchen Problemen der Psy-
chologe sich an einen Kollegen wenden sollte.

Entzug. Wie konnte es sein, dass der Duft von gemahlenen dunklen Bohnen oder die so häufig gestellte Frage: „Möchtest du einen Kaffee?" bei mir derart schlechte Laune hervorrief?

Es dauerte drei Monate, das Verlangen nach Kaffee zu überwinden, und weitere drei Jahre, um ein emotional unbelastetes Verhältnis zu diesem Heißgetränk zu etablieren. Diese Erfahrung beeindruckte mich nachhaltig. Wie musste es erst jemanden gehen, der auf Zigaretten oder Alkohol verzichten muss?

Die Worte „Disziplin" und „Zusammenreißen" lösen seitdem einen großen Widerwillen bei mir aus.

Viel interessanter war: Wie habe ich es eigentlich geschafft, mich umzustellen? Was war schwierig? Was hinderte mich? Welche Vorgehensweise half? Mit welchen „Rückfällen" war ich konfrontiert? Welche Form von Unterstützung, die ich damals erfuhr, war eine, die den Namen verdiente? Welche Kommentare waren demotivierend?

Diese Fragen begleiteten meine Arbeit. 1999 fing ich an, als Dozentin zu arbeiten. Ich gab Kurse für Menschen, die ihren Führerschein durch Trunkenheit verloren hatten. Mein Auftraggeber, das Institut für Schulungsmaßnahmen (IFS), arbeitet bis heute nach verhaltenstherapeutischen Konzepten. Teil der Kurse ist, den Teilnehmern zu erklären, durch welche Lernprozesse Gewohnheiten z. B. im Umgang mit Alkohol entstehen. Mich beeindruckte von Anfang an, wie willig Menschen waren, sich zu öffnen und Neues auszuprobieren, wenn das Erklärungsmodell für ihr Problem eine Lerntheorie ist: „Ich habe es auf diese Weise gelernt und kann es wieder umlernen. Ich bin nicht meine Gewohnheit."

Ich erlebte, dass es für die Kursteilnehmer einen dramatischen Unterschied machte, wie sie sich dem Thema näherten. Besonders häufig war der Satz zu hören: „Ich bin doch kein Alkoholiker!" Was für ein Verstörung hätte es in der therapeutischen Beziehung hervorgerufen, wenn ich entgegnet hätte: „Naja, aber ein Problemtrinker waren Sie schon!"

Gerade ganz am Anfang, wenn man beginnt, sich einem Problem zu stellen, ruft ein Satz, der das gesamte Sein betrifft, Abwehr, Angst und Scham hervor.

Hatten sich die Kursteilnehmer dagegen mit den Grundlagen des Verhaltenlernens vertraut gemacht, fiel es ihnen fast leicht, Sätze zu sagen wie: „Ich *habe* in meiner Jugend *gelernt*, Fröhlichkeit durch Alkohol zu produzieren. Und dann wollte ich das eben immer wieder haben, bis ich schließlich ohne Alkohol nicht mehr feiern konnte. Oder Feierabend machen konnte. Oder einschlafen konnte."

Über das eigene Verhalten nachzudenken, öffnete sozusagen die Tür: Sein Verhalten zu beschreiben, macht es weniger schmerzlich, dieses und damit sich selbst kritisch zu betrachten. Wenn das möglich war und die Beziehung zur Kursleiterin sich als vertrauensvoll und tragfähig erwiesen hatte, dann fielen auch gegen Ende der Maßnahme öfter die Worte: „Also, eigentlich war ich ja schon so was wie ein Alkoholiker." – und damit war der Akzeptanz der Weg geebnet.

Ziemlich schnell zeigte sich ein weiteres Phänomen: Die Teilnehmer prüften mich, die Dozentin, kritisch auf Glaubwürdigkeit: Weiß die eigentlich, wovon die redet?

Es war wichtig für sie zu spüren, dass ihnen jemand gegenübersaß, der intensive, eigene Erfahrung mit Gewohnheitsänderungen hat – wenn auch mit einer anderen Substanz als Alkohol. Erst wenn sie diesen Eindruck einer direkten Verbundenheit hatten, berichteten sie von ihren Ängsten und Schwierigkeiten bei der Umstellung. Sie blickten mit mir zusammen auf ihre Suchtgeschichte und konnten sich nach und nach den unangenehmen Erinnerungen stellen, die mit ihr im Zusammenhang standen.

Die Erfahrungen mit den Höhen und Tiefen der Gewohnheitsänderung ermöglichen mir, meinen Klienten ohne Bewertung gegenüberzutreten. Wir alle schämen uns mehr oder weniger für unser Versagen. Wir schämen uns noch mehr, wenn wir unser Versagen einem anderen gegenüber offenlegen müssen. Zentraler Punkt therapeutischer Arbeit sollte daher immer sein, dass der Patient seiner Therapeutin/seinem Therapeuten alles sagen kann, ohne sich schämen zu müssen. Denn nur, wenn wir uns den Gründen für unser Versagen stellen, gibt es eine Veränderung.

Das ist auch der Grund, warum mich die Auseinandersetzung mit diesem kleinen Bruchstück der Verhaltenstherapie mit Sofort- und Spätfolgen derart begeistert hat: Es reduziert Scham.

Bis heute mache ich immer wieder die Erfahrung: Sobald meine Klienten das Schema des Verhaltenlernens kennengelernt haben, suchen sie fast mit Neugier und Spaß nach Auslösern und Ersatzverhalten. Zu verstehen, wie „das mit dem Belohnen und Bestrafen" funktioniert, ist fast immer ein befreiendes Aha-Erlebnis.

Im Jahr 2000 erhielt ich gemeinsam mit einer Kollegin den Auftrag, neue Kollegen und Kolleginnen von Diplom-Psychologen/innen zu Verkehrspsychologen/innen weiterzubilden. Das Konzept dieser Weiterbildung stand sehr schnell fest:

Wenn man Menschen auf dem Weg einer Gewohnheitsänderung begleiten will, muss man die Techniken zuvor an sich selbst ausprobiert haben –
und zwar alle.

Ich habe während meiner Tätigkeit als Verkehrspsychologin beobachtet,
dass einige Kollegen von ihren Klienten beachtliche Verhaltensänderungen
erwarteten, selbst aber ebensolche „Opfer" ähnlich schlechter Gewohnheiten
waren wie ihre Patienten. „Wasser predigen, Wein trinken" ist ein hier
durchaus passender Vergleich. Typisch für diese Kollegen war: Sie spüren
einerseits nicht, wenn sie bezüglich der „Therapieerfolge" wirklich angelogen
werden, und vermuten andererseits in allen Aussagen eine Lüge. Denn wer
nicht selbst erfahren hat, durch welchen Prozess man im Laufe einer solchen
Veränderung geht, der hat Schwierigkeiten, Klienten zu begleiten.

Im Rahmen der Ausbildung zum Verkehrspsychologen wollten wir den
neuen Kollegen genau diese Erfahrung vermitteln, wie schwierig Abstinenz
und geschweige erst kontrollierter Konsum von ihrer Lieblingssubstanz sind,
welche Widerstände sich auftun und welche Herausforderungen es zu
überwinden gilt. Auf dem Weg zu der Ihnen hier vorliegenden Technik
haben Dutzende psychologische Kolleginnen und Kollegen jeweils über
mehrere Monate mit sich selbst und ihren Gewohnheiten experimentiert:
Von der Schokolade über die Zigaretten bis zum Fernsehen, auf die verzich-
tet werden sollte, bis zum Angewöhnen täglichen Singens oder Turnens
haben sie und wir Erfahrungen gesammelt.

Getreu des oben erwähnten Mottos haben auch wir uns jedes Mal wieder einer kleinen Verhaltensänderung unterzogen. Insofern kann ich mit
Stolz berichten, dass ich diverse Erfahrungen mit dem experimentellen
An- und Abgewöhnen gemacht habe. Es gibt kaum eine Ernährungsme-
thode oder eine Meditations- oder Entspannungstechnik, die wir nicht
zumindest ansatzweise ausprobiert haben. Die überflüssigste Erfahrung für
mich war – wie schon bemerkt – das wochenlange Trinken von heißem
Wasser aus Thermoskannen nach traditionell-chinesischer Theorie.

Wieder und wieder haben wir mit Hilfe der Lerntheorie Prozesse erklären und Hilfestellungen geben können, um den angehenden Verkehrspsychologen ein funktionierendes Instrument in die Hand zu geben. Weil der
„Kundenstamm" in der Verkehrspsychologie auch aus bildungsfernen Schichten besteht und die Maßnahmen zeitlich immer sehr begrenzt sind, haben
wir die VT-Prozesse (VT = Verhaltenstherapie) stark vereinfacht und alltags-
bezogen dargestellt. Simple Beispiele aus dem Alltag, wie ich gern sage auf
„Sendung-mit-der-Maus"-Niveau, hinterließen einen bleibenden Eindruck.

Das half übrigens auch den Kollegen, die sich in ihrer Ausbildung zum Verhaltenstherapeuten befanden, eine ganz neue Sicht auf sich zu entwickeln. An dieser Stelle sei den Kolleginnen und Kollegen, die sich dem Selbstmanagement-Training unterzogen, nochmals ganz herzlich und aufrichtig gedankt. Ohne ihre Erfahrungen, ihre Experimentierfreudigkeit und vor allem ihre Offenheit hätte es dieses Buch nie gegeben. Zuletzt sei erwähnt, dass wir in diesen Phasen auch einen ungeheuren Spaß miteinander hatten.

Wenn Sie bis hierher gefunden haben, werden Sie bereits wissen, dass ich dem bitterernsten Ton nicht einmal etwas abgewinnen kann, wenn mir etwas bitterernst ist. Darum wünsche ich Ihnen und mir auf dem weiteren Weg durch die Veränderungen den dafür nötigen Sinn für Humor.

Dank

Alleine vorm Rechner zu sitzen und fleißig zu schreiben, ist manchmal eine Belohnung: wenn man sehr inspiriert und das Thema besonders erfreulich ist. An anderen Tagen ist das Schreiben jedoch eine ziemlich einsame Aufgabe, die ohne die Hilfe von anderen kaum auszuhalten ist. Dieser Text existiert, weil viele Menschen mich auf unterschiedlichste Weise unterstützt haben. Menschen, die Kapitel um Kapitel Probe lasen, Feedback gaben und mich aufmunterten, mir Fragen beantworteten, mir von ihren Gewohnheiten erzählten, mich an ihrem Scheitern und ihren Erfolgen bei der Umgewöhnung teilhaben ließen. Nicht zu vergessen die Freunde, die sogar nachts mit mir chatteten, wenn mir nichts Gescheites einfiel und ich auf eine Inspiration wartete. Ohne sie wäre dieses Projekt nicht fertig geworden.

Mein besonderer Dank gilt:
Paul Brieler, Imke Haack, Dorothee Schöndorf, Corinna Ortiz, Alina Kleineidam, Mechthild Kleineidam, Feodora Müßig, Henning Lohner, Corinna Greven, Petra Hutschenreiter, Markus Müller, Erik Haack und der Lektorin Sabine Oswalt.

Literatur

A

Andreas, S. (1995). *Is there life before death?* Moab, Utah: Real People Press.

B

Bandura, A. (1977). *Social learning theory.* New York: General Learning Press.

Beattie, M. (1989). *Unabhängig sein.* München: Heyne Verlag.

Beattie, M. (1990). *Die Sucht, gebraucht zu werden.* München: Heyne Verlag.

Berne, E. (1967). *Spiele der Erwachsenen.* Reinbek: Rowohlt Verlag.

Burns, D.D. (1990). *The Feeling Good Handbook.* New York: Plume/Penguin Group.

Byron, K. (2002). *Lieben, was ist.* München: Arkana Verlag.

C

Carnegie, D. (1949a). *Sorge dich nicht, lebe! Die Kunst, zu einem von Ängsten und Aufregungen befreiten Leben zu finden.* Bern: Scherz Verlag.

Carnegie, D. (1949b). *Wie man Freunde gewinnt.* Zürich: Rascher Verlag.

Chamberlaine, S. & Prince, J. (1992). *From the Inside Out.* USA: Library of Congress Cataloging-in-Publication data.

Chomsky, N. (1955). *Transformational Analysis.* USA: Ph. D. dissertation University of Pennsylvania.

Chomsky, N. (1957). *Syntactic Structures.* Den Haag: Mouton.

Chomsky, N. (1969). *Aspekte der Syntax-Theorie.* Frankfurt/Main: Suhrkamp Verlag.

Chomsky, N. (1970). *Sprache und Geist.* Frankfurt/Main: Suhrkamp Verlag.

Chopich, M.P. (2005). *Das Arbeitsbuch. Zur Aussöhnung mit dem inneren Kind.* Berlin: Ullstein Verlag.

Covey, S.R. (1992). *Die sieben Wege zur Effektivität. Ein Konzept zur Meisterung Ihres privaten und beruflichen Lebens.* München: Heyne Verlag.

D

Dethlefsen, T. & Dahlke, R. (1990). *Krankheit als Weg. Deutung und Be-Deutung der Krankheitsbilder.* München: Goldmann Verlag.

Dilling, H., Mombour, W. & Schmidt, M.H. (Hrsg). (1997). *Internationale Klassifikation psychischer Störungen.* ICD-10 Kapitel V(F). Berlin: Verlag Hans Huber.

Dilts, R. (1999). *Sleight of Mouth. The Magic of Conversational Belief Change.* California, USA: Meta Publications.

Dilts, R. & McDonald, R. (1997). *Tools of the Spirit.* California, USA: Meta Publications.

E

Eilts, H.-J. (1998). *Narzissmus und Selbstpsychologie: zur Entwicklung der psycho-analytischen Abwehrlehre.* Tübingen: edition discord.

F

Fein, E. & Schneider, S. (1997). *Die Kunst, den Mann fürs Leben zu finden.* München: Piper Verlag.

Festinger, L. (1978). *Theorie der kognitiven Dissozanz.* Bern: Verlag Hans Huber.

Fliegel, S., Groeger, W.M., Künzel, R., Schulte, D. & Sorgatz, H. (1993). *Verhaltenstherapeutische Standardmethoden.* Weinheim: Psychologie Verlags Union.

Freeman, A. & DeWolf, R. (1997). *Die 10 dümmsten Fehler kluger Menschen.* München: Piper Verlag.

Freud, A. (1936). *Das Ich und die Abwehrmechanismen.* Wien: Internationaler Psychoanalytischer Verlag.

Freud, S. (1972). *Abriss der Psychoanalyse.* Frankfurt: Fischer Verlag.

H

Haller, U. (2003). *Mit dem Bauchgehirn zum Erfolg.* Steyr, Österreich: Verlag Ursula Haller.

Hay, L.L. (1984). *Gesundheit für Körper und Seele. Wie Sie durch mentales Training Ihre Gesundheit erhalten und Ihre Krankheiten heilen.* München: Heyne Verlag.

Hellbrügge, T. & Wimpffen, J.H. von (1979). *Die ersten 365 Tage im Leben eines Kindes.* München: Droemer Knaur Verlag.

Höller, J. (1998). *Sprenge Deine Grenzen.* München: Econ Verlag.

Höller, J. (2000). *Alles ist möglich.* München: Econ Verlag.

J

Jackman, A. (2008). *Ziele setzen, Ziele erreichen.* Fränkisch Crumbach: Edition XXL.

Jungermann, H., Pfister, H.-R. & Fischer, K. (2005). *Die Psychologie der Entscheidung, eine Einführung.* Heidelberg: Elsevier Spektrum Akademischer Verlag.

K

King, S.K. (1991). *Der Stadtschamane.* Stuttgart: Lüchow Verlag.

King, S.K. (2005). *Healing Relationships.* Stuttgart: Lüchow Verlag.

Kriz, J. (1991). *Grundkonzepte der Psychotherapie.* Weinheim: Psychologie Verlags Union.

Küstenmacher, W.T. (2001). *Simplify your life.* Frankfurt/Main: Campus Verlag.

Küstenmacher, W.T. & Küstenmacher, M. (2006). *Simplify your love.* München: Knaur Verlag.

L

Langmaack, B. & Braune-Krickau, M. (1998). *Wie die Gruppe laufen lernt.* München: Psychologie Verlags Union.

Lazarus, A.A. (1993). *Innenbilder. Imagination in der Therapie und als Selbsthilfe.* München: Pfeiffer Verlag.

Linden, M. & Hautzinger, M. (Hrsg). (1993). *Verhaltenstherapie.* Berlin: Springer Verlag.

Lorenz, K. (1971). *Er redete mit dem Vieh, den Vögeln und den Fischen.* München: Deutscher Taschenbuch Verlag.

Lübcke, S. & Söller, A. (2009). *EmotionalKörper-Therapie. Glücklich und gesund durch Heilung der Gefühle.* Tremmen: verlagM.

M

Mentzos, S. (1982). *Neurotische Konfliktverarbeitung.* Frankfurt/Main: Fischer Verlag.

Mentzos, S. (1988). *Interpersonale und institutionalisierte Abwehr.* Frankfurt/Main: Suhrkamp Verlag.

Mertens, W. (1991). *Einführung in die psychoanalytische Therapie,* Band 3. Stuttgart, Berlin, Köln: Kohlhammer Verlag.

Mertes, K. (2004). *Verantwortung lernen.* Würzburg: Echter Verlag.

Miedaner, T. (2002). *Coach dich selbst, sonst coacht dich keiner. 101 Tipps zur Verwirklichung Ihrer beruflichen und privaten Ziele.* München: mvg Verlag.

Mohr, B. (1998). *Bestellungen beim Universum.* Düsseldorf: Omega-Verlag.

O

Oerter, R. & Montada, L. (1998). *Entwicklungspsychologie.* München: Psychologie Verlags Union.

P

Pavlov, I.P. (1926). *Die höchste Nerventätigkeit (das Verhalten) von Tieren.* München: Bergmann Verlag.

Pavlov, I.P. (1973). *Auseinandersetzung mit der Psychologie.* München: Kindler Verlag.

Payk, T.R (1992). *Checkliste Psychiatrie.* Stuttgart: Thieme Verlag.

R

Rechtien, W. (1999). *Angewandte Gruppendynamik.* München: Psychologie Verlags Union.

Rose Charvet, S. (1998). *Wort sei Dank. Von der Anwendung effektiver Sprachmuster.* Paderborn: Junfermann Verlag.

Rosenberg, M.B. (2001). *Gewaltfreie Kommunikation.* Paderborn: Junfermann Verlag.

Rosenzweig, P. (2008). *Der Halo-Effekt: Wie Manager sich täuschen lassen.* Offenbach: Gabal Verlag.

S

Schwartz, R.C. (2008). *Systemische Therapie mit der inneren Familie.* 5. Auflage. Stuttgart: Klett-Cotta/J.G. Cotta'sche Buchhandlung Nachfolger.

Schwertfeger, B. & Koch, K. (1995). *Der Therapieführer.* München: Heyne Verlag.

Sher, B. (2006). *Wishcraft. Lebensträume und Berufsziele entdecken und verwirklichen.* Osnabrück: Edition Schwarzer.

Skinner, B.F. (1967). *Denken und Lernen.* Braunschweig: Westermann Verlag.

Skinner, B.F. (1973). *Wissenschaft und menschliches Verhalten.* München: Kindler Verlag.

Sprenger, R.K. (1998). *Die Entscheidung liegt bei dir! Wege aus der alltäglichen Unzufriedenheit.* Frankfurt/Main: Campus Verlag.

Strunz, U. (1999). *Forever young: das Erfolgsprogramm. Laufen Sie sich jung! Essen Sie sich jung! Denken Sie sich jung!* München: Gräfe und Unzer Verlag.

Strunz, U. (2000). *Fitneß-Drinks plus Eiweiß.* München: Gräfe und Unzer Verlag.

T

Temelie, B. & Trebuth, B. (1993). *Das Fünf Elemente Kochbuch. Die praktische Umsetzung der chinesischen Ernährungslehre für die westliche Küche.* Sulzberg: Joy Verlag.

Tepperwein, K. (2001). *Das Geldgeheimnis. Über den meisterhaften Umgang mit Geld.* München: Mosaik bei Goldmann Verlag.

Tepperwein, K. (2004). *Erfinde dich neu: 12 Chancen zum privaten und beruflichen Neubeginn.* München: Mosaik bei Goldmann Verlag.

Thorndike, E.L. (1970). *Psychologie der Erziehung.* Nachdr. d. 2. Aufl., Jena 1930. Darmstadt: Wissenschaftliche Buchgesellschaft.

Thorndike, E.L. & Gates, A.I. (1930). *Elementary Principals of Education.* New York: MacMillan.

W

Walther, G. (2000). *Phone Power.* München: Econ Verlag.

Wardetzki, B. (2004). *Mich kränkt so schnell keiner mehr. Wie wir lernen, nicht alles persönlich zu nehmen.* München: Kösel-Verlag.

Weinzierl, U. (1982): *Carl Seelig, Schriftsteller.* Wien: Löcker Verlag.

Wilson-Schaef, A. (1999). *Coabhängigkeit.* München: Heyne Verlag.

Winterhoff, M. (2008). *Warum unsere Kinder Tyrannen werden. Oder: Die Abschaffung der Kindheit.* Gütersloh: Gütersloher Verlagshaus.

Erika Blitz

Keine Sorge – Selbstfürsorge
Vom achtsamen Umgang mit sich selbst

Selbstbestimmt leben
Band 4

2009
240 Seiten
Hardcover
mit zahlreichen farbigen
Abbildungen
EUR 29,80
ISBN 978-3-87159-504-2

„Ein gut gelungenes (Selbst-)Beratungsbuch für Menschen, die konsequent an einer einmal beschlossenen Haltungs- und Verhaltensänderung arbeiten wollen und können. Nicht so flach, dass man ständig auf Grund läuft, und nicht so tief, dass man kentert, sondern eine gute Ausrüstung für einen neuen Kurs durch einen anstrengenden Alltag.
(Peter Schröder, *socialnet.de*)

Viele Menschen behandeln sich selbst viel weniger freundlich, als sie es mit einem guten Freund oder einem Familienmitglied machen würden. Die Folge sind häufig Stresserleben, Erschöpfung und im Extremfall psychische oder psychosomatische Erkrankungen. Die Sorge um sich selbst ist ein wesentlicher Grundstein, um solchen Beschwerden vorzubeugen.

Im Mittelpunkt dieses anregenden Buches steht daher der achtsame Umgang mit sich selbst, mit den eigenen Bedürfnissen, Gefühlen und Ressourcen und es bietet zahlreiche Strategien gegen die so oft zu beobachtende Selbstvernachlässigung.

dgvt-Verlag • Hechinger Straße 203 • 72072 Tübingen
Tel.: 0 70 71 / 79 28 50 • Fax: 0 70 71 / 79 28 51
E-Mail: dgvt-Verlag@dgvt.de • Internet: www.dgvt-Verlag.de